HISTOIRE ET THÉORIE DU SYMBOLE

5-7, rue de l'Ecole-Polytechnique, 75005 Paris

http://www.harmattan.fr
diffusion.harmattan@wanadoo.fr
harmattan1@wanadoo.fr

ISBN : 978-2-343-07835-9
EAN : 9782343078359

Jean BORELLA

HISTOIRE ET THÉORIE DU SYMBOLE

REMARQUES

1. Principales abréviations

– pour l'Ancien et le Nouveau Testament nous suivons généralement le système de la « Bible de Jérusalem »;

– *cf.* = « se reporter à » (*confer*);

– coll. = collection;

– col. = colonne;

– C.S.E.L. = Corpus Scriptorum Ecclesiasticorum Latinorum (Vienne);

– *D.A.C.L.* = *Dictionnaire d'Archéologie Chrétienne et de Liturgie* (Cabrol-Leclerc, Paris);

– *D.T.C.* = *Dictionnaire de Théologie Catholique* (Vacant-Mangenot);

– Éd. = Éditions ou éditeur;

– G.C.S. = Griechische Christliche Schriftsteller (Leipzig ou Berlin);

– *ibidem* (ou *ibid.*) = « dans l'ouvrage cité à la note précédente »;

– *infra* = « plus bas » (pages postérieures);

– L. ou l. = livre;

– *op. cit.* = « ouvrage de l'auteur précédemment cité » (*opus citatum*);

– *P.G.* = Migne, *Patrologiae Cursus completus – Series Graeca*, Paris;

– *P.L.* = Migne, *Patrologiae Cursus completus – Series Latina*, Paris;

– S. = saint N...;

– S.C. = collection « Sources Chrétiennes », Cerf, Paris;

– *sq.* = « et pages suivantes » (*sequentes*);

– *S. Th.* = *Somme de Théologie* de S. Thomas d'Aquin *(Summa Theologiae)*;

– str. = strophe;

– *supra* = « plus haut » (pages antérieures);

– *s.v.* = « au mot indiqué » dans un dictionnaire *(sub verbo)*;

– *v.g.* = « par exemple » *(verbi gratia)*.

2. Translittération

– pour les termes grecs, nous avons suivi, en général, le système en vigueur :

– pour les termes arabes, chinois, hébreux, nous avons suivi la graphie de nos sources ;

– pour les termes sanscrits, nous nous sommes conformés aux habitudes françaises.

PRÉFACE

A peine l'homme s'éveille-t-il que son regard cherche à l'horizon le point oriental où naîtra la lumière. Toute sa journée est vécue dans ce temps cosmique, et toute sa vie dans la succession des cycles annuels. La voûte céleste parcourue circulairement par le soleil lui enseigne la sphère qui couvre et abrite, et la hauteur inaccessible qui arrache l'homme à tout conditionnement et l'éveille au sens de l'Absolu. La quadripartition de l'horizon par les points équinoxiaux et solsticiaux trace la grande croix du monde, qui sépare, divise, mais aussi ordonne, mesure et révèle l'intelligibilité de la roue cosmique. L'homme lui-même, être de la nature, enseigne à l'homme, être spirituel, que toutes choses ont un centre qui est en son cœur, et son corps vertical lui apprend la hiérarchie des degrés de réalité, qui vont de la pierre à l'esprit, et la correspondance analogique de l'un à l'autre qui les unifie. Sa voix emplit le temps, et ses gestes le rythment, accomplissant le procès perpétuel de l'exode et du retour, de la création sortant du Principe et y retournant, par la médiation du rite. Du matin au soir, mais aussi de la naissance à la mort, ses actes seront portés et vivifiés par l'antique Tradition, qui, à travers les mythes psalmodiés ou célébrés dans les hiérodrames liturgiques, actualise la signification primordiale des moments essentiels de chaque vie, comme celle de la race humaine tout entière. Par la parole originelle que les Anciens ont transmise, elle déroule indéfiniment le commentaire du Livre du Monde. Toutes choses y sont nommées et déclarées, afin d'être comprises et intégrées par le centre humain du cosmos, de telle sorte que le centre lui-même, l'homme, trouve sa place unique au sein de leur multiplicité. Ainsi, ce que la lumière du soleil enseigne à son regard, faisant surgir les vivants et les choses hors de leur indistinction nocturne, dans leur multitude séparative, la Parole et la Tradition, soleil des esprits, l'enseignent à son intelligence, tandis que l'action rituelle réalise l'unification du monde et de l'homme dans l'unité du sacrifice.

Durant des millénaires et des millénaires les hommes ont vécu immergés dans ce monde sacré des symboles religieux où toute chose est parole intelligible et toute parole, écho vibrant du Verbe, le « lieu » des essences. C'est cela la réalité objective du symbolisme sacré, et c'est cette réalité qu'il faut d'abord percevoir dans toute sa présence et son évidence irréfutable, avant d'en entreprendre aucune description ou aucune analyse.

Ce symbolisme sacré, depuis cent cinquante ans, a fait l'objet de multiples études. L'histoire des religions, l'ethnographie, la sociologie, la psychologie et la philosophie n'ont cessé de s'y intéresser. Le principal mérite de cet immense travail est d'avoir produit une documentation abondante et souvent de qualité. Néanmoins, et sauf exception, loin de nous aider à entrer dans la vérité du symbole, il n'a servi en général qu'à le rendre plus incompris, quelles que soient là-dessus les illusions de nos contemporains. C'est que la vérité du symbole ne s'atteint qu'au terme d'une révolution cosmologique et épistémologique contraire aux habitudes mentales les plus fortes de la science et de la philosophie moderne [1].

C'est principalement chez René Guénon qu'on peut trouver les clefs de cette vérité, non qu'il ait traité du symbolisme en général, sinon par endroits et en quelques lignes, mais parce qu'il en a donné des applications exemplaires et fondatrices. Sous son influence et sous celle d'A. K. Coomaraswamy, Victor Poucel, Frithjof Schuon, Mircea Eliade, Henry Corbin, Marcel Jousse, les études de symbologie se sont transformées. Impossible de nommer ici tous ceux qui, en Europe, en Afrique, en Amérique, se sont inspirés de cette doctrine : nous mentionnerons seulement, comme particulièrement représentatives, les œuvres de Titus Burckhardt, de Jean Canteins, de Jean Hani, sans oublier le célèbre *Dictionnaire des symboles* de Jean Chevalier, ni l'admirable *Monde des symboles* des éditions du Zodiaque [2].

Bien qu'il se situe dans une ligne proche de cet enseignement, notre travail s'en distingue cependant par la méthode, qui est celle de la philosophie, c'est-à-dire qui part, comme on le sait, non des principes, mais des données de l'expérience humaine, passées et présentes, et, par une analyse réflexive, s'élève vers les essences qui en rendent raison. Si ce chemin s'est imposé à nous, c'est parce que nous ne pouvions ignorer que la pensée contemporaine s'est précisément consacrée, depuis un demi-siècle, à l'étude des problèmes théoriques du langage, du signe et du symbole. Certes, bien des conclusions auxquelles est parvenue cette pensée sont sans effet sur le métaphysicien ou sur l'homme de foi. On ne saurait nier pour autant qu'elle n'ait exercé la plus grande influence sur une large part de *l'intelligentsia* d'Occident et même d'Orient. Il fallait donc tenter de relever ce défi et lui opposer le modèle du signe symbolique tel que nous le présentent effectivement les cultures sacrées et tel que peut le concevoir la philosophie traditionnelle. C'est le but que nous nous sommes proposé en rédigeant *Histoire et théorie du symbole*.

---

1. C'est le sujet de *La Crise du symbolisme religieux*.
2. A compléter désormais par l'*Ecyclopédie des Symboles* de H. Biedermann (Pochothèque, 1996), présentée et augmentée, pour l'édition française, par Michel Cazenave.

NOTE POUR LA DEUXIÈME ÉDITION

La présente édition reproduit, à peu de chose près, le texte de la précédente – depuis longtemps épuisée – parue chez Maisonneuve et Larose, en 1989, sous le titre *Le mystère du signe*. Le choix d'un nouveau titre ne répond qu'au désir de rendre compte, aussi exactement que possible, du contenu de l'ouvrage. Nous avions, il est vrai, envisagé d'introduire des compléments concernant, en particulier, la doctrine du signe chez Aristote et les Stoïciens, la conception kantienne du symbole (grâce aux travaux de François Marty), la question du rapport des mots et des choses dans la pensée linguistique de l'Inde (selon l'étude de Johannes Bronkhorst, *Langage et Réalité. Sur un épisode de la pensée indienne*, Brépols, Turnhout, 1999), et d'autres encore. Nous y avons renoncé : ces compléments, en soi intéressants, ne changeaient rien à la théorie du signe symbolique que nous tentons de faire valoir. Nous nous en sommes dont tenu à des modifications de détail : suppression de quelques références superflues, ajout de quelques références indispensables, élimination des tournures obscures, ambiguës ou impropres, correction des fautes d'orthographe ou de translittération, rectification de quelques erreurs.

INTRODUCTION GÉNÉRALE

LES DEUX DÉFINITIONS DU SYMBOLE

Comme nous l'avons dit dans un autre ouvrage [1], il faut distinguer, pour un même objet, deux sortes de définitions : la première l'envisage dans son « Idée » et son unité essentielle, elle est qualitative et métaphysique; la seconde l'envisage selon la différenciation et l'articulation des éléments constitutifs de son existence empirique, elle est structurale et logico-physique. Ainsi, disions-nous, ce n'est pas le même de définir l'homme comme « image de Dieu » (à la manière de la Bible), ou comme « vivant doué de raison » (à la manière d'Aristote), étant entendu, évidemment, que la réalisation d'un être théomorphe dans notre monde entraîne précisément qu'il soit constitué de ces deux éléments : un corps vivant, une âme rationnelle. Toute recherche de définition, par conséquent, s'effectuera en partie double : l'une où l'on vise à décrire l'unité contemplée de l'Idée, l'autre où l'on s'efforce d'analyser l'articulation reconstruite des éléments. A la première recherche, on donne le nom d'« eidétique », puisqu'elle est relative à l'Idée (en grec *eidos* dont *eidetikos* est l'adjectif); elle s'assigne pour fin la saisie de l'essence. A la deuxième recherche, on donne le nom d'« analytique », puisque l'articulation des éléments constitutifs d'un objet ne se révèle qu'à la lumière de sa décomposition élémentaire; elle s'assigne pour fin l'étude de la structure fonctionnelle. En outre, ces deux démarches impliquent une condition préalable de possibilité, savoir, que l'objet à définir soit déjà donné à notre connaissance et que nous en ayons acquis une *expérience* suffisante. À la science qui s'enquiert d'une telle connaissance convient donc le nom d'« empirique » : elle s'assigne pour fin la description attentive de l'objet tel qu'il se donne aux sens et à l'entendement. L'ensemble de ces trois sciences – l'empirique, qui s'accomplit dans une description; l'analytique, qui s'arrête au concept; l'eidétique, qui s'achève dans l'intuition – constitue la connaissance philosophique. L'empirique est toujours première, puisque sans elle nous ne saurions même pas de quoi nous parlons. Mais l'eidétique n'est pas nécessairement dernière; selon les circonstances, on peut estimer qu'elle

1. *La charité profanée*, Éd. Dominique Martin Morin, pp. 68-69.

doit précéder l'analytique, d'autant que, comme vision de l'essence, elle présente une affinité certaine avec la forme descriptive ou historiale (*historia* en grec signifie « enquête ») de l'empirique : les extrêmes se touchent.

C'est en particulier le cas lorsqu'il s'agit du symbole.

Toutes les théories analytiques que les modernes nous proposent concernant la structure de l'appareil symbolique, et qui toutes se donnent pour hautement scientifiques, découlent en réalité d'une certaine vue sur l'essence du symbole. Tirées prétendument de l'expérience du symbolisme sacré, elles reflètent les convictions idéologiques de leurs auteurs, et sont déterminées par une certaine précompréhension de la fonction symbolique, précompréhension souvent implicite parce qu'on la croit évidente. C'est pourquoi, estimant nécessaire l'élaboration d'un modèle « traditionnel » du signe symbolique qu'on puisse opposer aux modèles contemporains, nous avons aussi et préalablement tenté d'en formuler explicitement l'essence.

Cette essence, objet de notre eidétique, où la trouver? Faut-il, conformément aux exigences de l'empirique, s'enquérir du donné symbolique en son entier? Tâche immense et impossible. Au demeurant, la documentation en symbologie est abondante et bien connue. Entendant faire œuvre de philosophe, et non d'historien ou d'ethnologue, nous avons jugé légitime d'aller à la recherche de cette essence du symbole en étudiant le discours qu'il a suscité : en lui seulement se découvre l'intuition que les Anciens ont eu de sa nature. Et en effet, si le symbole est une chose, c'est aussi un mot, donc une pensée, puisqu'il ressortit à l'ordre de la culture, et que, là même où il s'agit d'êtres de la nature (l'arbre, le rocher, l'eau, etc.), leur dimension symbolique ne se révèle que sous l'effet de leur « institution » culturelle, c'est-à-dire par leur emploi dans une symbolique. La vérité du symbole ne peut ainsi se découvrir qu'auprès des civilisations sacrées qui ont vécu en lui et par lui, et n'apparaît donc qu'à la lumière de l'usage immémorial et fondateur qu'elles nous en proposent; toute autre démarche ne pouvant conduire qu'à l'élaboration d'une nouvelle théorie aussi vaine que celles qui l'auront précédée. En conséquence, c'est en écoutant ce que la tradition dit elle-même du symbole, plus encore en recueillant le sens qu'elle ne pouvait s'empêcher, plus ou moins consciemment, de donner à ce terme, que nous pourrons entrer en possession de son essence. Notre eidétique du symbole est donc en fait inséparable d'une histoire du mot telle que nous la livre la tradition culturelle de l'Occident. Nous y consacrerons la première partie de ce livre.

* * *

Quant à la deuxième définition, celle qui concerne la structure et le fonctionnement de l'appareil symbolique, le problème est évidemment tout différent. Un tel appareil en effet, n'est rien d'autre que le moyen selon lequel se réalise effectivement, dans la culture humaine, la fin que son essence assigne au symbole, comme l'appareil oculaire est le moyen par lequel se réalise la fonction visuelle. Or, de même qu'il n'est pas besoin de connaître cet appareil pour exercer cette fonction, de même l'activité symbolique a-t-elle été pratiquée longtemps avant qu'on s'interroge sur la manière dont elle fonctionnait. Une définition de l'appareil symbolique correspond donc à une *réflexion* sur le symbole qui ne peut être suscitée que par des perturbations déterminées de son fonctionnement, ou un affaiblissement général de la mentalité symboliste atteinte dans son immédiateté spontanée et heureuse, de même qu'en biologie, la science anatomique et physiologique est tributaire de la pathologie : la structure ne se révèle qu'à travers les processus de « déconstruction ». Là comme ailleurs, l'apparition de la science analytique et structurale, c'est-à-dire de la science au sens moderne du mot, est conditionnée par la disparition d'une connaissance intuitive et vitale, dont le caractère synthétique et presque instinctif ne doit pas faire oublier qu'il s'agissait bien pourtant d'une véritable connaissance, mais d'un autre ordre.

Il en résulte que, contrairement à ce qui a lieu pour l'essence, l'objet de notre analytique exige que nous nous tournions vers l'étude des constructions les plus modernes du signe symbolique, puisque ce sont précisément elles qui nous contraignent à leur opposer la reconstruction d'un modèle traditionnel. Tant que la culture vivait naturellement sous le régime du symbolisme, une telle entreprise était inutile et n'a d'ailleurs guère été tentée [2] Mais, lorsque sévit une crise de la fonction symbolique telle que l'Occident n'en a jamais connu (que l'on songe à la destruction des formes liturgiques dans le christianisme romain), elle devient tout à fait inévitable, dans la mesure même où la nature et les formes de cette *Crise du symbolisme religieux* ne se comprennent en profondeur que si l'on est en possession d'un concept rigoureux du signe symbolique. C'est à quoi nous consacrerons la seconde partie de ce livre.

---

2. On rencontre, cependant, une théorie très élaborée du signe dans les manuels de philosophie scolastique : J. Maritain, *Quatre essais sur l'esprit dans sa condition charnelle* Alsatia, 1956, pp. 58-112; et surtout A.M. Roguet, dans son « Appendice technique » au traité des *Sacrements* de S. Thomas d'Aquin *(Somme théologique,* III, 60-65, Desclée et Cie, 1951, pp. 255-379).

Ire PARTIE

EIDÉTIQUE DU SYMBOLE SELON SON HISTOIRE

INTRODUCTION

La présente recherche répond en fait à deux besoins. D'une part, comme nous l'avons annoncé, il s'agit de recueillir, à travers l'histoire, une définition traditionnelle fondatrice du symbole. Mais d'autre part, il s'agit aussi de justifier l'emploi du terme, car, après tout, bien d'autres substantifs s'offraient à nous, qui bénéficiaient en Occident d'une non moindre antiquité et dont le sens, nous le reconnaissons, est à peu près identique à celui de symbole. C'est le cas pour : image, figure, type, icône, allégorie, parabole, exemplaire, reflet, vestige, trace, etc. Or, de tous ces termes, il nous semble que celui de symbole, compte tenu à la fois de l'usage ancien et de l'usage moderne, est le moins mauvais, bien qu'il ne soit pas sans défaut, dont le plus grave est qu'une expression telle que « purement symbolique » puisse être synonyme d'*irréel*, ou, plus précisément, signifier « dépourvu de référent »[1].

Notre enquête lexicologique ne prétend nullement à être exhaustive, ni même à découvrir des occurrences nouvelles. Nous voulons seulement repérer quelques emplois d'un terme d'origine grecque et les rassembler afin d'en dégager l'essence commune.

1. La question de la référence sera examinée dans la deuxième partie.

CHAPITRE I

LE SYMBOLE DE L'ANTIQUITÉ AU MOYEN ÂGE

ARTICLE I

L'ORIGINE GRECQUE [1]

Section 1 Étymologie

Le mot *symbole* vient du grec *symbolon* à travers sa transposition latine *symbolum*. Il dérive du verbe *sym-balleïn* comme d'autres mots de sens voisin tels que *symbolaïon* et *symbolè*. Les sens du verbe *sym-balleïn* sont multiples : on y retrouve toujours l'idée d'« être ensemble », « avec », qu'exprime le préfixe *sym-*, et l'idée d'un « mouvement » qu'exprime le verbe *balleïn*, d'où le sens premier donné par les dictionnaires de « jeter ensemble », « joindre », « réunir », « mettre en contact ». Faut-il en tirer la conclusion que le sens primitif est topologique, ainsi que l'affirme R. Alleau [2] en citant Pausanias? Nous ne le pensons pas. La dispersion

1. Outre les dictionnaires étymologiques, on pourra consulter les ouvrages suivants, qui renferment chacun un historique plus ou moins détaillé du mot symbole : Max Schlesinger, *Geschichte des Symbols*, Berlin, 1912, 474 p. (le plus complet); Frédéric Creuzer, *Religions de l'Antiquité considérées principalement dans leurs formes symboliques et mythologiques*, traduit de l'allemand, refondu en partie, complété et développé par J.D. Guigniaut, 4 tomes en 10 volumes, Paris, Treuttel et Wurz, 1825-1851 (le traducteur français a profondément remanié le texte original, avec l'accord de Creuzer, semble-t-il, mais cela est sans conséquence, puisqu'il s'agit pour nous d'y puiser des informations plutôt que des idées, et que l'érudition de J.D. Guigniaut ne laisse pas d'être considérable, ainsi qu'on pourra en juger par la note qu'il a consacrée aux mots *symbole* et *mythe*, t. I, 2e partie, pp. 528-537); abbé Auber, *Histoire et Théorie du symbolisme religieux*, Paris, Librairie de Féchoz et Letouzey 1884, t. I pp. 4 sq. (cette œuvre monumentale a été rééditée aux Éditions Arché, Milano, 1978, distributeur Edidit-Paris); René Alleau, *De la nature des symboles*, Flammarion, 1958, pp. 7-46; du même, *La science des symboles*, Payot, 1976, pp. 29-42; Henri de Lubac, *La Foi chrétienne, essai sur la structure du symbole des Apôtres*, Aubier, 1970, pp. 392-405; Jean Pépin, *Dante et la Tradition de l'Allégorie*, Vrin, 1970, pp. 15-31.

2. *La Science des Symboles*, p. 32.

sémantique de *symbolon* et des mots de même famille est extrêmement ancienne. Le même auteur dans un ouvrage précédent, *De la nature des symboles*[3], expliquait déjà qu'à son avis, *symballeïn* ne saurait avoir le sens de « lier ensemble », « rapprocher, comparer, confronter, pressentir », étant donné le caractère dynamique du verbe *balleïn*, et que, en conséquence, *symbolon* ne saurait signifier, ainsi que le disent la plupart des auteurs, ces objets (tessères, tablettes, anneaux, etc.) dont chaque partie contractante gardait une moitié afin qu'elle puisse leur servir de *signe de reconnaissance* (d'où le sens de marque, indice, signe de ralliement, emblème, présage, contrat, convention, etc.). Alleau propose en effet de revenir au grec *synthèma* (qu'il francise en synthème) pour désigner « toute espèce de lien mutuel ». « Les tessères, les paroles convenues, les principaux signes des liens mutuels et notamment ceux qui appartiennent au domaine des communications entre les hommes sont des SYNTHÈMES; ce ne sont pas des SYMBOLES »[4]. Le symbole, en effet élève l'âme vers le sacré et le divin, alors que le synthème ne fait qu'exprimer un lien mutuel d'ordre intellectuel et social[5].

Mais, malgré les affirmations de l'auteur[6], la lexicologie ne lui donne pas raison. On rencontre assurément *synthèma* pour signifier tout lien mutuel, *syntithèmi* (dont il dérive) pour signifier « lier », « attacher ». Mais les occurrences n'en sont pas plus nombreuses que celles de *symbolon,* et surtout ce que nous avons appelé sa dispersion sémantique est, comparée à celle de *symbolon,* beaucoup plus réduite[7]. On peut regretter ce manque de précision de la langue grecque dans l'usage de *symbolon,* mais il faut bien nous en accommoder. Au demeurant, ce trait nous semble caractéristique du vocabulaire du symbolisme. Quel que soit le bien-

3. p. 15.

4. *Ibid,* p. 17.

5. *Ibid.*, p. 21; en fait, *synthèma* peut aussi indiquer un rapport au sacré et au divin : Damascius, *Des premiers principes*, R. 91, 23; Verdier, 1987, p. 279.

6. « ... il n'est pas douteux (dans les exemples donnés par Creuzer et Auber) que le mot soit inexactement appliqué à des signes de reconnaissance, de liens mutuels sociaux qui étaient nommés "SUNTEMA", "SUNTEMATA", des synthèmes ». Alleau revient sur cette distinction dans *La Science des Symboles* et voit dans le synthème une pure convention, par exemple la notation chimique. « Si l'on décide de désigner l'oxygène par la lettre O, on aurait pu aussi exactement choisir la lettre G et convenir que le signe G, dans les réactions chimiques, aurait le sens prévu » (p. 50). Mais G n'est pas l'initiale d'oxygène! La pure convention est donc très bien « motivée ».

7. Le dictionnaire grec-français de Bailly donne les relevés suivants : *synthèma,* trois sens principaux et sept secondaires; *symbolon,* quatre sens principaux et dix-neuf secondaires. Les emplois cités ne justifient nullement la thèse d'Alleau.

fondé des distinctions des spécialistes, aucune ne peut se prévaloir d'un usage fixe, toutes s'y trouvent plus ou moins démenties.

Il n'y a donc aucune raison de remettre en cause la définition du symbole que nous livrent la plupart des érudits, à savoir celle d'un signe de reconnaissance, « objet matériel ou formule, auquel devaient se reconnaître les initiés »[8], mais sans oublier, en fonction du sens dynamique de *-balleïn,* que ce signe demande à être accompli, réalisé, que la moitié de l'anneau rompu appelle son autre moitié qui seule lui donnera sa pleine réalité. Le symbole est donc déjà, par lui-même, lien mutuel, mise en relation, nœud social. Mais cette essence ne produit son effet qu'en tant que son possesseur effectue réellement la jonction que le symbole signifie. On voit ainsi qu'il joue un double rôle : d'une part il guide et oriente la recherche de la réunion, d'autre part il *garantit* et *certifie* cette réunion lorsqu'elle a enfin été effectuée : signe de reconnaissance parce que l'exact emboîtement des deux moitiés de l'anneau prouve objectivement que nous nous sommes effectivement reconnus.

Section 2 Le témoignage de Platon

On rencontre chez Platon un texte tout à fait remarquable où le sens le plus fondamental de *symbolon* se trouve utilisé dans une perspective à la fois mystique et métaphysique. Il s'agit d'un passage du *Banquet* (191d) dans lequel Platon fait dire à Aristophane les paroles suivantes : « Chacun de nous est donc un *symbole* d'homme (*anthropou symbolon*), étant donné que nous sommes coupés à la façon des limandes; d'un être il en vient deux. C'est pourquoi chacun cherche toujours son propre *symbole* »[9]. Platon utilise donc le mot *symbolon* en un sens... symbolique, c'est-à-dire en transposant le sens premier (et donc aussi en le confirmant). C'est pourquoi le savant docteur Guigniaut peut écrire dans sa dissertation : « Le sens primitif, l'idée la plus simple du mot *symbole,*

---

8. Lubac, *op. cit,* p. 394.

9. On traduit ordinairement : « chacun de nous est donc la *moitié complémentaire* d'un homme, qui, coupé comme il l'a été, ressemble à un carrelet : un être unique dont on a fait deux êtres », Robin, *Œuvres complètes de Platon,* Pléiade, t. I p. 719 (Robin a omis de traduire : *Zéteï dè aeï to hautou hékastos symbolon).* N'en déplaise à R. Alleau, le même emploi de *symbolon* au sens de moitié complémentaire se rencontre également chez Aristote, *De la Génération et de la corruption,* II, 4, 33 la, 23-24, Tricot, Vrin, 1951, p. 109, n. 1 : « Aristote entend par *symbola* (symboles, *tesserae)* des *facteurs complémentaires*; par exemple, le chaud de l'air, peut, avec le sec, constituer le feu, et le chaud du feu peut, avec l'humide, constituer l'air : le chaud de l'air et du feu sont des *symbola.* »

c'est : *une chose composée de deux*. De là vient que les deux moitiés d'une tablette brisée par deux personnes qui contractaient ensemble un lien d'hospitalité, conformément à l'antique usage, s'appelaient des symboles (*symbola, symbolaia, tesserae hospitales*), et ces *symboles* étaient soigneusement gardés par chacune des parties contractantes comme un gage de leur mutuel contrat. (...) Peu à peu le mot en vint à désigner toute espèce de gage (...), tout signe de reconnaissance, tout mot d'ordre (*tesserae militares*), toute parole convenue, (...) ; l'anneau nuptial (...). Bientôt même *symbole* exprime le *signe* par opposition à la chose signifiée. L'usage des anciens classiques de la Grèce introduisant le symbole dans la sphère de la religion, le conduit à exprimer ces sortes de relation entre les hommes et les dieux qui ne sont pas susceptibles d'être expliquées, mais seulement interprétées. (...) Ce mot, dans la religion populaire, s'applique à diverses parties du culte des dieux; mais il a des rapports plus intimes avec la doctrine secrète et le culte supérieur, pratiqué dans les mystères. Différents emblèmes et différentes formules employés par les initiés, les mots d'ordre et les signes au moyen desquels ils se reconnaissaient entre eux, toutes les choses de ce genre portaient le nom de *symboles* ou un nom analogue »[10].

De ces diverses significations, nous voudrions donner, après le texte du *Banquet*, quelques illustrations qui pourront nous aider à mieux saisir l'esprit qui unifie le champ sémantique du *symbolon*, ou, éventuellement, à l'enrichir de quelques nuances.

Section 3 L'origine pythagoricienne

Il semble que ce soient les pythagoriciens et les néo-platoniciens qui aient fait usage de ce terme, sans exclure d'autres vocables tels que *allègoria, sèma, hyponoïa* (« allégorie », « signe », « signe secret »). C'est ce qu'affirment en particulier Porphyre et Jamblique. « Quand il (Pythagore) conversait avec ses familiers, il les exhortait, soit d'une manière discursive, soit d'une manière symbolique *(diéxodikôs, symbolikôs)* »[11]. Ce qu'il confirme un peu plus loin en déclarant : « Pythagore exposait symboliquement, selon un trope mystérique... »[12] Et Jamblique nous

10. *Op. cit*, pp. 530-533.

11. Porphyre, *Vie de Pythagore*, 36, éd. Nauck, p. 36, 14-15, dans *Porphyrii Opuscula Selecta* iterum recognovit A. Nauck, Leipzig, Teubner, 1886, cité par J. Pépin, *Mythe et Allégorie*, Aubier, 1958, p. 95 (Nous avons légèrement modifié la traduction de J. Pépin).

12. *Ibid.*, éd. Nauck, p. 38, 20-39, 3; et Pépin, *ibid.*, p. 96 (traduction Pépin modifiée).

apprend que les pythagoriciens, « en présence des étrangers, des profanes pour ainsi dire, s'il s'en trouvait (...) communiquaient entre eux à mots couverts, à l'aide de symboles »[13]. Mais, avant eux, Plotin usait du même terme pour caractériser le mode pythagoricien d'exposition : s'interrogeant sur le nom qui convient à l'Un, il déclare que « les pythagoriciens le désignaient *symboliquement* entre eux par *Apollon,* qui est la négation de la pluralité »[14].

Néanmoins, si le mot *symbolon* semble bien bénéficier d'un patronage pythagoricien et néo-platonicien, la réalité qu'il désigne est beaucoup plus ancienne, puisque les mêmes auteurs la font remonter a la mystérieuse Égypte, d'où Pythagore l'aurait rapportée. C'est ce que déclare Porphyre : « En Égypte, Pythagore fréquentait les prêtres; il s'initia à leur sagesse et à la langue des Égyptiens, ainsi qu'à leurs trois espèces de lettres, épistolographiques, hiéroglyphiques et symboliques, les unes exprimant les choses au sens propre par imitation (c'est l'écriture kyriologique dont parle Clément d'Alexandrie), les autres procédant allégoriquement au moyen de certaines énigmes »[15]. C'est aussi ce que développe Jamblique dans son célèbre ouvrage *Les Mystères d'Égypte*[16] : « Si tu proposes quelque question philosophique, écrit l'auteur à un interlocuteur supposé, nous la déterminerons pour toi elle aussi selon les antiques stèles d'Hermès, que Platon déjà auparavant et Pythagore avaient scrutées pour constituer leur philosophie »[17]. Et plus loin : « tout d'abord je veux t'expliquer le mode de théologie des Égyptiens; ceux-ci, en effet, imitent la nature universelle et la création divine quand ils produisent eux aussi des copies *symboliques* des intellections mystiques, cachées et invisibles, de même que la nature a exprimé d'une certaine manière *symbolique* les raisons invisibles par les formes apparentes, et que la création divine esquisse la vérité des Idées par les copies visibles (...) Écoute donc, toi aussi, selon l'intelligence même des Égyptiens l'interprétation intellectuelle des *symboles...* »[18]. Il existe donc un symbolisme naturel et cosmologique, auquel répond, dans l'ordre culturel, un symbolisme traditionnel ou sacré (formes sensibles, paroles, gestes) à finalité noétique ou

13. Jamblique, *Vie de Pythagore,* 32, 227, éd. Deubner, p. 122, 3-5, Leipzig, Teubner, 1937; cité par Pépin, *ibid.*, p. 95.

14. Plotin, V, 5, 6, trad. Bréhier, *Ennéades,* V, p. 98. Il s'agit évidemment d'un jeu de mot symbolique, analogue au *nirukta* hindou : *Apollôn = a-pollon,* c'est-à-dire, mot à mot, « non multiple ».

15. Cf. Porphyre, *Vita Pythag.* 11-12, éd. Nauck, p. 23, 1-6, trad. Pépin, *op. cit,* p. 270.

16. Texte et traduction par E. des Places, S.J., « Les Belles Lettres », 1966.

17. *Ibid.*, 1, 2; p. 40.

18. *Ibid.*, VII, 1-2; pp. 188-189.

didactique, mais aussi, et surtout, à finalité rituelle : « Parmi les œuvres ordinaires de la théurgie, en effet, les unes ont une cause ineffable et suprarationnelle; d'autres sont comme des *symboles* consacrés de toute éternité aux êtres supérieurs. »[19] Assurément, symboles culturels et symboles rituels sont d'institution. Mais ces institutions sont elles-mêmes l'œuvre des dieux, directement ou indirectement, par conformité à l'ordre des choses voulu par le divin : « Est-ce que ces institutions ne viennent pas des dieux et n'ont pas dès l'origine été établies par eux dans une forme intelligible? Elles imitent l'ordre même des dieux, l'ordre intelligible et l'ordre céleste. Elles possèdent des mesures éternelles de ce qui est et des signes merveilleux; car ils sont envoyés ici par le démiurge et le père de tout et par elles les secrets indicibles sont exprimés à l'aide des *symboles* mystérieux, l'invisible est enfermé dans des formes, et ce qui est supérieur à tout est représenté par des images »[20]

Section 4 Symbolisme et liturgie

Au reste, ce ne sont pas seulement pythagoriciens et Égyptiens qui font usage du symbolisme, et d'un symbolisme dont Jamblique nous présente, on vient de le voir, une doctrine complète et parfaitement ordonnée. Ce sont tous les Anciens, ainsi que le déclare Plutarque, deux siècles avant Jamblique, en en soulignant, lui aussi, la finalité essentiellement rituelle : « Chez les Anciens, Grecs aussi bien que Barbares, la science de la nature *(physiologia)* se présentait sous la forme d'un exposé physique caché dans des mythes (...) Voilà qui apparaît avec évidence dans les poèmes orphiques, les légendes égyptiennes et phrygiennes. Mais ce sont surtout les liturgies d'initiation aux mystères et les rites symboliques des sacrifices qui manifestent la pensée des Anciens. »[21]

Cette dernière remarque est importante en ce qu'elle affirme clairement l'affinité profonde du symbolisme et de la liturgie. Comme nous le verrons, si le symbolisme sacré trouve son fondement dans le symbolisme naturel du monde sensible, c'est dans le rite qu'il atteint son véritable accomplissement et réalise son essence; en somme la véritable herméneutique c'est, non pas la glose qui dégage la signification intel-

19. *Ibid.*, I, 11; p. 60.
20. *Ibid.*, I, 21; nous suivons ici la traduction de Pierre Quillard, Dervy, 1948, p. 54.
21. Plutarque, *Ex opere de Daedalis Plateensibus* I, éd. Bernardakis, p. 43, 3-13 (ce texte n'existe qu'à l'état de fragment chez Eusèbe, cité par Pépin, *Mythe et Allégorie*, pp. 184).

lectuelle d'un symbole, mais l'action rituelle qui fait entrer le symbole dans l'ordre sacramentel. [22]

Au demeurant, les quelques exemples que nous avons donnés suffisent à montrer combien le mot *symbolon* (et ses dérivés) était apte à caractériser, pour les Grecs, aussi bien la nature « iconique » du monde sensible, que la signification ésotérique du langage des formes culturelles du sacré que révèle une herméneutique appropriée [23], et que la dimension mystique et divine des liturgies et des sacrifices.

Il est vrai qu'il n'est pas le seul, et qu'on rencontre souvent, pour les mêmes usages, les termes « allégorie », « allégorique » et « allégoriquement ». C'est précisément ce que nous allons brièvement examiner maintenant en étudiant quelques textes des traditions juive et chrétienne de langue grecque.

22. Cette prééminence de la dimension rituelle dans le symbolisme sacré est telle qu'elle entraîne même dans son orbe le symbolisme à finalité didactique. Ainsi les mythes ne doivent pas seulement faire l'objet d'une exégèse qui en dégage la signification abstraite, mais ils sont par eux-mêmes, dans leur récitation, et indépendamment de toute compréhension mentale, un acte rituel, une véritable invocation, parce qu'ils imprègnent la mémoire et la langue d'une forme sacrée douée par elle-même d'une vertu divine et déifiante. C'est exactement ce que déclare Proclus à propos des mythes platoniciens : « la valeur de ces mythes n'est pas éducative, mais mystique » (*In Rempublicam, I,* 84) ; ils constituent « une invocation sacrée et *symbolique* » (*ibid.*). « Il y a en eux, dit J. Trouillard, une vertu secrète qui, telle une initiation, entraîne vers la divinité l'âme convenablement préparée » (Proclos, *Éléments de Théologie,* Aubier, 1965, p. 41). N'oublions pas – nous y reviendrons – que la lecture de la Bible (Ancien et Nouveau Testament) était qualifiée de sacrement à l'époque de saint Augustin.

23. Signalons par exemple qu'un traité (perdu) de Proclus, consacré à l'exégèse allégorique des mythes, s'intitulait *Peri tôn muthikôn symbolôn* (Proclus, *Théologie platonicienne,* Livre I, texte établi et traduit par H.D. Saffrey et L.G. Westerrinck, Introduction, Paris, Belles Lettres, 1968, pp. LVII). *Symbolon* et *symbolikôs* sont d'ailleurs les termes techniques à l'aide desquels Proclus désigne chez Platon le mode d'exposition mythique. Au chapitre 4 du livre I de la *Théologie platonicienne,* il distingue quatre modes d'exposition : « tantôt d'une manière divinement inspirée, tantôt d'une manière dialectique (...), tantôt d'une *manière symbolique* (...), tantôt c'est à partir des images qu'il remonte jusqu'aux principes indicibles ». Exemple de l'inspiration divine : le *Phèdre*; de la dialectique : le *Sophiste*; du symbolique : le mythe du *Gorgias* « qui n'est pas seulement un *mythe,* dit Proclus, mais aussi un *argument philosophique* ». Et il poursuit : « Dans le *Banquet* (...), dans le *Protagoras* (...) c'est d'une *manière symbolique* qu'il cache la vérité au sujet des principes divins ». Quant aux images, il s'agit d'exemples mathématiques, physiques ou éthiques. Et plus loin il précise : « Le (...) mode d'exposition qui vise à révéler les principes divins au moyen des symboles est celui d'Orphée, et d'une manière générale il est propre à ceux qui mettent par écrit les mythes divins ». La différence entre *image* et *symbole* équivaut à peu prés à la différence entre symboles naturels et symboles culturels.

ARTICLE II

SELON LE JUDAÏSME GREC

Section 1 *Existence d'un symbolisme dans la tradition juive*

Il semble que ce soit Philon d'Alexandrie (20 av. J.C.-50 ap. J.C.) qui ait le premier formulé explicitement une doctrine de l'interprétation symbolique des Écritures. Empruntant le terme au vocabulaire grammatical de la rhétorique grecque, il lui donne le nom d'*allégorie.* Est-ce à dire, pour autant, qu'une telle interprétation était ignorée du judaïsme palestinien et ne fut connue que du judaïsme alexandrin [1] sous l'influence de l'hellénisme et de l'exégèse allégorique que les stoïciens pratiquaient sur les textes homériques? Question importante, non seulement en soi, mais aussi relativement à l'exégèse de saint Paul, d'autant que c'est lui qui a offert aux chrétiens la caution scripturaire du terme *allègoria* pour désigner l'interprétation symbolique des Écritures.

De nombreux savants, J. Pépin en particulier [2], se prononcent en faveur de l'origine grecque de l'allégorisme juif, étant donné son absence dans le judaïsme palestinien, et son abondance dans le judaïsme hellénisé. Si l'on entend par allégorie le procédé d'interprétation mis au point essentiellement par les stoïciens, et qui consiste à voir dans les dieux et les récits de la mythologie religieuse des personnifications des forces naturelles (allégorie physique) ou des représentations imagées de vérités psychologiques (allégorie morale) [3], il est certain que cet allégorisme « philosophique » qui rationalise une expression naïve, inconsciente de son propre contenu, est profondément étrangère à la foi d'Israël. Mais si l'on fait *d'allègoria* un synonyme de *symbolon,* alors il est évident que l'interprétation spirituelle et mystique des Écritures est bien antérieure à la rencontre alexandrine du judaïsme et de la

1. On sait, en effet, qu'on peut distinguer, dans l'étude de la religion juive durant les trois derniers siècles avant J.C., et dans les siècles suivants, deux sortes de judaïsme, selon qu'il s'agit des Juifs restés an Palestine, ou des Juifs de la *diasporah* qui se sont répandus dans tout le Bassin méditerranéen, assimilant la culture grecque en même temps que la langue qui servait alors d'« idiome véhiculaire » à la plupart des peuples. C'est au sein de cette *diasporah* hellénisée, dont Alexandrie est le centre intellectuel, que naquirent les versions grecques de la Torah, dont la version des Septante est la plus célèbre (IIIe siècle av. J.C.). Il existait peut-être aussi des versions latines (et donc préchrétiennes), car les communautés juives à Rome étaient également importantes. (J. Daniélou *Histoire des Doctrines chrétiennes avant le concile de Nicée,* vol. III : *Les Origines du christianisme latin*, Cerf, 1978, pp. 21 sq.).

2. J. Pépin, *Mythe et Allégorie,* pp. 225 sq.

3. Voir l'exposé, estimé très fidèle, que Cicéron donne dans son *De natura deorum,* II, 28, 70-71; et J. Pépin, *Mythe et Allégorie,* pp. 126 sq.

philosophie grecque. A vrai dire, d'ailleurs, c'est le contraire qui serait a nos yeux insoutenable, parce que tout simplement impossible : le symbolisme sacré est l'essence de toute expression religieuse, sans aucune exception, et nous n'avons nullement besoin de preuves historiques pour l'affirmer[4].

C'est d'ailleurs la révélation elle-même qui affirme (symboliquement) la réalité de sa double signification. YHVH dit ainsi à Ezéchiel : « Ouvre ta bouche et mange ce que je te donne. Alors je regardai et voici : une main se tendait vers moi, dans laquelle se trouvait un livre enroulé, et il déroula ce livre devant moi et *il était écrit à l'intérieur et à l'extérieur* »[5].

Cette injonction d'avoir à manger un livre écrit à l'intérieur et à l'extérieur (qui est d'ailleurs elle-même symbolique), c'est-à-dire d'avoir à connaître un message qui possède un sens manifeste et visible, et un sens invisible et mystérieux, fut essentiellement mise en pratique par les prophètes qui, réinterprétant certains événements fondamentaux et fondateurs de l'Histoire sainte d'Israël (Adam et le Paradis, le Déluge, l'Exode, etc.) les transforment en figures symboliques et sacrées, en « types » dans le langage paulinien, dans lesquelles se déchiffrent plus ou moins clairement, non seulement le destin futur d'Israël, mais aussi celui de l'âme humaine. C'est la suite même des textes de l'Écriture sainte qui se présente comme une reprise herméneutique des Écritures primitives et archétypiques. Les travaux des spécialistes ne laissent donc place à aucun doute concernant l'existence d'une « typologie » (c'est-à-dire d'une interprétation qui voit dans les événements passés le *type* – la figure – d'événements futurs d'ordre spirituel et religieux) proprement vétéro-testamentaire. [6]

Indépendamment des témoignages que présentent les Saintes Écritures, l'étude de l'exégèse juive palestinienne conduit aux mêmes conclusions. Dans un exposé où il se propose d'examiner l'exégèse talmudique telle qu'elle a été pratiquée « dans les Académies de Palestine et de Babylone », le P. Bonsirven écrit : « En fait, chez les rabbins, les interprétations allégoriques sont rares. »[7] Mais, précise-t-il, cela n'est vrai que si l'on prend allégorie au sens strict. Au contraire, si on appelle « allégorie ce qui est parabole

4. Nous avons pourtant entendu un savant hébraïsant nous affirmer que la révélation juive excluait tout symbolisme!

5. Ezéchiel, II, 8-10.

6. Entre autres ouvrages, nous renvoyons à J. Daniélou, *Sacraméntum futuri, Études sur les origines de la typologie biblique* Beauchesne, 1950, pp. 4-14, 131 sq., etc.; également du même auteur, *Histoire des doctrines chrétiennes avant Nicée*, vol. 1, *Théologie du judéo-christianisme*, Desclée, 1958, pp. 101 sq.

7. Joseph Bonsirven, « Histoire de l'exégèse juive », article du *Dictionnaire de la Bible*. Supplément, t. IV, Letouzey et Ané, 1949, col. 561-569.

ou symbole » alors on peut dire que l'Ecriture est tout entière allégorique : « Partout on ressent la même impression : il s'agit moins d'allégorie proprement dite que *des formes élémentaires* de l'allégorie, à savoir d'interprétations métaphoriques ou symboliques »[8].

Au demeurant, l'existence d'une exégèse symbolique d'origine palestinienne est désormais attestée par la découverte des manuscrits de la mer Morte, à Qumrân. Les fragments qu'on y a trouvés nous montrent une exégèse qui « pratiquait ordinairement la typologie, celle d'Adam et de Moïse en particulier »[9].

Enfin, sans parler de l'œuvre majeure de Philon d'Alexandrie qui, sous une forme grecque, demeure profondément juive[10] et dont nous allons citer quelques textes, il faudrait évoquer ici le témoignage de la Kabbale. On peut évidemment ne voir dans la Kabbale qu'un ensemble de textes qui apparaissent vers le milieu du XIIe siècle, en Allemagne, en France et en Espagne. En ce cas, elle constitue un phénomène tardif, et ne saurait valoir comme preuve d'une symbolique proprement juive. Mais si l'on y voit, avec les Kabbalistes eux-mêmes, la doctrine ésotérique de la mystique juive, alors elle est aussi ancienne que la révélation, et remonte jusqu'au Paradis. Indépendamment de cette origine primordiale, qui échappe à l'histoire, il demeure toutefois qu'on ne saurait mettre en doute l'existence d'une gnose juive, géographiquement palestinienne, qui s'intéresse essentiellement à la signification métaphysique et mystique du récit de la Création et de la vision d'Ezéchiel du char céleste (doctrine *Bereshit* et doctrine *Merkaba*). Ces deux doctrines existent entre le Ier et le IIe siècle, « surtout dans les cercles talmudistes », et c'est pourquoi « l'historien de la religion est en droit de considérer la mystique de la Merkaba comme un des rameaux juifs de la gnose »[11]. A ces deux doctrines, il faudrait ajouter le *Sefer Yetsirah* (*Livre de la Création*), qui date de la même époque et dont la Kabbale médiévale fera le commentaire; ce livre contient en particulier, pour la première fois, la célèbre formulation des *Sefirot*, c'est-à-dire des dix « nombres » primordiaux[12].

8. *Ibid.* col. 566. Notons en passant l'imprécision terminologique de ce texte, si l'on se souvient que l'allégorie, pour Quintilien (donc au sens propre), est une « métaphore continuée ».

9. Daniélou, *op. cit*, p. 101.

10. Cf. en particulier, M. de Gandillac, « Compte rendu critique de *Mythe et allégorie* », *Revue philosophique*, janvier-mars 1961, pp. 59-65.

11. G. Scholem, *Les Origines de la Kabbale*, Aubier, trad. J. Loewenson, 1966, p. 27 et p. 30.

12. *Ibid.* p. 35. La systématisation des nombres primordiaux sous la forme de l'*arbre sefirotique* n'« apparaîtra » que plus tard, dans le *Sefer-ha-Zohar*. Sur la doctrine de l'arbre des *Séfirot*, cf. Léo Schaya, *L'Homme et l'Absolu selon la Kabbale*, Dervy-Livres, 1976.

Toutefois, comme précédemment, il est malaisé de qualifier d'allégorie l'exégèse kabbalistique, « qu'on pourrait nommer dans un sens plus exact *symbolique* ». Elle décrit le : « processus secret de la vie divine, qui se développe dans les manifestations et les émanations des *Sefiroth* » [13].

Trois conclusions nous paraissent se dégager de ces brèves considérations : 1°) il y a une symbolique proprement juive, qui, dans son essence sinon dans sa forme, ne doit rien à l'hellénisme; 2°) il n'y a pas de différence fondamentale dans l'usage des termes *allègoria* et *symbolon,* et Pépin a raison d'insister là-dessus; 3°) toutefois, et nous allons le constater bientôt, cela n'est possible qu'à la condition, comme le dit Bonsirven, de ramener l'*allègoria* au *symbolon*, plutôt que l'inverse, dans la mesure où l'*allègoria* ne perdra jamais tout à fait sa signification de figure de rhétorique, tandis que *symbolon* gardera toujours, de ses origines pythagoriciennes, un parfum de mystère vivant et d'ésotérisme [14].

Section 2 Témoignage de Philon

Venons-en donc à quelques textes de Philon d'Alexandrie, où le mot symbole apparaît de la façon la plus nette, occurrences d'autant plus remarquables que Philon est en effet le premier à avoir, non pas pratiqué – nous

13. G. Scholem, *La Kabbale et sa Symbolique*, Payot, trad. J. Boesse, 1975, p. 65. Scholem cite ensuite l'opinion de Nachmanide pour qui « le symbole ne prend sa signification que par l'accomplissement réel des Commandements » (p. 66).

14. Il n'est sans doute pas sans intérêt d'observer que le mot *allègoria* est probablement de formation beaucoup plus récente que celui de *symbolon*. J. Pépin cite à ce sujet le témoignage de Plutarque de Chéronée (cf. *Mythe et Allégorie*, p. 87) qui déclare que ce qu'on appelait autrefois *hyponia* (= sens caché) s'appelle aujourd'hui *allègoria* (*De audiendis poetis* 4, 19E, éd. Paton, p. 38, 20-22). Le mot est absent du corpus platonicien qui connaît *hyponoia* et, nous l'avons vu, *symbolon*. Faut-il admettre que ce mot est né dans le milieu des grammairiens aux environs du Ier siècle avant J.C.? C'est ce que semble suggérer les nomvreux exemples que Pépin a rassemblés (*Mythe et Allégorie*, pp. 88 sq.). H. de Lubac (*Exégèse Médiévale*, Aubier, 1959, 1ère partie, vol. II, p. 373) en attribue la paternité au grammairien Philodème de Gadara, vers 60 av. J.C., en citant Cicéron (*Orat.*, c. XXVII). Reproduisons au moins la définition que donne de l'allégorie le stoïcien (Pseudo) Héraclite du Pont (époque d'Auguste) : « Il est peut-être nécessaire maintenant de faire en peu de mots un petit exposé technique sur l'allégorie. Le mot lui-même suffit, tant il correspond à la vérité, à indiquer l'essence de la chose. La figure de style en effet qui dit une chose, mais en signifie une autre différente de la chose dite, est appelée par son nom propre allégorie *(allè-goria,* signifie en effet littéralement le fait de *dire autre chose*) » (*Quaest. homericae* 5, éd. Oelmann, p. 5, 12-6, 1). A ce texte que nous tirons de Pépin (*op. cit.*, p. 88) on peut ajouter les remarques de Félix Buffière, *Les Mythes d'Homère et la pensée grecque*, éd. G. Budé, 1956, pp. 45 sq.; également (Pseudo) Héraclite, *Allégories d'Homère*, texte établi et traduit par F. Buffière, ed, Budé, 1962, en particulier p. 91.

l'avons vu – mais formulé la doctrine de l'interprétation allégorique, utilisant d'ailleurs abondamment le mot *allègoria*, puisqu'il lui sert à nommer l'un de ses ouvrages essentiels, le *Commentaire allégorique des Saintes Loi* [15]. « L'interprétation des Écritures sacrées s'effectue au moyen des sens cachés *(di'hyponoïôn)* dans les allégories » [16]. Mais, dans un autre ouvrage [17], Philon, toujours à propos de l'exégèse, s'exprime ainsi : « Au Saint Sabbat, les Esséniens vont dans les lieux saints, les synagogues, où ils s'asseyent par rang d'âge, les jeunes au-dessous des plus âgés : ils se disposent à écouter dans l'ordre convenable. Ensuite, l'un prend les livres et on les lit; puis un autre, parmi les plus savants, s'étant avancé, explique tout ce qui n'est pas compréhensible; c'est qu'en effet, chez eux, la plupart des passages sont médités *au moyen de symboles suivant un goût très ancien* ». Car « le récit formulé est le *symbole* d'une pensée cachée qu'il faut examiner » [18]. Distinguant trois degrés de compréhension de l'Écriture (selon la lettre, selon la pleine lumière de la vérité, ou selon la signification allégorique qui est ainsi l'intermédiaire entre la lettre et la contemplation), Philon explique encore : « les mots sont les *symboles* de réalités (Pépin traduit "de notions") que la raison seule atteint » [19]. Et quand il s'agit précisément, non plus de faire la théorie de l'allégorie, mais de la pratiquer, Philon n'hésite pas à utiliser le mot *symbolon* ou ses dérivés. C'est ainsi qu'il explique que « l'homme Abraham signifie *symboliquement* l'intelligence active… » [20] ou encore, parlant du Tabernacle, « les sept flambeaux ou lampes sont les *symboles* des astres que les physiciens appellent planètes [21] ». Il est donc clair que le mot symbole peut aussi bien s'appliquer aux mots de l'Écriture qu'aux choses dont elle parle.

---

15. Traduction E. Bréhier, éd. Picard, 1909. Dans son ouvrage *Les Idées philosophiques et religieuses de Philon d'Alexandrie*, (3e éd. Vrin, 1950), Bréhier étudie (pp. 45-61) l'origine de l'allégorisme philonien et conclut à la source juive : « Nous sommes donc ici sur la voie d'une véritable tradition purement juive » (p. 54).

16. *De vita contemplativa* 78, p. 483, 42-43, Mangey, éd. Conyheare, pp. 118-119 (Pépin, 233).

17. *Quod omnis probus liber sit* 82 (Pépin, p. 224). Nous utilisons la traduction Bréhier, *op. cit.* p. 50.

18. *De praemiis et poenis* 61-65, éd. Cohn et Wendland, t. V, p. 349; (Pépin, 232).

19. *De Abrahamo* 119, t. IV, p. 27, 16-23 (Pépin, 233). Il ne faut pas voir dans ce que nous avons appelé « les trois degrés de compréhension » la préfiguration de la doctrine des trois (ou quatre) sens de l'Écriture dont Origène semble être le premier témoin. Le point de vue de Philon est différent : le troisième degré n'est pas un sens, c'est la saisie des réalités « dans la pleine lumière de midi » et non plus « dans l'ombre double » des mots et de l'allégorie.

20. *Ibid.* 99 : C.W. IV, p. 23, 11-16.

21. *De vita Moysi* II, 103, C.W., IV, p. 225, 3-5.

Ce terme de *symbolon* d'ailleurs n'était pas seulement la propriété de la philosophie grecque. Il possédait une sorte de caution scriptutaire (à la différence d'*allègoria)* puisqu'il apparaît une fois dans un des livres de la Bible. Il s'agit du « Livre de la Sagesse de Salomon ». Ce texte, rédigé directement en grec par un scribe juif d'Alexandrie dans la première moitié du Ier siècle av. J.C., se lit dans la version des LXX, entre Job et l'Ecclésiastique. On dit généralement qu'il était admis au canon des Écritures par les Juifs alexandrins et refusé par les Juifs palestiniens parce qu'écrit dans une langue autre que l'hébreu. Mais cette thèse semble pécher par anachronisme : aucune autorité n'avait officiellement proclamé la liste des livres inspirés, à cette époque. On sait qu'à la *Torah,* ou « Loi » (le Pentateuque) léguée par Moïse au peuple élu, la tradition avait joint non seulement les paroles des Prophètes (on a ainsi « la Loi et les Prophètes » dont parle le Christ), mais aussi une troisième catégorie de textes, les *Hagiographes* ou *Écrits.* C'est parmi ceux-ci qu'il faut ranger la « Sagesse de Salomon ». Or, la liste de ces Écrits variait selon l'usage et les communautés synagogales. Il est certain qu'en Palestine, où on lisait l'Écriture en hébreu ou en araméen, on était porté à ignorer les textes dont faisait usage le judaïsme alexandrin qui lisait l'Écriture en grec. C'est seulement vers 90 ap. J.C., au synode de Jamnia, que les autorités juives fixèrent la liste des livres authentiquement inspirés, obéissant au souci de préserver la foi juive de toute contamination essénienne ou chrétienne. Mais, ni dans le judaïsme palestinien, qui continua parfois d'utiliser des livres rejetés (par exemple l'Ecclésiastique), ni *a fortiori* dans le judaïsme alexandrin, ces décisions ne modifièrent réellement les usages. Ce qui le prouve, c'est que les premiers chrétiens reçurent le Canon de l'Écriture légué par la tradition grecque comme canon authentique et directement révélé, et ce canon comprenait la « Sagesse de Salomon ». Chez les chrétiens non plus, il n'y eut de décision solennelle et publique à ce sujet durant les deux ou trois premiers siècles. Et si des discussions s'élevèrent concernant la canonicité de la « Sagesse de Salomon » ou de la « Siracide », elles étaient dues à une influence étrangère et « latérale » à la tradition reçue du judaïsme grec aux temps apostoliques, et non pas à « leur intrusion secondaire dans le canon juif traditionnel »[22].

Ce bref historique était nécessaire afin de mieux marquer l'importance exceptionnelle que constitue la rencontre du judaïsme et de la culture grec-

---

22. Cf. P. Grelot. *Bible* et *Théologie*, éd. Desclée 1965. pp. 124-141.

que pour l'histoire des religions et de la civilisation occidentale. Il faudrait sans doute y consacrer des développements beaucoup plus longs, surtout à une époque comme la nôtre où la tendance va plutôt à « judaïser » l'histoire des origines chrétiennes. Déjà, d'ailleurs, il y a quinze cents ans, la version hiéronymienne de la Bible visait à retrouver la *veritas hebraica*. Mais, ce faisant, on oublie un peu que des millions de juifs et de chrétiens, pendant des siècles, ont vénéré une Bible écrite en langue grecque, et que cette version ne leur paraissait pas moins sacrée et inspirée que la Bible hébraïque. D'une certaine manière, le grec est ainsi devenu le bien propre des révélations juive et chrétienne. Transplantée et greffée sur le rameau culturel juif, la langue d'Homère et de Platon, qu'on s'en désole ou s'en réjouisse, s'établit définitivement comme véhicule du message abrahamique et chrétien [23].

C'est en ce sens que l'on peut dire que le mot *symbolon* reçoit la caution scripturaire et devient partie intégrante de la langue de la révélation, Le « Livre de la Sagesse » déclare en effet (XVI, 6) :

« Ils possédèrent un *symbole* de salut (*symbolon sôterias*) pour leur rappeler le commandement de ta loi. Et celui qui se tournait (vers ce symbole) était guéri, non par cela qu'il voyait, mais par toi, Sauveur de tous les hommes » [24]. Le scribe fait ici allusion à l'épisode du Serpent d'airain que nous racontent les Nombres. Les Juifs, lassés d'errer dans le désert, murmurent contre YHVH qui les punit en leur envoyant des serpents brûlants. Se repentant, ils supplient Moïse d'intercéder pour eux. Dieu accepte la prière de Moïse et lui dit (selon la version des LXX) : « Fais-toi un serpent d'airain et pose-le comme un signe (*sèmeïon*) (et pends-le à un poteau, selon

23. Les historiens des religions semblent parfois ne disposer que d'une seule catégorie scientifique, celle de l'influence. Philon le Juif, Paul le Juif, ont subi, ou n'ont pas subi, l'influence de l'hellénisme et de la pensée grecque, ou bien l'ont subie dans une certaine mesure. Les uns s'attacheront, en conséquence, à montrer tout ce qui, chez eux, vient des Grecs. Les autres, c'est plutôt la tendance actuelle, affirmeront que, sous la forme grecque, c'est une âme juive qui s'exprime, comme si c'était un pêché mortel que d'admettre la vérité de Platon. Mais c'est le concept même d'influence qu'il faudrait soumettre à une critique philosophique. Il y a évidemment des phénomènes culturels qui relèvent de cette catégorie, mais il *y* en a d'autres, et de nombreux, où elle n'est tout simplement pas applicable. Si Philon ou saint Paul utilisent des éléments de la culture grecque, c'est peut-être aussi parce qu'ils ont reconnu en eux la Vérité pure et simple, qui n'est ni grecque, ni juive, mais universelle. Et il n'y a donc pas non plus à les laver du soupçon d'avoir succombé aux prestiges illusoires et corrupteurs d'une culture « païenne ». Le fait unique que la sagesse « païenne » a ignoré – pour saint Paul – c'est l'incarnation de Dieu en Jésus-Christ. Mais, cela mis à part, il nous paraît douteux que saint Paul ait « vécu » ses problèmes d'expression en termes d'influence ou de refus d'influence.

24. La Vulgate qui, pour le Livre de la Sagesse reprend la version plus ancienne de la *Vetus latina* (IIe siècle), traduit *symbolon* par *signum*.

l'hébreu), quiconque aura été mordu et le regardera, vivra »[25]. Il est intéressant de remarquer que le scribe helléniste, qui lit la Bible dans la version des LXX, et donc pour qui le terme de *sèméïon* est garanti par l'Écriture, ne reprend pas ce terme et lui substitue celui de *symbolon* : il parle d'un *symbole de salut.* La raison de cette préférence, pensons-nous, c'est que, pour un Juif imprégné de culture grecque, la signification religieuse et concrète de *symbolon* apparaît plus prégnante que celle de *sèméïon.*

Mais l'histoire ne s'arrête pas là. Pour unique que soit l'occurrence scripturaire du mot symbole, elle est en quelque sorte reprise et authentifiée par l'usage que le Christ fait de l'épisode du Serpent d'airain, en invitant ses disciples à y voir une figure du Fils de l'Homme : « De même que Moïse a élevé le serpent dans le désert, ainsi faut-il que le Fils de l'Homme soit élevé, afin que quiconque croit en Lui ne périsse pas, mais possède la vie éternelle »[26]. Ainsi, de même que, dans la *Torah,* c'est un serpent non venimeux dont la contemplation guérit des serpents venimeux (mais, dit le scribe alexandrin, parce qu'il est le symbole du salut, le signe de la vertu du Sauveur), de même le Christ, serpent salvateur pendu à la croix, signe de rédemption, guérit par le sang de ses blessures la blessure originelle, œuvre du serpent trompeur. Cette interprétation, commune à de nombreux Pères de l'Église (saint Ambroise, Théodoret, saint Augustin) et à saint Thomas, est d'autant plus remarquable qu'elle fait du *symbolon* non seulement un signe et un type (serpent qui représente le Christ), mais un rite et un sacrement, conformément aux conclusions que nous avions déjà pu recueillir dans la littérature grecque non judéo-chrétienne.

25. Nombres, XXI, 8. On pourrait traduire *sèméïon* par « enseigne ».

26. Jn, III, 14-15. Notons incidemment que le serpent n'est pas nécessairement un symbole maléfique, ni pour Moïse, ni pour le Christ, ni pour l'exégèse chrétienne.

ARTICLE III

SELON LE CHRISTIANISME GREC

Section 1 *Le vocabulaire du symbolisme dans le Nouveau Testament*

Le *corpus* des écrits que l'Église désigne sous le nom de *Nouveau Testament* ne contient pas le mot *symbolon.* On y rencontre, en revanche, de nombreux termes dont la signification est voisine, voire identique. L'un d'eux, employé une fois par saint Paul, était appelé à une grande fortune, puisqu'il s'agit *d'allègoria*[1]. Quant aux autres, il ne nous appartient pas de les répertorier dans une enquête consacrée au seul *symbolon.* Signalons seulement, à titre indicatif, les termes suivants : *éïkôn* (= image, employé 23 fois), *charaktèr* (= empreinte, 1 fois), *morphè* (= forme, image, 3 fois), *mystèrion* (= mystère, arcane, signe, sacrement, que la Vulgate transcrit en *mysterium* ou qu'elle rend par *sacramentum,* 28 fois), *omoïôma* ou *omoïôsis* (= ressemblance, 6 fois et 1 fois), *parabolè* (= parabole, employé déjà par les Septante pour traduire l'hébreu *mâchâl,* avec le sens également de figure et de symbole, 50 fois), *paroïmia* (que saint Jean préfère à *parabolè* avec le même sens, 5 fois), *sèméïon* (= signe, 77 fois), *schèma* (= figure, 2 fois), *typikos* (= en figure, 1 fois), *typos* (= figure, image prophétique, 15 fois)[2].

De tous ces termes, aucun n'a prévalu sur les autres au point de les éliminer, ni même, ce qui est beaucoup plus remarquable, n'a évincé le terme de *symbolon,* qui, pourtant ne jouissait pas de la caution néo-testamentaire. *Allègoria* ou *typos,* dont on a voulu faire les désignations officielles du symbolisme chrétien (Pépin pour le premier, Daniélou pour le second) sont le plus souvent employés en concurrence avec *symbolon.* C'est précisément ce que nous allons constater dans notre enquête à travers la littérature grecque du christianisme. Assurément, cette enquête sera lacunaire et dépendra beaucoup du hasard de nos lectures, puisqu'il n'existe aucun dépouillement systématique des occurrences de *symbolon* dans la littérature chrétienne. Mais elle sera

1. A vrai dire, il se présente sous la forme verbale *allègorouména* que la Vulgate traduit par *per allegoriam* (Gal. IV, 24).

2. *Mythos* (= mythe, fable) est toujours pris péjorativement par saint Paul (4 fois) et par saint Pierre (1 fois). Nos chiffres sont tirés de la *Concordance du Nouveau Testament* de Sœur Jeanne d'Arc, Cerf. D.D.B, 1970. Nous reviendrons sur le terme *sèméion* (de loin le plus employé) lorsque nous traiterons du signe symbolique.

cependant suffisamment démonstrative, et même, parfois, de manière surprenante [3].

Section 2 Le témoignage de saint Justin et de saint Irénée de Lyon

Nous recueillerons d'abord nos attestations auprès de saint Justin (première moitié du IIe siècle) qui est, sinon le plus ancien des Pères Apologistes, du moins le premier des « philosophes chrétiens » de l'histoire, et aussi le premier écrivain à avoir employé *symbolon* comme synonyme de *typos* [4]. On sait en effet que l'interprétation symbolique des Écritures, chez les chrétiens, consiste essentiellement à voir dans les paroles et les actions de l'Ancien Testament, l'annonce et la préfiguration voilée, indéchiffrable pour les Juifs, de la doctrine du Christ C'est le mot *typos*, employé par saint Paul, qui définit traditionnellement ce rapport symbolique du passé à l'avenir. Et Justin l'utilise abondamment et formule même cette règle herméneutique : « Tantôt l'Esprit Saint a fait qu'il se produise quelque chose qui soit une figure (*typos*) de l'avenir, tantôt il a prononcé des paroles (*logoï*) sur ce qui devait arriver. Si quelqu'un ne connaît pas ces règles, il ne pourra même pas suivre ces paroles prophétiques comme il faut » [5]. Mais il n'hésite pas à parler équivalemment de *symboles :* « En un mot, ami, dis-je, je puis, en les prenant une à une, montrer que toutes les autres prescriptions de Moïse sont des figures, des

3. On pourrait nous objecter que le Nouveau Testament a été constitué canoniquement trop tardivement pour que sa langue puisse avoir une influence sur le vocabulaire des premiers écrivains chrétiens. Cependant il faut distinguer entre la définition canonique du *corpus* néo-testarnentaire, laquelle n'est guère attestée avant la fin du IIe siècle, et la date de rédaction des textes qui le constituent. En ce qui concerne le deuxième point, la tendance la plus récente de la science exégétique va à contre-courant des affirmations qui passent encore aujourd'hui pour « des résultats acquis de la critique », en particulier chez Bultmann et les post-bultmanniens. Il s'avère principalement (Louis Bouyer, « Un tremblement de terre dans la critique du Nouveau Testament », *Nova et Vetera,* LIIe année, n° 4, oct.-déc. 77, pp. 307-312) que, en dépit des thèses habituellement reçues, qui les déclarent tardifs, les quatre évangiles ont été rédigés au cours du Ier siècle, et certainement (John A.T. Robinson, *Redating the New Testament*) avant 70. Ces conclusions sont confirmées par les travaux du grand hébraïsant que fut le P. Jean Carmignac. travaux qu'il a résumés dans un petit livre : *La naissance des évangiles synoptiques* (O.E.I.L., 1984). Quant au premier point il faut rappeler que saint Justin, par exemple, connaissait parfaitement nos quatre évangiles qu'il appelle les « Mémoires des Apôtres » Sur la connaissance du Nouveau Testament chez les Pères apostoliques, on lira J.N.D. Kelly, *Initiation à la doctrine des Pères,* Cerf, 1968, pp. 67-71. *Re-dater le Nouveau Testament* a paru en français chez Lethielleux en 1986.

4. J. Daniélou *Message évangélique et culture hellénique,* Desclée, p. 189.

5. *Dialogues avec Tryphon* édition Archambault, Paris, Picard et Fils, 1909, 2 tomes; CXIV, 1. Voir également : XL, 1; etc.

symboles, des annonces (*tupous kaï symbola kaï katangelias*) de ce qui devait arriver par le Christ lui-même »[6]. Et si Justin se permet cette assimilation du *typos* et du *symbolon*, c'est bien, pensons-nous, sous la garantie du *symbolon* du Livre de la Sagesse, comme le suggère le texte suivant : « On pourrait accuser Moïse de violer la Loi, puisque c'est lui-même qui a prescrit qu'il n'y aurait d'images de personne, et qui a fait ensuite le serpent d'airain. Aurons-nous si peu de sens de prendre ces choses telles quelles, comme font vos didascales, et non comme des symboles? »[7]. Mais c'est aussi l'agneau pascal qui est un *symbolon* du Christ, les douze clochettes de la robe du Grand Prêtre qui sont le *symbolon* des douze Apôtres, et ainsi de suite[8]. Au demeurant, *symbolon* n'est pas seulement l'équivalent de *typos* puisque Noé et ses sept compagnons sont le *symbolon* du huitième Jour [9].

Pourtant il est un terme que Justin n'emploie jamais, et c'est celui d'*allègoria*[10]. Sans doute faut-il supposer que l'origine « savante » de ce terme, son caractère littéraire et abstrait le rendent relativement impropre à un usage religieux. Car le symbolisme religieux implique un rapport quasi existentiel entre le symbole et la réalité qu'il désigne, ce qui n'est pas directement le cas de l'*allègoria*, au moins dans son sens strictement technique : « L'interprétation des prophètes est rattachée en ce sens chez Justin au réalisme de l'incarnation, comme sa typologie à une interprétation de l'histoire. On ne trouve chez lui rien d'un allégorisme qui dissoudrait l'histoire en mythe »[11].

Saint Irénée de Lyon, Méliton de Sardes, connaissent la distinction des paroles (prophétiques) et des événements (figuratifs). Ils utilisent presque toujours les expressions pauliniennes de *typos* ou d'*allègoria*[12]. Mais le sens de *typos* n'est guère différent de celui de *symbolon*, comme le prouve l'exemple de Ptolémée, gnostique chrétien (disciple de Valentin) combattu par saint Irénée, et qui, dans la « Lettre à Flora », texte consacré à la signification de l'Ancien Testament, distingue dans l'Écriture une partie « typique et symbolique » établie à l'imitation des réalités spirituelles et transcendantes[13].

---

6. *Dialogue avec Tryphon*, XLII, 4.
7. *Ibidem*, CXLI, 1-2.
8. *Ibidem*, XLI, 1-3; XLII, 1, et aussi LXXXVI, 1.
9. *Ibidem*, CXXXVIII, 1.
10. Daniélou, *op. cit.* p. 189.
11. *Ibidem*, pp. 197-198. Justin distingue le symbolisme des paroles *(logoï)* et celui des actions produites *(typoï)*; cf. par exemple, *Dialogue...*, CXIV, 1. Cette distinction se retrouvera très souvent par la suite, en particulier chez Jean Scot comme nous le verrons.
12. Saint Irénée de Lyon, *Adv. Haer.* 1, 3, 6 (*allègoria*); IV, 14, 3; 21, 3 (*typos*). Les citations de Méliton de Sardes sont données par Daniélou : *Message évangélique et culture hellénistique*, pp. 213-216.
13. Daniélou, *ibidem*, p. 204.

L'œuvre de Clément nous offre une riche moisson pour désigner l'expression symbolique : *typos, mystèrion, aïnigma, sèmeïon, allègoria*, mais aussi *symbolon* et ses dérivés, qui servent à caractériser techniquement ce mode d'expression dans sa plus grande généralité, c'est-à-dire à définir son *genre*. C'est principalement au livre V des *Stromates* consacré à l'exposition de la gnose symbolique que nous rencontrons les occurrences les plus intéressantes : « Ce ne sont pas seulement les plus sages des Égyptiens, mais tous ceux qui, parmi les autres barbares (et donc aussi bien les judéo-chrétiens) ont pratiqué la philosophie, qui ont usé du *genre symbolique* (*symbolikos eïdos*) »[14]. Ce livre est d'ailleurs consacré précisément, dans sa majeure partie, à l'exposé des différents aspects de ce genre symbolique[15]. Ce que confirme le début du VIe *Stromate* qui, avant de poursuivre, résume ce qui vient d'être développé : « Puisque nous avons montré que le *genre symbolique* est antique, et que ce sont non seulement nos prophètes qui en ont usé, mais aussi beaucoup des anciens Grecs, et de nombreux barbares de chaque race, il fallait en venir aussi aux mystères de l'initiation »[16]. Que le symbolique soit le genre qui renferme les différents modes des expressions figurées, c'est ce qui apparaît nettement avec le célèbre passage sur l'écriture égyptienne[17], dans lequel Clément, distinguant trois sortes d'écritures (épistolographique, hiératique et hiéroglyphique), divise la troisième en deux catégories qu'il appelle *kyriologique* (expression abrégée) et *symbolique* (expression figurée). Or, l'écriture symbolique comporte trois espèces selon qu'elle procède par imitation directe, par métaphore, ou par allégorie et énigme.

Toutefois, on ne saurait affirmer que Clément s'astreigne à un vocabulaire rigoureux, et que l'allégorie ou la métaphore soient toujours les espèces dont le symbolique est le genre. Ainsi écrit-il : « Tous ceux qui ont traité de la divinité, qu'ils soient barbares ou grecs, ont caché les principes des choses, et transmis la vérité au moyen d'*énigmes*, de *symboles*, puis d'*allégories*, de *métaphores* et d'autres procédés analogues »[18]. Ailleurs, parlant des mythes platoniciens, il semble entendre par *symbole* l'expression figurée comme telle, et par *allégorie*, le procédé qui consiste à l'employer : « Non seulement (ces mythes) doivent être allégorisés dans tous les mots, mais tout ce qui est

14. *Stromates*, V, 8, 44; *P.G.* IX, col. 71.
15. A. Méhat, *Études sur les Stromates*, Seuil, 1966, p. 278.
16. *Stromates*, VI, 2, 4, 2; *P.G.* IX, col. 212.
17. *Stromates*, V, 4, 20, 3-21; *P.G.* IX, col. 40.
18. *Ibidem*, V, 4, 21, 4; *P.G.* IX col. 41 (cité par Pépin, *op. cit.* p. 266).

signification de la pensée générale (de Platon), nous le trouverons aussi signifié par des *symboles* sous le voile de l'allégorie »[19].

Quant aux raisons qui imposent l'usage du *symbole,* les textes de Clément confirment ce que nous avons déjà dit de son rapport au sacré, au mystérieux, à l'ésotérique. Cet ésotérisme[20] ne concerne pas seulement la religion, mais aussi la philosophie : « La vie me ferait défaut pour citer la multitude de ceux qui philosophent d'une manière *symbolique* »[21] Ainsi « le genre de l'*interprétation symbolique* est très utile, en particulier pour conduire à la droite théologie... »[22] En effet, le voile du symbole nous intrigue et nous incite à la recherche : « Pour bien des raisons, le sens des Écritures est caché. La première raison est que nous soyons des chercheurs et que nous soyons toujours vigilants à la découverte des choses du salut ». Mais le texte poursuit en énonçant la raison négative de tout ésotérisme : « Ensuite, il ne convenait pas à tous de les considérer, afin qu'ils ne subissent pas de dommages en recevant autrement (que pour le salut) ce qui a été dit pour le salut par le Saint-Esprit »[23]. Il ne s'agit donc pas seulement de préserver les choses saintes de la profanation, mais aussi et surtout de préserver les ignorants des dangers que représente la révélation de la gnose[24].

---

19. *Ibidem* V, 9, 58, 6; *P.G.* IX, col. 92.

20. Les termes *ésotérique* et *exotérique* se trouvent chez Clément : *Stromates,* V, 9; *P.G.* IX, col. 90.

21. *Ibidem,* V, 9, 56, 1; *P.G.* IX, col. 88.

22. *Ibidem,* V, 8, 46, 1; *P.G.* IX, col. 73.

23. *Stromates,* VI, 15, 126, 1; *P.G.* IX, col. 340 (nous reproduisons la traduction de Méhat, *Études sur les Stromates,* p. 494).

24. L'ésotérisme de la gnose ne consiste pas seulement chez Clément dans son voilement symbolique. Il s'agit aussi d'une connaissance secrète transmise oralement par le Christ aux Apôtres (du moins à certains d'entre eux : Pierre, Jacques, Jean, Paul), et des Apôtres à quelques chrétiens jusqu'à Clément lui-même. Cette gnose, qui est une *tradition* (*paradosis*) « révélée par le Fils de Dieu », « transmise oralement par voie de succession, est parvenue, depuis les Apôtres, à un petit nombre de détenteurs jusqu'à nos jours » (*Stromates,* VI, 7, 61). « Ce sont eux (les maîtres de Clément détenteurs de la gnose) qui, conservant la vraie tradition de la bienheureuse doctrine directement depuis Pierre, Jean, Jacques et Paul, ces Saints Apôtres, le fils héritant du père (mais rares sont les fils égalant leurs pères), sont arrivés jusqu'à nous pour déposer ces semences ancestrales et apostoliques » (*ibidem,* I. 1, 11, 3). Une telle doctrine n'est d'ailleurs pas propre à Clément : « Le conception d'enseignements mystérieux donnés par le Christ aux Apôtres pour être transmis oralement à quelques individus choisis, est courante à la fin du second siècle » (Daniélou, « Les Traditions secrètes des Apôtres », *Eranos Jahrbuch,* 1962, p. 199, qui conclut en estimant que « le témoignage de Clément n'a pas ainsi de raison d'être récusé », p. 214). Mais, s'il a bien existé un ésotérisme doctrinal, de l'avis même d'André Méhat (avis que nous avons recueilli de sa bouche) « il n'existe pas la moindre trace d'un *sacrement* gnostique chez Clément d'Alexandrie ».

Section 4 Origène

Si nous nous tournons maintenant vers le grand Origène, nous ne rencontrons pas chez lui un usage moins fréquent du mot *symbolon* et de ses dérivés. Origène est pourtant présenté comme le maître incontesté de l'exégèse allégorique, dont on a même estimé, sans l'avoir bien lu, qu'il avait outrageusement abusé [25]. Il est au reste évident que l'on trouve sous sa plume d'abondantes occurrences d'*allègoria.* Mais il faut observer d'abord qu'en réalité le vocabulaire d'Origène est assez varié, et que l'on peut repérer dans ses textes, sans que cette liste soit exhaustive, non seulement *allègoria,* mais aussi *mystèrion, parabolè, problèma, symbolon, tropologia, typos, hyponoia,* etc. D'autre part les emplois que fait Origène de ces termes sont assez souples pour qu'on puisse les estimer interchangeables sous sa plume. Enfin il a nettement conscience du « problème des herméneutiques » et que l'allégorie est un procédé d'exégèse dont la valeur dépend de l'usage que l'on en fait. Ce n'est d'ailleurs pas seulement l'*allègoria* païenne qui peut éventuellement être critiquée [26], mais aussi celle du gnosticisme chrétien qui a « recours à des allégories et à des interprétations nouvelles » quand il s'agit d'un passage surprenant de l'Évangile [27].

Cela dit, on doit, pensons-nous, admettre que le champ sémantique de *symbolon* est chez Origène plus étendu que celui *d'allègoria. L'allègoria* désigne presque exclusivement, soit un mode d'expression, soit un mode d'interprétation de l'Écriture, tandis que *symbolon* et ses dérivés peuvent s'appliquer non seulement à une telle interprétation ou une telle expression [28], mais encore à des réalisations concrètes, ce qui n'est généralement pas le cas pour *allègoria.* C'est ainsi que le pain eucharistique est qualifié, sans aucune intention « déréalisante », de *symbolique :* « et ce n'est pas la matière du pain, mais la parole prononcée sur Lui qui profite à qui le mange d'une manière qui ne soit pas indigne du Seigneur. Voilà qui concerne le *corps typique et symbolique* (*péri tou typikou kaï symbolikou sômatos*) » [29]. De même Origène explique la dénomination de pain « eucharistique », en affirmant que « le pain est le *symbole* de notre eucha-

25. Sur l'exégèse origénienne, on doit lire l'ouvrage classique du Père H. de Lubac, *Histoire et Esprit* : L'intelligence de l'Écriture d'après Origène, Aubier, 1950, 448 p.

26. Cf. à ce sujet, les textes rassemblés par J. Pépin, *Mythe et allégorie*, pp. 453-462.

27. Par exemple, *Homélies sur Luc,* XVI, 6; SC., n° 87, p. 243; il est question de l'« économe infidèle ».

28. *C. Celsum,* V. 30; S.C. n° 147, p. 89.

29. *Commentaire sur l'Évangile selon saint Matthieu,* XI, 14, 111-112; S.C. n° 162, p. 347.

ristie envers Dieu », c'est-à-dire de notre gratitude [30]. Mais la nature symbolique des réalités sacrées ne se rencontre pas seulement chez les chrétiens; elle existait déjà chez les Juifs : « j'ai déjà partiellement décrit le régime supérieur et vénérable des Juifs, au temps où subsistait pour eux le *symbole* de la Cité de Dieu et de son Temple, et du culte sacerdotal dans le temple et sur l'autel » [31]. Enfin, il est également remarquable de constater que même là où l'Écriture lui fournit un terme adéquat Origène a tendance à le gloser par *symbolon*. C'est ainsi qu'il affirme l'équivalence du *sèméïon* johannique et du *symbolon* : « Tout ce qui arrive d'une manière inattendue ou étrange, dans les Saintes Écritures, est un signe *(sèméïon)*, c'est-à-dire un symbole de quelque chose d'autre... » [32].

En résumé, et c'est là une des surprises dont nous parlions au départ, ce grand docteur de l'allégorie qu'est Origène, cet allégoriste impénitent, emploie dans certaines de ses œuvres plus souvent le mot *symbolon* que le mot *allègoria*. C'est ainsi que dans le *Contra Celsum*, son ouvrage le plus long, on relève 34 occurrences de *symbolon* (et de ses dérivés) et seulement 12 d'*allègoria*, c'est-à-dire presque trois fois moins! [33]

Section 5 Théodoret de Cyr

Avant d'en venir au maître de la théologie symbolique chrétienne, nous citerons encore un écrivain, l'un des plus féconds de toute la littérature patristique grecque et bon témoin des usages courants au IVe et Ve siècles. Il s'agit de Théodoret de Cyr (393-458).

Bien qu'il appartienne à l'école d'Antioche, adversaire ou rivale traditionnelle de celle d'Alexandrie, on rencontre chez lui des emplois très « origéniens » de *symbolon*. Il connaît évidemment l'origine pythagoricienne de ce terme : « Si les paroles de Pythagore sont énigmatiques et abstruses, c'est qu'il proposait ses enseignements moyennant des symboles » [34]. Mais il parle aussi volontiers de symbolisme à propos du pain eucharistique, sans que son intention réaliste puisse être mise en doute. Dans un traité didac-

30. *C. Celsum*, VIII, 57; S.C. n° 150, p. 305. Le traduction française rend *symbolon* par « signe ».
31. *Ibidem*, V. 42; S.C. n° 147, p. 125. Le traducteur rend *symbolon* par « image idéale »
32. *In Joann*, XIII, 64; P.G. XIV, col. 521C (S.C., 222, p. 278).
33. Ces chiffres résultent d'une consultation de l'index établi par M. Borret au tome V de son édition du *C. Celsum* dans la collection « Sources Chrétiennes ».
34. *Graecarum affectionum curatio*, VIII; P.G. LXXXIII, col. 1008 A.

tique sous forme dialoguée, il s'exprime ainsi : « Les *symboles mystiques* (*mystika symbola*) qui sont offerts, de quelles réalités sont-ils les symboles?

– Du corps et du sang du Seigneur.

– Du vrai corps ou pas du vrai corps?

– Du vrai corps ».

Et il conclut un peu après : « Ainsi donc les symboles du corps et du sang du Seigneur qui sont d'une certaine nature avant l'invocation du prêtre, sont changés après l'invocation et deviennent autres »[35]. Le mot *symbolon* s'applique donc pour lui aussi bien à un texte dont le sens est caché qu'à une réalité sacrée emplie de la présence du divin.

Section 6 *Saint Denys l'Aréopagite*

Cet usage de *symbolon* se retrouve éminemment chez Denys l'Aréopagite, celui que nous avons appelé le maître de la *Théologie symbolique* chrétienne. Il l'est véritablement d'abord par la profondeur et la beauté de sa doctrine, qui font de lui l'un des sommets majeurs de la pensée chrétienne, si bien que la métaphysique du symbolisme sacré est tout entière contenue dans son œuvre et qu'on pourrait se contenter de l'en extraire si l'évolution des cultures et des mentalités n'avait rendu nécessaire de plus longs cheminements. Il l'est aussi parce qu'il annonce dans les *Noms Divins* un traité qui s'intitulera *Théologie symbolique*, auquel il nous renvoie dans la *Hiérarchie céleste* et la *Théologie mystique*, mais que nous avons perdu[36]. Enfin, c'est non seulement la doctrine dionysienne qui ressortit, dans son fond, au symbolisme sacré, mais c'est aussi le mode sous lequel elle nous est présentée qui ne s'explique qu'en vertu de sa signification symbolique. Nous faisons allusion ici à la question si controversée de l'auteur des écrits aréopagitiques dont nous allons dire un mot.

« Denys est l'unique cas dans l'histoire de la théologie – et même dans toute l'histoire de la pensée – où une personnalité hors pair, d'un crédit illimité, a pu cacher son identité, non seulement à un siècle porté à la crédulité, mais aussi à une époque moderne dotée d'une critique perspicace »[37]. Cette

35. *Eranistes seu Polymorphus*, II; *P.G.* LXXXIII, col. 165-168 B.

36. *Noms divins*, IV, 5, *P.G.* III, col. 700 c; Gandillac, *Œuvres complètes du Pseudo-Denys*, Aubier, 1943, p. 99. La plupart des spécialistes considérait autrefois les traités inexistants dont parle Denys comme fictifs. Mais R Roques (*Dictionnaire de spiritualité*, t. III, col. 257 sq., et *Structures théologiques. De la gnose à Richard de Saint-Victor*, P.U.F., 1962, pp. 128-132) avec hésitation, et H. Urs von Balthasar (*La Gloire et la Croix* t. II *[Styles]*, Ière partie *[D'Irénée à Dante]*, Aubier, 1967, p. 141 sq.) de façon plus nette, se prononcent en faveur de leur perte.

37. Urs von Balthasar, *op. cit.* p. 131.

remarque résume parfaitement la question dionysienne[38]. A quoi il faut ajouter cet argument qui, pour nous, est irréfutable : il est impossible de concilier l'hypothèse d'un faussaire voulant couvrir sa production d'un pavillon illustre, avec la noblesse et la sainteté qui rayonnent d'une œuvre incomparable, argument qui ne paraîtra naïf ou subjectif qu'aux esprits atteints de « daltonisme spirituel »[39]. Il est vrai que, par ailleurs, il est extrêmement difficile d'admettre que le texte du *Corpus,* tel qu'il nous est parvenu, soit dû à la plume du converti de saint Paul[40]. C'est pourquoi Urs von Balthasar propose de voir dans le « voile dionysien » dont s'est recouvert l'auteur du *Corpus,* comme une nécessité symbolique : la transposition à l'âge apostolique de l'auteur et de ses interlocuteurs exprime la « vérité » profonde de l'œuvre, elle en est la véritable « signature », parce qu'elle signifie le caractère primordial et comme intemporel de la contemplation qui s'y trouve enseignée, au-delà des querelles et des discussions. Mais si « Denys l'Aréopagite » est bien ce que nous appellerons un hiéronyme, en sorte que l'individu s'efface derrière la fonction sapientielle qu'il devait assumer – et qu'il assuma – dans l'histoire du christianisme, il faut encore se demander pourquoi ce nom-là et pas un autre qui pouvait également se trouver attesté dans le Nouveau Testament. Nous ne voyons guère d'autre réponse plausible que d'admettre que l'inspiration théologique dont témoigne le *Corpus* apparu en 533 remonte effectivement à Denys l'Athénien qui crut à la résurrection de Jésus-Christ dont parlait le Juif Paul devant l'Aréopage, un jour d'automne de l'an 50.

---

38. Sur l'état récent de la question, R. Roques, *Structures théologiques,* pp. 63-115. En faveur de l'authenticité dyonisienne du *Corpus.* on pourra lire le travail de Natya Josiana Foatelli, *Denys l'Aréopagite et le Mystère Dionysien,* Revue Atlantis, n° 261, 44e année, janvier-février 1971, pp. 146-234.

39. L'expression est de Urs von Balthasar, *op. cit.,* p. 133.

40. Ces difficultés se réduisent à trois : 1) le silence peu explicable de la littérature chrétienne sur des textes pourtant quasi apostoliques; 2) le stade déjà avancé de la liturgie ecclésiale et monastique dont fait état le corpus; 3) la parenté étroite de la fin du chap. IV des *Noms divins* avec le *De Malorum subsistentia* de Proclus. Aucun de ces arguments n'est à vrai dire décisif. La parenté néo-platonicienne avait déjà été remarquée par saint Thomas d'Aquin, qui, on le sait. fut le premier à reconnaitre dans le *Liber de Causis,* attribué à Aristote, une compilation des *Éléments de Théologie* de Proclus que venait de traduire G. de Moerbeke. Proclus est-il, pour Thomas, un plagiaire de Denys? R. Roques l'affirme *(Structures Théologiques,* p. 64). Mais Urs von Balthasar affirme le contraire (ce qui suppose que pour Thomas, Denys est postérieur à Proclus) *(op. cit.,* p. 138). De fait, saint Thomas déclare que : « Denys corrige cette position (des platoniciens) quant au fait qu'ils posaient en séries ordonnées diverses formes séparées qu'ils appelaient des dieux comme par exemple que la bonté en soi était une chose, l'être en soi une autre, la vie en soi une autre, et ainsi de suite » *(In L. de Causis,* Prop : III, lect. 3).

Ainsi le *Corpus areopagiticum* se présente lui-même à nous tout entier comme un symbole. Rien d'étonnant alors s'il nous offre les plus nombreuses occurrences de ce terme de toute la littérature chrétienne. Certes, Denys utilise d'autres mots pour signifier le symbolisme du cosmos, de l'Écriture ou des sacrements (*eïkôn, typos, theoplastia,* etc.). Mais il en est un qu'il n'emploie jamais, et qu'on chercherait vainement dans toute l'étendue du *Corpus,* c'est celui d'*allègoria*[41]. Son omission ne peut être que voulue, surtout si l'on songe à sa caution paulinienne, et à son extension dans la littérature hellénistique. La seule raison que nous puissions supposer est relative, comme nous l'avons déjà noté, à l'origine rhétorique et grammaticale de ce terme et donc à sa nature trop visiblement profane pour avoir droit de cité dans un discours qui est, inséparablement, spéculation métaphysique et liturgie hymnique. Seul le terme de *symbolon* peut rendre adéquatement ces réalités mystérieuses qui sont à la fois « théophanie immédiate »[42] et célébration sacramentelle, parce que l'intellection sacrée est un rite et le rite une intellection; car c'est « l'amour de Dieu pour l'homme (qui) enveloppe l'intelligible dans le sensible, le suressentiel dans l'être, donne forme et façon à l'informable et à l'infaçonnable, et à travers une variété de *symboles* partiels multiplie et figure l'infigurable et merveilleuse simplicité »[43]. C'est pourquoi R. Roques peut écrire : « Denys entend par *symbolon* non seulement le signe d'une réalité divine, mais cette réalité elle-même. Cette précision est très importante pour l'étude des sacrements »[44]. Ainsi, au chapitre 4 de la *Hiérarchie ecclésiastique,* Denys emploie presque toujours *symbolon* ou le pluriel *symbola,* pris absolument, pour désigner les sacrements et plus particulièrement l'eucharistie[45]. Dans une telle perspective, le *symbolon* est véritablement le lieu où se réalise l'unité du signifiant et de la réalité signifiée, unité dynamique plutôt que statique, en sorte que le *symbolon,* adéquatement connu et contemplé, conduit l'âme illuminée vers l'archétype qui se révèle en lui. Le mouvement d'émanation révélatrice et de retour apophatique vers l'Un, qui caractérise toute la pensée dionysienne, vaut éminemment pour les *symbola :* ni idolâtrie du créé, ni idéalisme contempteur du sensible, mais, dans les réalités symboliques, un perpétuel mouvement de révélation et d'absorption, qui révèle en absorbant et qui absorbe en révélant.

---

41. A cet égard la belle traduction de Gandillac peut induire en erreur.
42. U. von Balthasar *op. cit.* p. 164.
43. *Noms divins,* 1, 4; *P.G.* III, col. 592 A; Gandillac, p. 71.
44. *L'univers dionysien,* Auhier, 1954, p. 104.
45. *P.G.* III col. 424-B 445-C; Gandillac, pp. 262-281.

Cette conception (vision) du *symbolon* est si forte qu'elle entraîne dans son orbe tous les autres termes voisins, qui participent alors à la circularité permanente de cette double dynamique. Ainsi le terme *typos*, qui semble pourtant, comme nous l'avons vu, le plus caractéristique de l'herméneutique chrétienne, bien que présent chez Denys, ne signifie guère autre chose que *symbolon*. Denys n'ignore pas totalement la typologie qui voit dans l'Ancien Testament une image prophétique, une figure (*typos*) de la vérité (*alèthéïa*) qui est réalisée dans le Nouveau Testament [46]. Mais, d'une manière générale le *typos* est beaucoup plus vu dans sa relation verticale permanente à l'*archètypos*, que dans sa relation horizontale temporelle à l'histoire du salut : « Il est la marque, l'empreinte, le sceau d'un archétype, plutôt que la préfiguration et l'annonce, dans l'histoire et selon l'histoire, d'un antitype à venir » [47]. Mais n'est-ce pas que tout est symbole, et que le temps lui-même ne saurait nous livrer l'*alèthéïa* que sous la forme du *typos*?

Nous pouvons donc conclure notre enquête en affirmant que le mot *symbolon*, s'il n'est pas seul à exprimer l'idée du symbolisme cosmique, scripturaire et rituel, est employé autant qu'aucun autre, et tend même parfois à une certaine hégémonie qui intègre *typos* dans son orbe sémantique, et qui rejette *allègoria* dans l'ordre profane de la rhétorique et de la grammaire. Lié essentiellement à la sphère du sacré et du religieux, il est inséparable des idées de mystère, d'ésotérisme et de sacrement.

---

46. *Hiérarchie ecclésiastique*, ch. III, *P. G.* III, col. 432 B; Gandillac, p. 269. Voici, à titre de comparaison, la fréquence des termes du vocabulaire du symbolisme dans le *Corpus* dionysien d'après l'index de Dom Ph. Chevallier (et collaborateurs) dans *Dionysiaca*, Desclée De Brouwer et Cie, tomes 1 et 2, 1937 et 1950, CCLXII + 1664 p. : *symbolon*, 64; *eikôn*, 62; *symbolikos* (adj.), 20; *typos*, 14; *symbolikôs* (adv.), 6; *typikos*, 1; *allègoria*, 0; *hyponoïa*, 0.

47. R. Roques. *Structures théologiques*. p. 186. Cette interprétation dionysienne de la typologie est-elle vraiment étrangère à la théologie générale des Pères? Réduire le symbolisme chrétien à la typologie proprement historique, comme Daniélou a souvent tendance à le faire, ne constitue-t-il pas une erreur de perspective? Ne projette-t-on pas une catégorie moderne, celle de l'histoire, sur une mentalité culturelle qui l'ignore, afin d'ailleurs de la réhabiliter aux yeux des contemporains? On devrait savoir en tous cas, qu'il n'est pas possible de procéder à de telles analyses en faisant l'économie d'une critique *philosophique* des notions d'histoire et de conscience historique.

ARTICLE IV

SELON LE CHRISTIANISME LATIN

Section 1 Un nouveau sens du mot

Le latin connaît évidemment une transcription du grec *symbolon* en *symbolum,* ainsi que *symbola* (de *symbolè)* et la forme *symbolus* (de *symbolos)* qu'il n'est pas toujours possible de distinguer de la forme neutre. Outre le sens d'« écot » pour *symbola* (qu'atteste en particulier la Vulgate : Proverbes, XXIII, 21), les dictionnaires [1] confirment essentiellement le sens étymologique du grec, que nous avons rappelé en commençant, c'est-à-dire l'idée d'un signe de reconnaissance. Ainsi, chez Plaute par exemple, *symbolum* ou *symbolus* équivaut à *tessera hospitalis,* la tessère d'hospitalité dont l'échange permet, à ceux qui se rencontrent, de s'identifier [2]. Mais le sens d'« expression figurée d'une réalité supérieure » ne se rencontre que plus tardivement et plutôt dans le latin technique des grammairiens, sous la forme *symbolice* attestée chez Aulu-Gelle (IIe siècle) et *symbolicus* attestée chez Charisius (seconde moitié du IVe siècle) [3]. Ce fait est peut-être dû à l'esprit peu symboliste des Romains, alors qu'au contraire le *symbolum* comme signe de reconnaissance avait de quoi satisfaire leur goût du concret et du juridique. Mais on peut aussi penser que le latin *signum* permettait tous les emplois du grec *symbolon* et donc, d'une certaine manière, s'opposait à la diffusion de ce terme d'origine étrangère.

Il est évident que les écrivains chrétiens de langue latine se conforment à cet usage, tout au moins dans les premiers siècles, tant que dure la force contraignante de la culture latine et qu'ils appelleront *signum* ce que les Grecs appellent symbole. L'exemple le plus illustre est celui de saint Augustin qui élabore une véritable théorie du signe, à vrai dire la première en date, et dans laquelle le *signum* cesse d'être seulement le signe verbal pour s'appliquer au symbolisme du cosmos en général. Cependant, on trouve chez Tertullien au moins deux emplois métaphoriques de *symbolum* « à partir du sens fondamental de sceau garantissant un contrat » [4] : « Dieu, dit Tertullien, nous accorde le symbole de la mort » [5], métaphore dans laquelle on voit une désignation du

1. Félix Gaffiot, *Dictionnaire Latin-Français, s.v.* ; et Albert Blaise, *Dictionnaire Latin-Français des Auteurs chrétiens, s.v.*
2. Plaute, *Bacchides,* 263 ; *Pseudolus,* 55 ; *Poenulus,* 1047-1048, etc.
3. Gaffiot, *s.v.*, et Blaise, *s.v.*
4. H. de Lubac, *La Foi chrétienne,* p. 394. On trouve aussi chez lui *symbola* dans le sens de « rapprochement » *(Adversus Valentinianos,* XII ; *P.L.* II, col. 562A).
5. *De Poenitentia,* VI ; *P.L.* I, col. 1238B-1239A.

baptême. Ailleurs il demande « sur la base de quel symbole (*quo symbolo*) » il faut recevoir le témoignage de l'Apôtre Paul[6], c'est-à-dire : quelle est donc la marque, le signe de reconnaissance qui permet de l'authentiquer. Mais ces attestations sont en somme extrêmement rares.

C'est avec S. Cyprien, lecteur assidu de Tertullien dont le sépare une soixantaine d'années, qu'apparaît pour la première fois dans la littérature chrétienne, au milieu du IIIe siècle, un nouveau sens du mot *symbolum* appelé à une grande fortune, celui par lequel il désigne ce que nous nommons le *Credo*. Parlant du schisme des Novatiens[7], S. Cyprien écrit : « Que si quelqu'un objecte qu'ils baptisent avec le même *symbole* que nous, qu'il sache que nous-mêmes et les schismatiques n'avons pas la même loi du symbole »[8]. Le terme, pris en ce sens, devait devenir la désignation officielle de la règle de foi que l'on récite au baptême, et les attestations en sont innombrables. Plutôt que de les relever, il est plus intéressant pour notre propos d'examiner les raisons que l'on avait d'utiliser *symbolon* en ce sens. Bien des érudits en effet estiment qu'il s'agit là d'une acception étrangère à la question du symbolisme et déplorent au fond qu'elle ait prévalu presque exclusivement chez les Latins[9]. Telle n'est pas notre opinion. Les raisons qui justifient l'expression *symbolum fidei* sont importantes dans la mesure même où elles impliquent un certain symbolisme. Par ailleurs nous verrons que l'acception « symboliste » du terme est moins rare qu'on ne l'affirme en général.

Notons tout d'abord que S. Cyprien pouvait s'appuyer sur Tertullien pour parler du « symbole » baptismal, puisque ce dernier le nomme *tessera* ou *contesseratio hospitalis*[10], et que, nous l'avons noté, la *tessera* latine (petit cube, jeton, etc.) est l'équivalent du *symbolon* grec. Mais, d'autre part, les explications « étymologiques » (symboliques) fournies par les auteurs chrétiens pour justifier l'appellation de *Symbole*, constituent une véritable constellation de symboles qui se répondent et se complètent sans se répéter.

---

6. *Adversus Marcionem*, V. 1; *P. L.* II, col. 562A.

7. Il s'agit au sens propre de disciples de Novat, chef d'un groupe d'hérétiques africains. Vers les années 250, ils s'allièrent avec les *Novatianistes*, ou disciples de Novatien, illustre théologien romain lequel, s'étant fait sacrer évêque, causa le premier schisme dans l'histoire du christianisme. On désigna alors l'ensemble de ces schismatiques sous le terme de Novatiens.

8. *Epist.*, 69, 7; *C.S.E.L.*, II, p. 756.

9. C'est l'opinion, par exemple, de Gerhart B. Ladner, dans une étude publiée par la Revue américaine *Speculum : A Journal of Medieval Studies* (vol. LIV-april 1979, n° 2, pp. 223-256) et intitulée : « Medieval and Modern Understanding of Symbolism ».

10. *De praescriptione*, c. 20., n. 8-9; *S.C.* 46, pp. 113-114. C'est grâce à cette *tessera* que les différentes Églises peuvent être *contesseratae* dit Tertullien; Lubac, *op. cit.* p. 395.

Le *symbolum* dont parle S. Cyprien est attesté sous la forme *symbolum apostolorum* (Symbole des Apôtres), pour la première fois, chez S. Ambroise, dans une lettre au pape [11]. Cependant, son origine apostolique est bien plus anciennement connue puisque S. Irénée parle déjà d'une « règle de la foi que les Apôtres ont transmise aux chefs de l'Église » [12]. Et cette règle de foi, Irénée l'a reçue des Presbytres auxquels les Apôtres eux-mêmes l'ont enseignée [13]. Il semble bien résulter des affirmations d'Irénée [14] que la règle de foi fut transmise oralement, et couverte par la discipline de l'arcane : « Je veux que vous soyez bien avertis de ceci, affirme S. Ambroise : le symbole ne doit pas être écrit (...). Pour quelle raison? Nous l'avons reçu de telle façon qu'il ne doit pas être écrit (...). Repassez le symbole en vous-même (...) pour que vous ne preniez pas l'habitude, en le répétant trop haut à part vous, de vous mettre à le répéter parmi les catéchumènes et les hérétiques » [15].

Or, selon la tradition rapportée par Rufin [16], les Apôtres se réunirent pour composer le Symbole, et l'on précise même, un peu plus tard, vers le VIe siècle, que chacun des douze apôtres énonça à tour de rôle l'un des douze articles du *Credo* [17]. Tous les éléments sont ainsi rassemblés pour justifier le mot *symbolum :* « Douze étaient les disciples du Christ et les docteurs des nations, écrit Éthérius, évêque d'Osma, en 784, comme tous *ils ne faisaient qu'un,* ils composèrent ainsi un seul symbole; chacun d'eux dit un mot et ces mots s'accordèrent en une seule foi, et il n'y eut que douze mots ou articles » [18].

Ainsi le *Symbolum apostolorum* est symbole pour « de nombreuses et très justes raisons » déclare Rufin : « En effet, en grec, symbole se dit à la fois de l'*indicium* (marque, signe) et de la *collatio* (rassemblement) mot signifiant que plusieurs se rassemblent en un. Mais c'est précisément ce qu'ont fait les Apôtres en prononçant les paroles (du *Credo),* rassemblant en un seul ce que

11. *Epist.*, 42, n. 5; *P.L* XVI, col. 1125B.

12. *Adversus Haereses.*, l. III, *c.* 4, n. 1-2; *P. G.* VII, col. 549.

13. *La prédication des Apôtres et ses preuves* (dont il ne reste qu'une version arménienne retrouvée en 1904), Desclée De Brouwer, coll. « Les Pères dans la foi », 1977, p. 23. Irénée fut le disciple de Polycarpe lui-même disciple de Jean.

14. « Si les apôtres n'avaient pas laissé d'écrits, il faudrait suivre la règle de la foi » écrit-il; Lubac, *op. cit.*, p. 24 sq.

15. *Explication du Symbole,* n. 9; *S.C.* 25 bis, pp. 57-59.

16. Rufin, *Commentarius in symbolum Apostolorum,* n. 2; *P.L* XXI, col. 337A.

17. Lubac, *op. cit.*, p. 39.

18. *P.L.* t. XCVI., col. 1026. L'attribution de chaque article à un apôtre varie selon la liste des apôtres adoptée. Cette question intéresse également l'iconographie des apôtres au Moyen Âge (Auber., *Histoire du symbolisme religieux,* t. III, p. 143, qui critique les attributions du *Rational* de Durand de Mende).

chacun pensait. Quant à l'*indicium,* on l'appelle justement signe (*signum*), parce que, en ce temps-là, ainsi que le rapportent l'apôtre Paul et les *Actes* (1 Co. XI, 19; Ac. XV, 5), dans les cercles juifs, beaucoup faisaient semblant d'être apôtres du Christ (...) mais sans garder, dans leur prédication, la ligne intégrale de la tradition. C'est précisément pour cela que les Apôtres instituèrent ce signe distinctif (*indicium posuerunt*) afin qu'on puisse reconnaître, par ce moyen celui qui prêcherait le Christ selon les règles apostoliques »[19]. Enfin, continue Rufin, de même que dans les guerres civiles les membres d'un parti se reconnaissent à un signe, de même pour les chrétiens : interrogés sur leur qualité, ils ne peuvent répondre que par le Symbole, dont le texte ne doit jamais être mis par écrit et qui est ainsi un véritable « mot de passe ». Dès lors, même dispersés pour les besoins de la prédication, les chrétiens gardent l'unité de la foi présente dans leur cœur, réalisant une sorte d'anti-Babel. Alors que les fils de Noé, ayant dressé l'orgueilleuse tour, ne peuvent plus se comprendre, bien que proches, les chrétiens, même dispersés, restent unis parce qu'ils ont construit la tour de la foi.

On le voit, le *Credo* est un authentique *symbolon;* signe de reconnaissance pour les seuls initiés, il exerce les fonctions fondamentales de tout symbole véritable : il « rassemble ce qui est épars », il est l'unité d'une multiplicité, il maintient la proximité malgré l'éloignement, il unit la terre au Ciel que la Tour de Babel avait séparés. Au fond, la double signification que Rufin aperçoit dans ce terme est tout à fait judicieuse : le *symbolum* est un signe par sa nature, et un rassemblement par sa fonction : signe, c'est-à-dire 1°) marque sensible, objective, et donc 2°) signe distinctif, et donc 3°) signe de reconnaissance; rassemblement parce que 1°) il est l'œuvre de plusieurs unis

---

19. *Commentarius in symbol. Apostol.* 2; *P.L.* XXI., col. 337-338. Ce texte est repris littéralement par Isidore de Séville, dans le *De Ecclesiasticis officiis,* II. 23; *P.L.* LXXXIII., col. 816. De même dans son ouvrage encyclopédique., *Étymologies.,* il se contente de résumer l'exposé de Rufin : « symbole en grec, signe ou rassemblement. Les Apôtres., en effet, devant se disperser pour évangéliser les nations, se donnèrent à eux-mêmes ce signe ou cette marque distinctive de la prédication (...) Le symbole de notre foi et de notre espérance ne doit pas être écrit à l'encre noire sur une feuille, mais sur les tables charnelles de notre cœur » (VI., 57-58; *P.L.* LXXXII., col. 257 A-B). Il serait utile de rapprocher la méthode étymologique d'Isidore de Séville, de celle que la tradition hindoue appelle *nirukta.* Le procédé est tout à fait identique : il s'agit de décomposer le mot à expliquer en un certain nombre de « mots-éléments » qui en révéleront la véritable signification. Il ne s'agit donc pas de ce qu'on entend aujourd'hui par étymologie, mais d'une explication symbolique qui fixe dans la mémoire et l'intelligence l'essence intelligible du mot. Le *nirukta* est une des sciences annexes du *Veda (Vedânga)* On retrouve ici et là, ce que G. Genette a proposé d'appeler « cratylisme » en hommage à Platon *(Mimologiques-Voyage en Cratylie,* Seuil, 1976, p. 10). Sur le *Nirukta,* cf. René Daumal, *Bharata, L'origine du Théâtre, La poésie et la musique en Inde,* Gallimard, 1970, p. 86).

dans une opération commune, 2°) il exprime la communion dans la vérité de ceux qui le portent dans leur cœur (c'est-à-dire d'une manière vivante), 3°) il appelle et incite ceux qui sont dispersés à se réunir. Ou encore, et dans une exacte correspondance, nous avons : 1°) le multiple unifié *dans* le symbole, 2°) le symbole exprimant et maintenant l'unité *dans* le multiple, 3°) le multiple polarisé et ramené à l'un *par* le symbole. D'une certaine manière, cette triple fonction est fondamentale et l'on pourrait y rapporter toute la métaphysique du symbolisme. En effet, le symbole, du point de vue de l'être, c'est le multiple dans l'un ; du point de vue du connaître, c'est l'un dans le multiple (dans la multiplicité des sujets connaissants) ; du point de vue de l'agir (c'est-à-dire de son actualisation rituelle), c'est le multiple ramené à l'un.

Telle est la symbolique profonde du *symbolum Apostolorum* dont la récitation est requise pour le candidat à l'initiation baptismale. Toute la littérature chrétienne d'expression latine ne fera que reprendre et commenter cette symbolique. Il est donc inutile que nous en fournissions de nouvelles attestations. Mais, on le voit, loin d'être étrangère à la question du symbolisme en général, elle en constitue plutôt une réalisation particulière, sans doute prépondérante, au moins pendant un certain temps, mais non exclusive, comme nous allons le voir maintenant.

Section 2 *Le* symbolum *dans la littérature paléo-médiévale, particulièrement chez Jean Scot*

L'usage de *symbolum* pour désigner la représentation sensible d'une réalité supérieure n'a jamais disparu. Au IVe siècle on rencontre plusieurs occurrences, chez des auteurs de premier plan aussi bien que chez les *minores.*

Firmicus Maternus, Sicilien converti au catholicisme, passionné d'astrologie à laquelle il consacre l'étude la plus complète de la littérature latine, rédige, peu après, un violent pamphlet contre les religions païennes, le *De errore profanarum religionum,* dans lequel est attestée l'équivalence *signum-symbolum* dont nous avions parlé précédemment. A propos des mystères éleusiniens, il écrit : « Il convient maintenant d'exposer par quels signes ou par quels symboles dans la pratique de leurs superstitions se reconnaît la misérable foule des hommes »[20].

---

20. *De errore profanarum religionum,* c. 19 ; *P.L.* XII, col. 1022A. Au chapitre 23, à propos d'Isis et d'Osiris, il se propose d'exhiber un « autre symbole » des païens afin que leurs crimes soient manifestés (col. 1032).

S. Hilaire de Poitiers, l'Athanase de l'Occident, dans son commentaire sur les Psaumes, expose la doctrine la plus classique sur la signification typologique de l'Ancien Testament par rapport au Nouveau, « de telle sorte que notre intelligence de Dieu ne puisse être autre dans les écrits des prophètes et autre dans les Évangiles (...). Et en effet nos pères ont été sous la nuée dans Moïse, ils ont été baptisés dans la mer Rouge, ils ont été rassasiés par la manne tombant du ciel, à l'image du pain céleste, ils ont été abreuvés par l'eau que leur offrait le rocher, c'est-à-dire le Christ : toutes ces choses qui furent accomplies pour leur salut, constituaient aussi par elles-mêmes un symbole de notre salut... »[21].

De même Zénon de Vérone, évêque d'origine africaine, vers la fin du IVe siècle, utilise l'expression *in symbolis* pour signifier que l'Ancien Testament s'exprime d'une manière allégorique[22]. Ces équivalences témoignent de la résistance du terme *symbolum,* autant que du flottement du vocabulaire. Il faut attendre le IXe siècle pour rencontrer un auteur qui tente une classification de ce vocabulaire, la première en date à notre connaissance, si l'on excepte certaines remarques de Clément d'Alexandrie dont nous avons parlé plus haut. Il s'agit de Jean Scot[23], l'un des quatre plus grands représentants du néo-platonisme chrétien (avec Denys l'Aréopagite, Maître Eckhart et Nicolas de Cues).

La doctrine du symbolisme que nous présente le texte érigénien est à la fois d'une grande profondeur et d'une extrême subtilité. A vrai dire, la totalité de sa construction théologique apparaît comme une métaphysique du symbole, comme une *ontologie théophanique,* ou encore comme un « monisme exemplariste », selon l'expression de dom Maïeul Cappuyns[24]. Ce qui entraîne qu'on ne saurait donner une idée précise de cette doctrine

21. *Tractatus in LXVII Psalmam,* n. 9; *P.L.* IX, col. 448B. Certains manuscrits portent la variante *figura,* ce qui est plus conforme à l'usage latin. Cet usage de *symbolum* (ou *symbola)* est-il dû à l'influence du séjour de quatre ans (356-360) que S. Hilaire fit en Orient? On peut le supposer puisque le *Tractatus in Psalmos* est postérieur à 364 (F. Cayrè, *Patrologie,* Desclée et Cie., 1931, t. I. p. 349) : « symbole de salut » renvoie à Sag., XVI, 6 (*cf. supra*, p. 34).

22. *Sermones seu Tractatus,* 1, 13; *P.L.* XI, col. 349 B.

23. On sait que tel est désormais le nom qu'il faut lui attribuer, *Scottus* signifiant à cette époque « né en Irlande » et donc formant pléonasme avec Erigéne; Jean Scot, *Homélie sur le Prologue de Jean,* introduction de Edouard Jeauneau, Cerf., *S.C.*, n° 151, 1969, pp. 9-10.

24. *Jean Scot Erigène : sa vie, son œuvre, sa pensée,* Desclée De Brouwer, 1933, p. 385.

sans exposer le système en son entier[25]. Nous nous contenterons de quelques remarques.

On sait que le grand Irlandais est un lecteur et un traducteur des œuvres aréopagitiques. Il n'est donc pas étonnant qu'il use abondamment du mot *symbolum*, bien qu'« il emploie également le mot *allegoria* et ses dérivés, ainsi que les termes *mysterium, mystice, typice, spiritualiter, sacramentum, secundum intelligibilem sensum,* etc. »[26]. Le mot *symbolum* est d'ailleurs appliqué à tout ce qui peut être signe d'une réalité supérieure, qu'il s'agisse d'un signe scripturaire, ou d'une réalité sensible. Commentant la façon dont, selon Denys, l'Écriture nous initie aux illuminations divines, c'est-à-dire « symboliquement et anagogiquement », Jean Scot explique que, « par les symboles », il faut entendre « des signes semblables à des choses sensibles, tantôt purs et tantôt obscurs et dissemblables », réalisant leur signification « par anagogie, à savoir, par la montée de l'esprit dans les divins mystères »[27]. Et il poursuit : « Ces formes visibles que l'homme contemple, soit dans la nature des choses, soit dans les très saints mystères (*sacramenta*) de la divine Écriture, ce n'est pas pour elles-mêmes qu'elles ont été produites, qu'elles sont à désirer, qu'elles nous furent communiquées, mais ce sont des imaginations de l'invisible Beauté, par lesquelles la divine Providence ramène l'âme des hommes vers la pure et invisible Beauté elle-même, vers cette Beauté de la Vérité qu'aime et à laquelle tend tout ce qui aime, qu'il le sache ou l'ignore »[28].

Tel est le fond de la doctrine érigénienne du symbolisme. « La Lumière éternelle s'est révélée elle-même au monde sous un double mode : par l'Écriture et par la créature »[29]. Ce sont là les deux « voiles » qui, à la fois, manifestent et atténuent l'irradiation cosmique du « Père des Lumières »[30]. Scripturaires ou non, les symboles fonctionnent comme des réalités sensibles qui nous appellent, par la réminiscence anagogique, vers les réalités spirituelles et divines, ils jouent aussi un rôle de discrimination ésotérique :

---

25. L'œuvre majeure de Jean Scot, *De la division de la Nature (Periphyseon)* est traduite et annotée par Francis Bertin aux P.U.F. De ce travail monumental trois volumes ont paru : 1995, L. I et II-459 p., L. III-307 p. ; 2000, L. IV-295 p.

26. Cf. Dom Cappuyns, *op. cit.*, p. 295.

27. *Super Hierarchiam caelestem*, 2; *P.L.*, t. CXXII, col. 132. Il s'agit du commentaire du traité de Denys, la *Hiérarchie céleste*, I, 2.

28. *Ibidem*, col. 138. Devant ces textes on regrette quelque peu que H. Urs von Balthasar ait accordé si peu de place à Jean Scot dans sa théologie de la Beauté : *La gloire et la croix*, t. IV. vol. 2 : *Les constructions*. Aubier, 1982, pp. 26-32.

29. *Homélie sur le prologue de Jean*, ch. XI, S.C. n° 151 (éd. d'E. Jeauneau). Cerf, 1969; *P.L.* CXXII, col. 289 C.

30. *Super Hier. cael.*, 136 C.

« Les profanes, dit-il, comprennent les symboles charnellement et grossièrement, (...) si bien que dans toutes les manifestations (de l'Écriture), on ne cherche rien de mystique ni d'allégorique, mais qu'on les accepte pour ainsi dire dans leur nudité comme une simple histoire d'événements qui se sont produits naturellement »[31]. Notons bien qu'aucun de ces textes n'offre l'exemple d'une spécialisation du mot symbole.

Toutefois, dans le dernier écrit de notre auteur, le *Commentaire sur l'évangile de Jean*[32], aux dernières pages d'une œuvre interrompue par la mort (?), on rencontre une telle spécialisation terminologique. Jean Scot, au moyen de la distinction de deux sortes d'allégorie (« allégorie du fait et du dit » et « allégorie du dit et non du fait »), établit une distinction entre les *mysteria* et les *symbola.* « Au sens propre, déclare-t-il, les mystères, c'est ce qui nous est livré (dans l'Écriture) suivant une allégorie du fait et du dit (*allegoria facti et dicti*); à savoir : les mystères ont été faits selon les actions accomplies, et ils ont été dits puisqu'on les relate »[33]. Ainsi, il y a « mystère » quand le « dit scriptutaire » correspond à un « fait historique », et l'allégorie portera sur l'un et sur l'autre. « Dans l'un et l'autre Testament, les mystères c'est ce qui a été fait selon l'histoire et relaté selon la lettre ». Par exemple, le Tabernacle de Moïse, « les mystères du baptême, du corps et du sang du Seigneur, du saint chrême » sont accomplis dans la réalité et rapportés dans l'Écriture. « Les symboles, au contraire, c'est seulement ce qui, bien que non fait, est énoncé comme fait, mais en vue du seul enseignement »[34]. Par exemple les paraboles.

Pour Ed. Jeauneau[35] : « Les définitions des deux types d'allégorie sont claires. L'allégorie véritable doit affecter non seulement les mots (*dictum*), mais les faits racontés par les mots (*factum*) : elle est "allégorie des faits et du discours" (*allegoria facti et dicti*). L'autre allégorie porte seulement sur les mots : elle est "allégorie du discours et non des faits". Les exemples donnés pour l'un et l'autre type d'allégorie illustrent parfaitement ces définitions »[36]. Mais ce sont précisément ces exemples qui nous paraissent faire difficulté, du moins certains d'entre eux, et d'autres étrangetés du texte érigénien. C'est pourquoi il nous semble impossible d'opposer *symbolum* et

31. *Ibidem,* 147 AB.
32. Intr., texte critique, trad., notes et index d'Ed. Jeauneau; S.C. n° 180, 1972.
33. *Op. cit.,* VI. 5; col. 344 D; notre traduction, aussi littérale que possible, n'a pas l'élégance de celle d'Ed. Jeauneau.
34. *Ibidem,* col. 345 B.
35. Et d'autres : H. de Lubac, par ex., cf. *Histoire de l'exégèse médiévale,* t. II, p. 497.
36. *Comm. sur l'év. de Jean,* S.C., p. 399.

mysterium comme la fausse allégorie à « l'allégorie véritable », de telle sotte qu'on trouverait là, mais en sens inverse, la même opposition que nous marquons aujourd'hui entre allégorie et symbole!

Il faut d'abord observer que cette distinction terminologique est sans effet aucun dans la totalité de l'œuvre érigénienne, et même dans le « Commentaire » où elle est énoncée pour la première fois, tout à la fin du texte, et même dans la phrase qui précède immédiatement son énoncé (!) et qui déclare (à propos de la multiplication des pains et des poissons) que « par les cinq pains sont évoqués les *symboles* des cinq sens ou des cinq livres de Moïse, et, par les deux poissons, les symboles de l'un et l'autre Testament »[37]. Or, ce miracle a bien eu lieu, et d'ailleurs, quelques pages plus loin, le miracle est de nouveau rappelé et qualifié de « récit historique » (*secundum res gestas*).

D'autre part, après avoir donné quelques exemples d'allégorie « du dit et non du fait », Jean Scot conclut : « Cette forme (d'allégorie) se reconnaît dans presque toutes les paraboles, on la nomme proprement symbolique, quoique l'usage de la sainte Écriture soit de présenter les symboles comme des mystères et les mystères comme des symboles, en raison d'une certaine proximité et ressemblance »[38]. Texte difficile, mais qui signifie clairement qu'il ne s'agit pas ici d'une question de terminologie, comme le laisse pourtant entendre la traduction d'Ed. Jeauneau : « l'Écriture a coutume d'*appeler* symbole ce qui est mystère et mystère ce qui est symbole »[39], alors que l'Écriture n'emploie précisément jamais le mot symbole (sauf une fois).

En réalité, si l'on médite attentivement, non tant les exemples que l'explication fournie par Jean Scot, on s'aperçoit que cette distinction n'a nullement pour but de distinguer deux formes d'allégorie, et encore moins d'affirmer la supériorité de la double allégorie sur l'allégorie unique, puisque, au contraire, l'allégorie symbolique se voit attribuer la primauté, comme nous allons le constater.

La distinction des deux allégories, en effet, n'est pas rappelée pour elle-même, mais, étant donné son antiquité patristique[40] (S, Augustin), elle sert à cautionner la distinction des *symbola* et des *mysteria,* considérés tous les deux dans le texte scripturaire, et non plus dans le « livre de la création ». Et cette distinction est faite, non seulement du point de vue des objets à distinguer (les passages scripturaires qui sont des mystères ou

37. *Ibidem,* col. 344 D.
38. « *symbola pro mysteriis et mysteria pro symbolis (...) ponere* », col. 345 D.
39. *Commentaire...*, S.C., p. 357.
40. Col. 345 A.

qui sont des symboles), mais aussi – et nous dirions même surtout – du point de vue de leur fonction spirituelle respective, c'est-à-dire du point de vue de l'effet que produit chacun d'eux sur les esprits humains, et en vue duquel précisément le Saint-Esprit les a présentés dans l'Écriture. En d'autres termes, on ne doit pas considérer seulement leurs natures, mais aussi leurs fins respectives.

Du point de vue de leur nature, il est évident que Jean Scot veut surtout attirer l'attention sur le fait que tous les passages de l'Écriture n'ont pas un sens historique, bien que l'usage de l'Écriture ne soit pas de distinguer les uns des autres. Par exemple, l'Écriture nous présente le récit du paradis et de la faute de la même manière qu'elle nous raconte la traversée de la mer Rouge, comme une histoire. Cependant, pour comprendre le premier, lequel n'a pas eu de réalité historique [41] (au sens ordinaire du terme), il faut procéder à une allégorie de ce qui est dit, et non de ce qui est fait. Mais cela n'implique nullement que ce dit soit dépourvu de référent, en d'autres termes, qu'il ne désigne aucune réalité. Bien au contraire, mais la réalité qu'il désigne est d'un autre ordre que la réalité historique : elle relève du domaine métaphysique et spirituel. C'est d'ailleurs ce que prouve l'exemple de symbole que donne Jean Scot dans son *Commentaire* : « Soit l'exemple de symbole suivant : Dans le Principe était le Verbe, et le Verbe était auprès de Dieu, le Verbe était Dieu. C'est là seulement un dit, dans lequel on ne connaît aucun fait accompli » [42]. Comment douter un seul instant que, pour Jean Scot, ce dit ne nous fasse connaître une Réalité sans commune mesure avec un quelconque fait historique? Quel est le plus important : le mystère de la traversée de la mer Rouge ou l'immanence du Fils dans le Principe, sa relation au Père et son identité à Dieu?

Au demeurant, un peu de réflexion nous en persuade. Ce n'est pas du point de vue de l'allégorie – en tant qu'elle désigne un procédé d'explication – que le mystère se distingue du symbole : tous deux se présentent comme des récits et tous deux doivent être interprétés. L'*allegoria* est toujours *allegoria* d'un *dictum*. Ce qui seul peut les distinguer, c'est que dans un cas ce *dictum* renvoie à un *factum* historique (si bien que *l'allegoria* du *dictum* est aussi une *allegoria* du *factum* historique), et dans l'autre, non. La seule question qui demeure, c'est donc de savoir pourquoi l'Écriture nous présente ces deux formes d'allégorie, l'allégorie mystérique et l'allégorie symbolique? Voici la réponse de Jean Scot.

---

41. Jean Scot suit Origène, *Periphyseon*, IV, 16; *P.L.* CXXII. col. 818 B C. Bertin, p. 171.
42. Col. 348 A.

Revenant au miracle de la multiplication des pains et des poissons, il le prend comme *symbole de la distinction des mystères et des symboles,* les pains symbolisant les mystères, et les poissons les symboles, interprétation motivée par le fait que les pains sont au nombre de cinq, comme les cinq sens, et désignent tout ce qui se peut appréhender dans le monde sensible, et donc tout ce qui peut exister historiquement (ce sont les mystères), tandis que les poissons ne sont que deux comme l'Écriture qui ne peut être appréhendée que par l'ouïe et la vue. Pains et poissons, mystères (ou sacrements) et symboles sont donnés à tous les chrétiens, parce qu'ils ont faim et pour qu'ils s'en rassasient, par l'intermédiaire des disciples (l'Église et ses ministres). Mais l'Écriture nous dit aussi qu'avec « le surplus des morceaux de pain on remplit douze corbeilles », et cela, sur l'ordre du Christ : « Rassemblez les morceaux »; ce qu'elle ne dit pas des poissons. Jean Scot en conclut que d'une part les pains ont été *rompus* (puisqu'on parle de morceaux) et que d'autre part la foule des hommes assis dans l'herbe n'a pas tout mangé, mais que d'autres ont recueilli le *surplus.* Et il explique : « Les pains d'orge sont rompus par les disciples, lorsque, dans les mystères de l'une et l'autre Loi, ils séparent les faits historiques de leurs significations spirituelles. Les charnels se nourrissent de la simple histoire; les spirituels rassemblent les divines significations de l'histoire elle-même, comme ils feraient de morceaux (...). Le simple chrétien, encore assis dans l'herbe des choses temporelles et charnelles, ne se nourrit que de l'histoire (...). Mais l'intelligence de la lettre même, il ne peut l'appréhender, et c'est pourquoi elle est rassemblée par ceux qui connaissent la saveur des réalités spirituelles afin qu'elle ne soit pas perdue mais profite aux intellects valeureux »[43]. Nous voyons donc qu'il se produit comme une inversion : le surplus des morceaux non seulement, loin d'être perdu, est sauvé par l'intelligence spirituelle, mais encore il est cela même qui nous sauve. Au contraire, l'histoire dont se nourrit le simple fidèle, est en réalité caduque et ne nous sauve pas en tant que telle. « Car le mystère, composé de lettre et d'esprit, en partie meurt, et en partie subsiste éternellement : meurt ce qui se voit, parce que sensible et temporel; subsiste ce qui ne se voit pas, parce que spirituel et éternel »[44].

Quant aux poissons-symboles, leur caractéristique essentielle, c'est qu'ils ne laissent pas de reste. Et s'il n'y a pas de reste, c'est qu'ils ne peuvent être rompus. Et s'ils ne peuvent être rompus, c'est qu'ils sont simples, uns, indivisibles. Proposés à tous les chrétiens, ils doivent être reçus par eux : « Tout

43. Col. 346 B C.
44. Col. 348 A.

entier et sans partage par les hommes charnels, tout entier et dans leur unité par les hommes spirituels »[45]. Mais alors, à quoi bon ces symboles que seuls les spirituels peuvent comprendre? La réponse de Jean Scot est très claire : « Puisqu'il n'est pas divisible, le symbole est confié tout entier à la mémoire des fidèles charnels, *afin qu'ils croient qu'un sens spirituel réside en ces paroles*, quoiqu'ils ne les comprennent pas ».

Autrement dit, seule l'existence du symbole peut nous éveiller à la conscience que l'Écriture recèle un sens caché; seule elle peut nous révéler que le pain des mystères doit être rompu pour que nous puissions accéder à ce qui en eux est éternel. S'il n'y avait que les mystères, s'il n'y avait que des dits qui renvoient à des faits historiques, il n'y aurait même pas d'*allegoria* possible, et nous ne pourrions jamais comprendre que l'histoire elle-même, l'histoire sacrée recèle un sens spirituel et divin qui est seul salvateur, car seul il ne périt point Mais en recevant les symboles simples et indécomposables et pourtant inintelligibles à notre intelligence charnelle, c'est-à-dire mondaine, en les recevant *dans la foi*, nous comprenons que ces dits nous parlent d'un autre monde et d'une autre réalité, qu'en eux il nous faut entendre la parole même de l'invisible et éternelle Beauté. Par les symboles, nous pénétrons dans les mystères, dans ce Temple qu'est l'Écriture : s'ils correspondent au *Saint*, « les réalités mêmes dont ils sont les symboles, sont le *Saint des Saints* »[46], c'est-à-dire Jésus-Christ, « Vérité des symboles de la Loi » et « Terme ultime des visions prophétiques »[47].

Section 3 A partir du XIIe siècle

Nous abordons maintenant à des époques qui héritent d'une tradition lexicale bien établie : il ne saurait être question d'un recensement même sommaire des auteurs particulièrement nombreux que connaissent ces siècles d'or de la théologie et de la pensée chrétiennes. Nous nous contenterons de glaner ici et là des attestations de *symbolum* qui prouvent combien le terme est d'un usage étendu, malgré l'importance de son emploi pour la désignation du *Credo*. Assurément, cet usage est dû à l'influence de l'œuvre dionysienne, de l'œuvre « pleine de doctrine du moine évêque Denys tenu mille ans et plus pour le premier Père de l'Église »[48]. Mais le

45. Col. 347 A. On remarquera que ces poissons-symboles ont historiquement existé.
46. *Super Hier. caelest*, 11. 5; col. 170 A.
47. *Homélie sur le prologue de Jean*, ch. XXIII; col. 296 D.
48. Nous extrayons ces mots de la belle dédicace que dom Chevalier a placée en tête de ses *Dionysiaca*, 1937, t. I, p. 1.

mot ou ses dérivés semblent aussi venir spontanément sous la plume des auteurs, au moins là où l'usage n'impose pas, presque impérativement à cause de S. Paul, *allegoria* et ses dérivés, c'est-à-dire pour le symbolisme scripturaire. Remarque étonnante d'ailleurs, dans la mesure où le mot symbole semble impliquer parfois une sorte d'irréalisme du symbolisant, ainsi que nous venons de le voit dans la distinction érigénienne (en soulignant toutefois que cette « irréalité » du symbolisant est l'indication manifeste d'une réalité supérieure). Or, cet irréalisme que le mot symbole semble traîner avec lui-même, et que l'on rencontre par exemple chez un Fulbert (+ 1028) pour condamner l'hérésie bérengarienne [49], ne l'empêche pas d'être employé également dans un sens très réaliste, puisqu'on l'applique aux êtres de la nature eux-mêmes, le monde étant un livre écrit par Dieu.

Il faut noter tout d'abord que le vocabulaire des médiévaux comporte une grande richesse de termes, aux nuances souvent variées et assez précises : *imago, similitudo, forma, effigies signum, parabola, symbolum,* etc. [50]. L'étude attentive de tous ces termes constitue d'ailleurs un véritable traité de symbolisme sacré, où affleure à chaque instant le platonisme fondamental qui peut en être regardé comme l'une de ses expressions métaphysiques majeures. Platon, en effet, dans le *Parménide* [51], déclare : « Que ces formes (intelligibles) soient en permanence dans la réalité, à titre de paradigmes; que les choses leur ressemblent et en soient les copies et que cette participation des choses aux formes consiste en cela seul qu'elles en sont les images (...) voilà la meilleure des solutions ». Or, l'image, pour les médiévaux, c'est d'abord le Fils, première Image du Père, et Lieu des paradigmes divins. C'est en ce sens qu'on interprète l'expression de la Genèse (« Faisons l'homme, à notre image et à notre ressemblance », *ad imaginem et similitudinem nostram*), dans laquelle on souligne l'importance de la préposition *ad* et du dynamisme qu'elle implique, comme s'il fallait comprendre : en nous conformant à notre image et à notre ressemblance, que l'on identifie, alors au Fils (image de la nature

49. « Dans l'Eucharistie, il n'y a pas le symbole d'un mystère vide *(inanis mysterii symbolum)* mais le vrai corps du Christ qui, sous la forme visible d'un élément créé, produit invisiblement une vertu cachée », *P.L.* CLXI, 199.

50. Nous avons puisé l'essentiel de notre information dans l'étude très érudite de l'abbé Robert Javelet, *Image et Ressemblance au XIIe siècle* de saint Anselme à Alain de Lille, Université de Strasbourg, 1967, t. I : Texte, 467 p. et t. II : Notes, 382 p.

51. *Parménide,* 132 d, trad. Diès, Les Belles Lettres.

divine) et à l'Esprit (Celui qui réalise la ressemblance, et qui est la ressemblance réalisée).

Cette dimension théologique de l'Image primordiale, se répercute peu ou prou sur toutes les autres images (ou symboles). Ainsi, dit Bruno d'Aste, « l'électrum est un métal d'argent et d'or, symbole du Rédempteur qui est de nature humaine et de nature divine »[52]. Toutes les choses créées, les signes sacramentaux, les paraboles et les images des Écritures qui doivent être interprétées « *spiritualiter* » – ce que l'abbé Javelet appelle « *l'ésotérisme des spirituels* »[53] – constitue une immense *démonstration symbolique* (*demonstratio symbolica*) selon l'expression d'Hugues de Saint-Victor[54]. C'est cette idée de démonstration, c'est-à-dire de révélation, qui constitue proprement la conception que les Victorins se font du symbole. Comme tel, le symbole est essentiellement un moyen de connaissance, et donc un signe de reconnaissance. Toute cette doctrine est résumée dans la célèbre définition que Hugues de Saint-Victor donne du *symbolum* : « *symbolum* – c'est-à-dire le rassemblement (*collatio*) – désigne cette harmonie par laquelle les formes visibles se trouvent aptes à manifester clairement que ce que l'on voudrait exprimer appartient au monde invisible ».[55]

On retrouve la même signification, associée avec d'autres parfois curieuses, chez Alain de Lille (qui meurt au début du XIIIe siècle). Il écrit dans son « Dictionnaire théologique » :

« *Symbolum* : c'est-à-dire "signe", c'est pourquoi Denys, dans la *Hiérarchie*, appelle *symboliques* les ressemblances qui sont transposées des choses terrestres aux choses célestes; il signifie aussi "sacrement", c'est pourquoi Augustin, à propos du passage "Si quelqu'un ne renaît pas de l'eau et du Saint-Esprit", parle de *symbole*; ou encore le "rassemblement" (*collatio*), lorsque, pour donner un banquet plusieurs portions de nourriture sont rassemblées; et il se nomme *symbolum* de *sin* qui signifie "ensemble", et de *bolus* qui signifie "portion de nourriture", "bouchée", puisque chaque Apôtre y a apporté sa propre bouchée. Il désigne ainsi le discours dans lequel sont

---

52. *Sent* IV, 12; *P.L.* CLXV, 1013 A. L'electrum est un métal composé de quatre parties d'or pour une partie d'argent (Gaffiot, *Dict. Latin-Français, s.v.* qui renvoie à Pline). Le mot *elektron* ou electrum se trouve dans Ezechiel (I. 4) et traduit un terme hébreu *(hamsal)* dont la signification est mal connue. Pour Bruno d'Asti, il s'agit aussi de montrer la relation du Christ avec les quatre évangélistes.

53. *Image et Ressemblance*, t. II, p. 32.

54. *In Hier.*, II, *P.L.* CLXXV, 941 : « Par les formes, les signes, les ressemblances, ce qui est caché devient manifeste, ou encore ce qui est devenu manifeste, ce qui est décrit, constitue une démonstration symbolique ».

55. *In Hier.*, III; *P.L.* CLXXV, 960 D.

contenus les divers articles de la foi »[56]. Dans un autre texte, il fournit une étymologie différente, qui confère à *symbolum* un sens nettement cognitif : « une expression est dite symbolique (chez S. Denys), lorsqu'elle est *significative* d'une réalité cachée, et le mot est formé de *sun*, c'est-à-dire "ensemble", et de *olon* qui signifie "tout", parce qu'une telle expression comprend "tout ensemble", afin que l'intelligence superficielle de la lettre soit une chose, et son intelligence intérieure en soit une autre ».[57]

Le XIIIe siècle est tout rempli de la présence de S. Thomas d'Aquin, lequel suivant ici l'exemple d'Augustin plutôt que de Denys, emploie presque toujours *signum*, et réserve *symbolum* pour désigner le *Credo* [58]. Mais le terme se trouve chez S. Bonaventure, dans une perspective dionysienne, et le Docteur Séraphique prend bien soin de le définir : « il (le Verbe) nous a enseigné la vérité selon les trois modes de la théologie symbolique, spéculative et mystique : la symbolique qui nous apprend le bon usage du sensible, la spéculative le bon usage de l'intelligible, la mystique qui nous entraîne aux ravissements et aux transports de l'esprit »[59].

Faut-il à ce propos admettre l'exégèse du P. V. M. Breton qui distingue le symbolisme (pour lequel la réalité sensible n'est qu'un chiffre sans valeur propre) de l'exemplarisme pour lequel la réalité sensible, tout en étant signe, garde sa pleine consistance?[60] En réalité « le symbolisme concerne les vestiges divins et il n'est pas question de leur ôter toute consistance : ils existent et sont déjà matière à sacrement C'est d'ailleurs là une idée fréquente que le mondé sensible soit un immense sacrement de Dieu »[61].

Nous retrouvons ainsi ce ternaire qui structure l'univers du symbole, (le Monde, le Livre sacré, les Rites) dans lequel chacun des termes peut échanger sa dénomination; car si la création est un livre et un sacrement, le Livre est aussi un monde et un rite, et le rite lui-même est un univers sacramentel où se réalise la Parole de Dieu.

---

56. *Distinctiones dictionum theologicarum, P.L.* CCX, 964 C. On observe la même curieuse étymologie chez Joscelin de Soisson (mort en 1152) et donc chez qui Alain de Lille a pu la lire *(P.L.* CLXXXVI, 1480).

57. *Expositio super symbolum apostolicum et Nicenum*, dans *Alain de Lille, Textes inédits* (M. Th. d'Alverny. Vrin, Paris, 1965, p. 84).

58. Il faudrait peut-être excepter le cas des commentaires de l'Écriture dans lesquels on rencontre *symbolice* au sens ordinaire du terme. Saint Thomas admet aussi l'usage d'un « mode symbolique » d'expression en théologie, parce que la raison n'y est pas proportionnée à son objet (*In I Sent.*, prol. a 5, ad. 3).

59. *Itinerarium mentis in Deum*, I, 7 ; trad. Duméry, Vrin, p. 35.

60. *Saint Bonaventure*, Aubier, 1943, p. 79.

61. R. Javelet, *Réflexions sur l'exemplarisme bonaventurien*, estratto da *S. Bonaventura*, IV, *Theologica*, Collegio S. Bonaventura Grottaferrata, Roma, 1974, p. 361.

L'histoire latine de *symbolum* n'a plus rien à nous apprendre, du moins sous sa forme religieuse. Nous évoquerons seulement, pour terminer, quelques emplois où s'attestent, exemplairement, les sens que nous avons rencontrés : il s'agit des textes que le Concile de Trente consacre à l'Eucharistie et à son rite (XIIIe section, 11 octobre 1551). A trois reprises ce sacrement y est qualifié de symbole, conformément à un usage traditionnel[62] qui n'implique aucune atténuation de la présence réelle du Christ dans le pain et le vin du sacrifice de la messe.

Au *Préambule,* il est question du « *symbole* de cette unité et de cette charité par laquelle le Christ a voulu que tous les chrétiens soient unis entre eux ». Il s'agit donc du symbole au sens littéral de « rassemblement » *(collatio, symbolon),* ou, plus précisément, de « *signe* opératif de rassemblement », c'est-à-dire de ce qui, dans la dispersion et l'éloignement, constitue un rappel de l'unité perdue et un gage annonciateur de l'unité future. C'est ce que déclare le chapitre II : « gage de notre gloire future (parce que) *symbole* de cet unique Corps dont le Christ est la tête et auquel il veut que nous, ses membres, nous soyons attachés ». Enfin, au chapitre III, apparaît le sens de signe réel et efficace qui définit d'ailleurs le sacrement en général : « La très sainte Eucharistie a ceci de commun avec les autres sacrements qu'elle est le *symbole* d'une réalité sacrée et la forme visible d'une grâce invisible ».

Ces emplois sont d'autant plus remarquables qu'ils datent de l'époque même où Zwingli et ses disciples nient la présence réelle en la qualifiant justement de « symbolique », et qu'ils se rencontrent dans des textes consacrés à la réaffirmation de cette présence.

On mesure par là combien est fort et persistant le « réalisme » dont est prégnant le terme de symbole, malgré toutes les dérives sémantiques dont il est l'objet et qui lui confèrent le plus souvent la signification d'un substitut non réel. Autant que le signe qui indique, il est le signe qui « rend présent », ou, comme nous le dirons bientôt, qui « présentifie ».

C'est cette vertu présentifiante du symbole, ce réalisme symbolique qui est désormais menacé, et c'est lui que Gœthe et Schelling vont devoir réaffirmer en l'opposant à l'allégorie. Histoire, qui se développe maintenant hors de la sphère religieuse et qui concerne avant tout la littérature, la philosophie ou l'art en général.

---

62. Témoins : Théodoret de Cyr, S. Basile de Césarée, S. Denys l'Aréopagite, S. Jean Chrysostome. etc.

CHAPITRE II

SYMBOLE ET ALLÉGORIE À L'ÉPOQUE MODERNE

ARTICLE I

LEUR ÉQUIVALENCE PREMIÈRE

Nous avons déjà observé, au cours des études précédentes, qu'il n'y avait pas de spécialisation déterminée dans l'usage des mots *symbolum* et *allegoria*, et que Jean Scot lui-même, qui pourtant élabore une distinction précise, ne s'y astreint pas rigoureusement. C'est pourquoi, avant de rappeler l'origine relativement récente de l'opposition sur laquelle presque tout le monde s'accorde aujourd'hui, il convient de rendre justice à la thèse de Jean Pépin, selon laquelle « la définition ancienne et médiévale de l'allégorisme est si large qu'elle convient à presque toutes les variétés de l'expression figurée, et en tout cas, à l'expression symbolique »[1].

Faut-il en conclure pour autant que « la notion de *symbolum*, non seulement n'est pas isolée de celle d'*allegoria*, mais le plus souvent s'y inclut »? Nous ne le pensons pas. Les textes cités ne confirment pas toujours la subordination du premier concept au second. En particulier, chez Clément d'Alexandrie, la subordination inverse semble bien attestée, comme nous l'avons vu. Simplement, on se souviendra, en lisant un texte ancien, grec ou latin, païen ou chrétien, que l'*allegoria* ne consiste pas nécessairement, comme pour les modernes, en la figuration d'une notion abstraite, mais qu'elle possède souvent les mêmes connotations que celles que nous attribuons au symbole.

Il faut cependant introduire quelques précisions.

La première, et la plus incontestable, c'est que pour les Anciens, l'allégorie caractérise toujours un discours, alors que le symbole désigne aussi bien un groupe de mots qu'un signe concret ou une chose. La distinction de l'*allegoria in verbis* et de l'*allegoria in factis* ne doit pas nous égarer. Elle

1. *Dante et la Tradition de l'Allégorie*, Vrin 1970, pp. 15-16.

se situe tout entière en effet à l'intérieur de l'univers du discours. Au demeurant, l'étymologie l'indique : il s'agit toujours de *dire* (une chose pour en faire entendre une *autre*). Elle désigne donc, si l'on veut, le symbolisme dont on use en parlant.

Il s'ensuit, deuxièmement, que l'origine grammaticale du terme ne sera jamais perdue de vue. C'est ce que déclare S. Jérôme : « L'allégorie relève proprement de l'art grammatical »[2], et ce que répètent les auteurs médiévaux[3]. Or, de cette origine rhétorique, le terme ne garde pas seulement une signification plus étroite que celle de *symbolum*. Parce qu'il a d'abord servi chez les païens à « sauver » l'invraisemblance des récits mythologiques en éliminant leur historicité, il entraîne avec lui un parfum d'irréalisme. C'est pourquoi les auteurs chrétiens ont distingué deux sortes d'allégorie, « en paroles » et « en événement », affirmant que l'allégorie chrétienne appartenait essentiellement au second genre. Augustin nous l'apprend; « Là où l'Apôtre parle d'allégorie, ce n'est pas dans les mots qu'il la trouve, mais dans le fait historique »[4].

Selon le P. de Lubac, la distinction que nous venons de rappeler constitue la grande nouveauté de l'allégorie chrétienne, dont l'antiquité païenne n'avait pas eu la moindre idée, si bien qu'en usant d'un terme païen, S. Paul en réalité exprime quelque chose de tout à fait différent. Ce savant historien, dans sa monumentale *Exégèse Médiévale*, s'attache à démontrer cette affirmation et lui consacre, à maintes reprises, des chapitres entiers. « Les exégètes chrétiens, déclare-t-il, n'ont donc pratiqué l'*allégorie* – si l'on veut bien avoir égard au fond des choses – qu'en un sens bien éloigné des anciens philosophes. Ils voyaient en elle, comme ils ne cessent de nous en assurer, une exigence de leur foi au Christ »[5].

Nous ne saurions mettre en doute que les auteurs médiévaux n'aient eu conscience du caractère spécifiquement chrétien de leur herméneutique. Est-il certain pour autant qu'il n'existe aucune *allegoria in facto* chez les païens? Si l'on accepte, en particulier, de donner à ce terme le

2. *In Gal.*, II, *P.L.* XXVI, col. 389. On se souvient que c'est précisément dans cette épître que S. Paul utilise le mot *allègoroumèna* (IV, 21). S. Jérôme estime d'ailleurs que S. Paul n'ignorait par le sens rhétorique du terme (*ibidem*).

3. Par exemple Aimon d'Auxerre : « Le bienheureux Paul a coutume d'appeler allégorie l'intelligence spirituelle. Or *allegoria* est proprement un terme des grammairiens : c'est la figure par laquelle on signifie autre chose que ce que l'on dit » (*In Gal.; P.L.* CXVII, 687 C); H. de Lubac, *Exégèse médiévale*, 1ère partie, t. II, p. 383.

4. *De Triniate*, XV, c. IX, 15 ; Bibliothèque Augustinienne, t. 16, p. 460.

5. 1ère partie, t. II, p. 521.

sens large de symbole, il n'est pas très difficile de trouver dans l'Antiquité des événements tout à fait historiques, et qui, cependant, étaient regardés comme véritablement symboliques. Ainsi, par exemple, de Platon qui, né d'une mère fécondée par Apollon, le 7 du mois de Thargélion (mai), jour anniversaire de la naissance de ce dieu, vécut quatre-vingt un ans, c'est-à-dire neuf fois neuf années, (neuf étant traditionnellement le nombre qui « mesure » une durée cyclique). Et il ne s'agit pas d'un cas isolé.

D'autre part, l'usage de l'*allegoria* ne présente pas dans la culture chrétienne l'exemple d'une histoire uniformément heureuse. Les résistances à l'allégorisme sont anciennes et remontent à Tertullien, qui d'ailleurs emploie le terme tantôt dans un sens péjoratif (impliquant le caractère fictif du texte), tantôt dans un sens positif, quand il voit dans la lettre de l'Ancien Testament la figure prophétique du Nouveau[6]. Elles persistent tout au long du Moyen Âge souvent sous la forme d'une réaction aux excès d'un allégorisme qui transforme le symbolisme en rhétorique. Non point que tout dans l'Écriture n'ait un sens, mais parce que le sens qu'on veut donner à toutes choses sombre lui-même dans le discursif et l'abstrait. L'excès d'allégorie n'est point dans les figures elles-mêmes, mais dans leur interprétation. Le texte allégorique devient un prétexte pour une construction didactique.

C'est que, Jean Pépin l'a noté, l'*allegoria* désigne aussi bien une méthode d'interprétation qu'un mode d'expression[7]. Le danger de cette méthode ce n'était pas seulement de traiter « les actions symboliques, primitivement destinées à représenter les mystères (...) comme des explications détaillées et intellectualisées », ou encore de tomber dans la « description analytique d'une *idée* à partir des éléments morcelés et abstraits d'une image, dont chaque détail prend signification »[8] C'est aussi – et n'oublions pas que tout cela se passe au XIIe siècle – de constituer des dictionnaires ou des répertoires de significations allégoriques, dont S. Isidore de Séville, quelques siècles plus tôt, avait déjà fourni le modèle[9], et dont la tradition s'était continuée à travers le *De Universo* de Raban Maur, et surtout la *Clef de Méliton de Sardes*, mystérieuse compilation qui apparaît, semble-t-il, au début du Xe siècle, mais dont il est bien difficile de

6. Les textes rassemblés par H. de Lubac, *Exégèse Médiévale*, seconde partie t. II, p. 133, *sq*.

7. *Dante et la Tradition de l'Allégorie*, p. 12.

8. M.D. Chenu, *La Théologie au XIIe siècle*, pp. 188-189.

9. *Allegoriae quaedam sacrae scripturae*, *P.L.* LXXXIII, col. 99-130.

soutenir l'authenticité [10]. Il est clair que la mise en répertoire des significations allégoriques favorisait l'apparition d'un procédé systématique de *fabrication d'allégories.* De l'allégorie, mode d'expression, à l'allégorie, méthode d'interprétation, on revenait à un processus inverse. Le symbole ne donnait plus à penser. C'est le concept, pris comme point de départ, qui donnait à allégoriser. D'où le succès d'une littérature sacrée, mais aussi profane, peuplée d'abstractions personnifiées; « commentaires bibliques, homélies, liturgies, formulaires dogmatiques, poésies, et les textes juridiques eux-mêmes » s'adonnent « avec complaisance » à la « personnification des forces de la nature, des vertus, des idées ou des sciences ». Témoins, Bernard Silvestris, Alain de Lille, Chrétien de Troyes [11].

Ainsi se précisent peu à peu les raisons qui conduiront les romantiques allemands à l'opposition, communément reçue aujourd'hui, du symbole et de l'allégorie. Il en est d'autres cependant, sur lesquelles les auteurs n'ont peut-être pas suffisamment attiré l'attention et qui sont relatives à l'iconographie. Sans doute est-il exact que le terme d'*allegoria,* jusqu'à la fin du Moyen Âge, ne s'applique qu'à une figure du discours et jamais à une illustration graphique ou picturale de ce discours. Mais, à défaut du mot, la chose est fort répandue. Du XIIe au XVe siècle on voit se multiplier les figurines, les enluminures, les représentations imagées, dans les traités de philosophie, de logique, de dialectique, de grammaire, ou encore de morale. Ces illustrations sont de véritables allégories, c'est-à-dire des abstractions figurées. Elles sont encore liées au texte et non indépendantes comme les montrera la Renaissance. Elles ne reçoivent pas encore le nom d'*allegoria,* mais en elles, s'opère cette dégradation de la fonction présentifiante du symbole, car la figuration graphique ou picturale d'une allégorie écrite *redouble* nécessairement et accuse son caractère « tropique » de procédé rhétorique. Un exemple très simple fera comprendre ce que nous vou-

10. C'est le cardinal Pitra, né près d'Autun en 1812, homme d'une prodigieuse érudition, rénovateur de la science hymnographique, qui soutint passionnément l'attribution de cette « clef » à Meliton, évêque de Sardes du IIe siècle, sans d'ailleurs emporter la conviction du monde scientifique. J.P. Laurant a réédité la dissertation de Pitra, chez Trédaniel, en 1979, sous le titre *La clef du symbolisme de Méliton de Sardes.* Il a d'autre part publié en 1988 le texte latin de la « clef », avec sa traduction, aux Éditions du Cerf, sous le titre *Symbolisme et Écriture – Le cardinal Pitra et la « clef » de Méliton de Sardes,* préface d'E. Poulat. Une longue introduction fournit des renseignements inédits sur l'ésotérisme chrétien de certains milieux ecclésiastiques anti-modernistes vers 1850.

11. M.D. Chenu, *La Théologie au XIIe siècle,* p. 188. Il semble bien que le nombre et le succès de ces répertoires d'allégories augmentent avec les siècles. L'apparition de l'imprimerie y est évidemment pour beaucoup.

lons dire. Le langage ordinaire renferme un grand nombre d'expressions imagées, qui, d'ailleurs, varient d'une langue à l'autre, et dont le caractère d'image est à peine perçu par l'usager. Or, il suffit souvent de transposer ces images parlées en images dessinées pour obtenir un effet de comique et d'absurde. La raison en est qu'on a « réifié », c'est-à-dire introduit dans l'ordre du réel sensible, ce qui n'a de sens que dans l'ordre du discours et de la pensée, et à condition, précisément, qu'on ne retienne de l'image (éventuellement figurable) qu'un *schème* directeur. Ce qui est intéressant, en effet, dans un schème de cette nature, c'est la *possibilité* qu'il offre d'une figuration, et non sa réalisation, laquelle peut présenter la plus grande diversité, dans la mesure même ou l'allégorisation simplement rhétorique d'une idée abstraite, laisse indéterminé tout ce qui ne ressortit pas au schème lui-même. On peut bien dire du temps qu'il fauche les vies humaines; mais la forme de la faux, sa couleur, le faucheur lui-même, la nature de ce qui est fauché (blé, avoine, herbe), le lieu du fauchage (pays de plaine, de montagne, etc.) tout cela est abandonné à l'imagination de l'illustrateur éventuel. C'est d'ailleurs pourquoi les allégories peintes pourront devenir de véritables œuvres d'art, mais dont la valeur esthétique demeure en quelque sorte surajoutée à l'allégorie elle-même, c'est-à-dire tout à fait non allégorique [12]. Dans cette direction, l'allégorie disparaît ou ne constitue guère qu'un prétexte; mais avant d'en arriver là, il est clair que le passage de la rhétorique à la peinture « réifie » moins l'image elle-même que le *schéme,* c'est-à-dire le procédé par lequel la rhétorique illustre une idée. On est alors évidemment très loin du symbole, dans lequel tout est nécessairement symbolique [13].

C'est donc, nous semble-t-il, le passage de l'allégorie rhétorique à l'allégorie peinte ou dessinée, et sa généralisation comme genre pictural déterminé, qui, en « réalisant » le schème directeur selon lequel opère l'allégorie, et donc en réifiant le trope comme tel, conduira progressivement à l'opposition gœthéenne du symbolique et de l'allégorique. Il n'en reste pas moins que durant le quinzième et le seizième siècles, le terme d'*allegoria* continue d'être employé en un sens peu différent de celui de symbole, et que l'on

12. Ce trait, encore peu accusé chez Piero di Cosimo (cf. « Allegoriae », Samuel H. Kress collection, *National Gallery of Art,* Washington) apparaît très nettement chez le Titien (cf. « Allégorie des trois âges de la vie », collection du duc de Sutherland, *National Gallery of Scotland.* Edimbourg).

13. Que l'on compare une icône byzantine aux peintures que nous évoquions précédemment, et l'on aura une idée de ce que nous voulons dire. Il peut exister d'ailleurs des cas intermédiaires, comme celui de Nicolas Froment, dont la peinture, allégorique dans sa manière, demeure cependant symbolique dans son fond.

répète la fameuse distinction entre l'allégorie des mots et l'allégorie des choses, sous la forme d'une distinction entre *allegoria rhetorica, grammaticalis, litteralis*, et *allegoria theologica* ou *spiritualis* : ainsi dom Jérôme Laurentin dans sa *Sylva allegoriarum totius sacrae Scripturae* (1583) [14]. En fait, cet usage n'a jamais disparu, au moins chez les exégètes catholiques. Ils pourraient souscrire, à cette remarque d'un ouvrage du XVe siècle, le *Songe du Verger*, qui se propose de démontrer l'indépendance temporelle du roi Charles V relativement au pape, et qui écrit (à propos des « deux glaives ») : « ... ce commentaire ne concerne pas le sens historique ou littéral, mais seulement le sens mystique ou spirituel, c'est-à-dire *allégorique* » [15]; ainsi au XVIIIe siècle, le dominicain Joseph Marie de Turre, dans ses *Institutiones ad Verbi Dei scripti intelligentiam* [16], ou, plus près de nous, le très classique *Abrégé de Théologie dogmatique et morale* de l'abbé J. Berthier [17].

A vrai dire, même dans l'ordre des représentations figurées que fournit l'iconographie des siècles plus récents (XVIIe et XVIIIe siècles), il n'est pas toujours facile de séparer l'allégorique du symbolique, car si l'idée générale qui préside à ces représentations ressortit bien à une rhétorique de l'image, les éléments particuliers qu'elle utilise relèvent souvent de l'ordre symbolique. Selon l'excellente formule de D. Poirion, on peut définir l'allégorie comme « le développement logique, systématique et détaillé » du symbole [18]. Définition dont la validité n'est sans doute pas universelle, ainsi que le prouve l'exemple du Titien que nous citions précédemment – et bien d'autres peintures modernes [19] – mais qui convient parfaitement pour caractériser une grande quantité de gravures, de peintures et même de sculptures, en particulier toutes les figurations qui relèvent de l'alchimie. Allégoriques par leur intention didactique, et ressortissant à la rhétorique du discours dans la mesure même où elles doivent se *lire* et se déchiffrer comme un alphabet, ces œuvres sont pourtant symboliques par la plupart des éléments qu'elles utilisent. Ces éléments sont en effet de véritables présentifications sensibles des réalités intelligibles, c'est-à-dire des principes supérieurs qu'elles ont pour charge de faire connaître. Le Mercure alchimique figuré

14. On voit que « la forêt de symboles » baudelairienne a de lointaines origines. Nos références sont empruntées à H. de Lubac, *Exégèse médiévale*, Seconde partie, t. II, p. 131..

15. H. de Lubac, *ibidem*, p. 383

16. *Ibidem*, p. 131.

17. Paris, E. Vitte, 1927, § 217.

18. Article « Allégorie » dans l'*Encyclopedia Universalis*.

19. Qu'y a-t-il de symbolique dans un tableau tel que « La Justice et la Vengeance divines poursuivant le crime » de Prud'hon ?

par un caducée n'est pas une idée ou une abstraction ni un discours, mais une réalité cosmologique permanente [20].

C'est alors qu'apparaissent des ouvrages qui se proposent de répertorier non plus les figures bibliques de l'allégorie, comme ceux que nous avons cités jusqu'ici, mais ce qu'il faut appeler les figures du symbolisme universel. A partir d'« un mince traité » du grammairien alexandrin Horus Apollo (Ve siècle), un humaniste romain, Pietro Valeriano, publia, sous le titre *Hierogliphica* repris d'Apollo, « le premier dictionnaire de l'allégorie et des symboles » dont le titre indique assez qu'il s'agissait surtout de puiser la science symbolique aux sources égyptiennes. A la suite de Pietro Valeriano parurent de « nombreux recueils d'emblèmes (et) des traités d'iconologie utilisés par tous les peintres et les sculpteurs du XVIe au XVIIIe siècles ». « Emblèmes » et « Iconologie » servent d'ailleurs de titres à deux de ces ouvrages parmi les plus célèbres; le premier, au répertoire d'Andrea Alciati (édition française de 1574), qui renferme de nombreuses gravures, le second, au répertoire de César Ripa (illustré seulement dans l'édition de 1603) qui fut traduit dans toutes les langues, lu par tous les artistes, et réédité pendant plusieurs siècle [21].

Enfin, et pour terminer ce bref historique de l'équivalence allégorie-symbole, nous citerons comme dernier témoignage, l'article que l'« abbé » A. L. Constant, plus connu sous le nom d'Eliphas Levi, consacre au mot « allégorie » dans son *Dictionnaire de Littérature chrétienne* [22]. Le témoignage de l'abbé Constant est d'autant plus intéressant qu'on connaît par ailleurs l'influence qu'a eue sur lui la philosophie romantique allemande, et comment, par son inlassable activité de polygraphe, il a répandu les thèmes majeurs de la philosophie occulte dans tous les salons littéraires du XIXe siècle [23]. Après avoir rappelé la définition toute quintillienne de l'allégorie « qui n'est en quelque sorte qu'une métaphore prolongée », et que toutes les religions ont « eu l'allégorie pour base de leur symbolisme », l'auteur précise; « L'allégorie, dans la littérature religieuse, touche donc de très près au symbolisme avec lequel, toutefois, elle ne doit jamais se confondre » [24]. Cela dit,

20. Cf. Titus Burckhardt, *Alchemie. Sinn und Weltbild*, Walter Verlag, Freiburg im B., 1960, 230 p.

21. André Masson, *L'Allégorie*, P.U.F., 1974, pp. 12 et 14.

22. *Nouvelle Encyclopédie Théologique*, publiée par l'abbé Migne, 1861, t. VII.

23. C'est peut-être lui qui a suggéré à Baudelaire le titre des *Correspondances*. Si l'idée est d'origine incontestablement swedenborgienne, Claude Pichois a fait observer que le mot avait *déjà* été utilisé par l'abbé A.L. Constant comme titre d'un des poèmes des *Trois Harmonies – Chansons et Poésies* (en 1845) : « Baudelaire en 1847 », article publié dans la *Revue des Sciences humaines*, Fascicule 89, janv-mars 1958, p. 133.

24. *Dictionnaire de Littérature chrétienne*, col. 56.

et sans d'ailleurs nous expliquer en quoi consiste cette distinction[25], l'abbé Constant, dans un long poème qu'il intercale dans son article, emploie *allégorie* et *symbole* de façon tout à fait synonymique :

« Formé de visibles paroles
Ce monde est le songe de Dieu ;
Son Verbe en choisit les symboles,
L'esprit les remplit de son feu. »

Et plus loin, commentant son poème, il affirme ; « Ce symbolisme naturel de tous les êtres créés paraît avoir été la pensée dominante des anciens Égyptiens, etc. » Ou bien il se propose d'étudier, comme exemples, les « allégories ou symbolisme de la Bible »[26]. Au fond, s'il y a une différence entre allégorie et symbole, ce serait celle de la culture et de la nature ; l'allégorie est un procédé (d'exposition ou d'interprétation) qui met en œuvre le symbolisme naturel des choses, des êtres et des pensées. Sans doute, cette distinction n'est-elle pas sans rapport avec celle qu'établit Gœthe, mais elle ne la recouvre aucunement. Il nous faut donc en venir à l'opposition du signe allégorique au signe symbolique, si reconnue aujourd'hui qu'elle est devenue une sorte de « pont aux ânes » pour toute réflexion sur le symbolisme.

25. Il faut recourir à l'article *Palingénésie* du même *Dictionnaire* pour découvrir, au détour d'une phrase, que le symbolisme « est la science de *spiritualiser* la forme » (col. 928).

26. *Ibidem*, col. 60, 61, 67. Cet article expose d'ailleurs de manière cohérente une théorie complète et précise du symbolisme.

ARTICLE II

L'OPPOSITION GŒTHÉENNE DU SYMBOLE ET DE L'ALLÉGORIE

Les considérations précédentes pourront surprendre tant l'opposition de l'allégorie et du symbole nous paraît aller de soi et même s'imposer comme un nécessaire préalable à tout discours sur le symbole. Elle est pourtant tardive et ne s'introduit dans la pensée européenne qu'avec Gœthe. Mais l'histoire de cette introduction est trop complexe et met en jeu trop d'acteurs pour que nous puissions la retracer ici [1]. Nous nous contenterons de quelques indications.

On estime en général que c'est Kant qui suggéra à Gœthe l'idée d'une telle opposition, non sans intermédiaire toutefois, mais sous l'influence de ce que Schiller avait retenu de sa théorie du symbole. Nous ne dirons rien de cette théorie très subtile et qui nous entraînerait dans le détail d'une construction philosophique particulièrement difficile [2]. Simplement il faut savoir que Kant est amené à redonner au mot symbole le sens d'une représentation « concrète » et imagée, qui donc fait intervenir, quoique indirectement, l'intuition sensible (la perception), et à rejeter la terminologie des nouveaux logiciens, Leibniz en l'occurrence, qui tendent, au contraire, à opposer connaissance "intuitive" et connaissance "symbolique" [3], dans la mesure où les "symboles" mathématiques et algébriques ne sont précisément que les signes scripturaux et généralement arbitraires d'objets ou d'opérations dont nous ne pouvons avoir aucune connaissance sensible.

A vrai dire, la conception gœthéenne est l'antipode de la conception kantienne. Pour Kant, en effet, la valeur sensible ou « concrète », la valeur d'image qu'il faut garder au symbole, est en vérité *indirecte*, comme nous l'avons dit. Le symbole est bien une représentation imagée d'une réalité en elle-même invisible, mais il n'y a aucun rapport ontologique entre les deux, aucune *présence* du figuré dans le figurant. Ce rapport est de nature exclusivement mentale, si bien que cette conception correspond très exactement à ce qu'on appellera, à partir de Gœthe, une allé-

1. On en trouvera un bon exposé dans *Théories du symbole* de Todorov (Seuil, 1977, pp. 179-260). Pour Gœthe, l'étude la plus complète est celle de Marache : *Le symbole dans la pensée et l'œuvre de Gœthe* (Nizet, 1960). Pour Kant et Schelling, on lira les articles de Marty et de Tilliette dans *Le mythe et le symbole* (collectif, Beauchesne, 1977).

2. Kant la développe au § 59 de la *Critique de la faculté de juger*.

3. Leibniz, *Opuscules philosophiques choisis*, Hatier-Boivin, p. 9 ; Gerhardt, t. IV, p. 423.

gorie [4]. Au reste, la philosophie kantienne, en son entier, récuse toute possibilité d'une présentification (et non d'une simple présentation) de l'intelligible dans le sensible : « Prendre les phénomènes cosmiques réels qui se présentent aux sens pour un pur *symbole* d'un monde intelligible qui s'y trouverait caché, c'est *exaltation* » déclare-t-il avec mépris [5].

Pour Gœthe, tout au contraire, le symbole se distingue de l'allégorie en ce que, tout en relevant comme elle du genre « signe », il en réalise une espèce particulière, celle où le signifiant s'identifie, d'une certaine manière, à ce qu'il signifie. C'est pourquoi le symbole est : 1°) naturel, alors que l'allégorie est artificielle; 2°) intransitif (on doit chercher son sens *en lui-même,* dans sa présence immédiate, et non en dehors de lui); 3°) inépuisable et finalement indicible, alors que l'allégorie disparaît dans son explication. Doctrine qui se formule, dans l'un des derniers textes de Gœthe, de la manière suivante : « l'allégorie transforme le phénomène en un concept, le concept en image, mais de telle sorte que le concept soit toujours saisissable dans l'image et qu'on puisse le retenir et l'avoir et l'exprimer en elle. La symbolique transforme le phénomène en Idée, l'Idée en image et de telle sorte que l'Idée reste toujours dans l'image infiniment active et insaisissable et que, même exprimée dans toutes les langues, elle demeure inexprimable ». C'est pourquoi : « La vraie symbolique est celle où le particulier représente le général, non comme rêve ou comme ombre, mais dans la révélation vivante, instantanée de l'insondable » [6].

La doctrine gœthéenne a connu un succès considérable. Elle venait à son heure et correspondait à une nécessité, au moins depuis la Renaissance, c'est-à-dire, comme nous avons essayé de le montrer, depuis qu'un affaiblissement de la mentalité symboliste avait permis l'apparition dans le domaine des formes plastiques elles-mêmes, d'un primat de la rhétorique. Sans doute l'allégorie, au sens moderne du terme, a-t-elle toujours existé, mais elle était alors comme neutralisée par la puissance immanente d'un symbolisme universel. Sans doute n'y a-t-il pas non plus de symbole qui ne puisse être envisagé comme allégorique par quelque côté, mais il devenait urgent, si l'on voulait éviter sa complète disparition, d'opposer vigoureusement (par le

4. La définition que Schelling donne de l'allégorie reprend littéralement les termes qui définissent le symbole chez Kant (textes dans Todorov, *op. cit.* p. 245). Aucun philosophe n'a donné plus d'importance que Schelling au symbolisme. Mais en radicalisant l'opposition allégorie/symbole, et en faisant du symbole la chose même, il finit par oublier sa nature de signe. C'est là son erreur : le symbole est et n'est pas ce qu'il symbolise.

5. *Anthropologie*; Ière partie, I, 38 ; *Kant's Werke,* Ak., Berlin, 1917, t. VII, p. 191.

6. Nachlass, *Goethe's Werke,* Jubiläum Ausgabe, t. 35, p. 325 et p. 307.

biais surtout d'une méditation sur l'art qui se substitue à la religion comme lieu de rencontre du spirituel et du corporel), à l'allégorisme généralisé, le type pur du symbole dans sa pleine et irréductible réalité. A vrai dire cependant, cette redécouverte du véritable symbolisme ne pouvait être que théorique ou philosophique, liée à la présence contingente de la génialité de l'artiste et sans effet notable sur l'ensemble de la société, faute de pouvoir s'établir sur le seul terrain qui réponde à ses exigences, celui des formes sacrées et rituelles.

ARTICLE III

DE QUELQUES EXPRESSIONS CONTEMPORAINES DE L'OPPOSITION ALLÉGORIE-SYMBOLE

Il ne saurait être question de passer ici en revue les auteurs contemporains qui ont exposé la distinction qu'il convenait de faire entre allégorie et symbole. Le plus intéressant, à notre avis, c'est de constater que la plupart des auteurs semblent croire que cette distinction est tellement fondée sur la nature des choses, qu'elle va de soi et a toujours existé. Nous l'avons vu, il n'en est rien. La formulation de l'opposition est récente. Elle ne correspond à une nécessité que dans la mesure où le terme d'allégorie a été détourné de son sens originel, qui en faisait un synonyme savant (et abstrait) de symbole, pour être appliqué à des figurations didactiques et rhétoriques. Non moins remarquable est de constater que cette distinction, somme toute banale (mais réelle), est souvent présentée comme une nouveauté qui mettrait fin à des siècles de confusion [1]. Tel n'est évidemment pas le cas des auteurs que nous allons évoquer brièvement.

René Guénon a fait un usage constant de cette distinction, mais sans toutefois tomber dans le travers que nous avons signalé. Il a au contraire nettement affirmé que la distinction découlait d'une déviation du sens de l'allégorie : « Dans le mythe, écrit-il, ce qu'on dit est donc autre chose que ce qu'on veut dire, nous pouvons remarquer en passant que c'est là aussi ce que signifie étymologiquement le mot "allégorie" (de *allo agoreuein*, littéralement "dire autre chose"), qui nous donne encore un autre exemple des déviations de sens dues à l'usage courant, car en fait, il ne désigne plus actuellement qu'une représentation conventionnelle et "littéraire", d'intention uniquement morale ou psychologique, et qui, le plus souvent, rentre dans la catégorie de ce qu'on appelle communément les "abstractions personnifiées" » [2].

Henry Corbin, qui n'a pas seulement découvert à l'Occident le monde mystique du shiisme, mais qui a aussi formulé des thèses importantes de cosmologie spirituelle, a fortement insisté, également dans la ligne du romantisme allemand, sur notre distinction ; « L'allégorie est une figuration

1. Par exemple le Docteur Jolande Jacobi, dans son étude sur *Archétype et Symbole chez Jung* (extrait de *Komplex, Archetypus, Symbol in der Psychologie C.J. Jungs*, Rascher Verlag, 1957) traduite et publiée dans *Polarité du Symbole*, Études carmélitaines D.D.B., 1960, pp. 167-206 : « le maniement des concepts de symbole, d'allégorie et de signe a donné lieu jusqu'à notre époque à pas mal de confusions, chaque auteur emploie ces termes selon ses vues subjectives, souvent différentes de celles des autres » (p. 172). Ce n'est pas du tout l'impression que nous retirons de notre enquête. Au contraire, nous avons été frappé par l'extraordinaire consistance sémantique du *symbolon* à travers l'histoire.

2. *Aperçus sur l'initiation*, Éditions Traditionnelles, 1953, p. 124.

plus ou moins artificielle de généralités et d'abstractions qui sont parfaitement connaissables et exprimables par d'autres voies. Le symbole est l'unique expression possible du symbolisé, c'est-à-dire du signifié *avec lequel* il symbolise. Il n'est jamais déchiffré une fois pour toutes »[3]. On reconnaît ici bien des traits de la définition gœthéenne.

On trouve chez Jean Baruzi une vigoureuse définition (un peu systématique) de cette opposition[4]. Considérant l'expérience de la Nuit mystique, il remarque qu'elle « est à la fois *la plus intime traduction de l'expérience et l'expérience elle-même* (...). Par sa totale négation, la nuit exprime une permanente impuissance de notre imagination. *Elle est, par suite, incommensurable avec ses significations, et mérite d'être appelée, au sens technique du mot, un symbole* ». Partant de cet exemple privilégié, il construit l'opposition de l'allégorie au symbole, comme celle du traduisible à l'intraduisible. Il y a « allégorie chaque fois qu'un parallélisme est construit entre un système d'images et des pensées abstraites formulées ou virtuelles ». Tandis que la clarté inhérente au symbole « se cache à l'intérieur des images elles-mêmes, saisies et maintenues devant nous comme un absolu, comme un objet de contemplation esthétique pure ». Et si le symbole ne peut être traduit, c'est au fond parce que lui-même n'est pas une traduction[5].

Un tel symbole, au sens rigoureux du terme, peut-il se rencontrer ailleurs qu'en poésie, là où l'image se donne directement à contempler, sans fond sous-jacent d'abstraction? Le symbolisme mystique, qui traduit un dogme, « est virtuellement une allégorie ». Mais, si l'expérience mystique est expérience d'un au-delà radicalement transcendant au monde, alors elle aura besoin d'un langage « qui, lui non plus, n'aurait rien de commun avec le monde », et s'exprimera dans une forme symbolique qui sera constitutive de cette expérience même. Dans cette véritable « expérience symbolique » le symbole « adhère directement à l'expérience. Il n'est pas la figure d'une expérience »[6].

On le voit, la conception baruzienne atteint une limite qui, d'une certaine manière, la rend contradictoire. La fonction signifiante a complètement disparu. Il ne reste plus que la fonction présentifiante. Or un symbole est *toujours* un signe, même quand il signifie ce qui est non signifiable. Cer-

---

3. *Histoire de la philosophie islamique*, coll. Idées, 1964, p. 28 : également *L'imagination créatrice dans le soufisme d'Ibn 'Arabi*, Flammarion, 1958, p. 13.

4. *Saint Jean de la Croix et le problème de l'expérience mystique*, Alcan, pp. 323-329. On sait que J. Baruzi traite de l'expérience de S. Jean de la Croix à partir du point de vue néo-kantien.

5. *Ibidem*, p. 325.

6. *Ibidem*, p. 325.

tes, il ne peut le faire qu'en vertu d'une certaine immanence du Transcendant, même le plus élevé. Nous ne refusons donc pas l'adhérence du symbole à l'expérience mystique, bien au contraire. Mais nous croyons qu'il y a encore une différence entre cette expérience et Cela qui est expérimenté. C'est le sujet mystique lui-même qui devient alors le symbole, c'est en lui que se traduit et s'exprime (parce qu'Il s'y imprime) l'Intraduisible et l'Inexprimable.

Cet effacement de la fonction signifiante conduit à la transformation de l'opposition symbole-allégorie en l'opposition symbole-signe. On rencontre cette opposition chez bon nombre de philosophes, en particulier chez Karl Jaspers. Dans le premier tome de sa *Logique philosophique : De la Vérité*[7], il explique très clairement: « Il y a une différence radicale entre le symbole et le signe. Le signe se laisse expliquer dans la signification par un autre objet, puisque le signifié est également lui-même un objet. Le symbole peut seulement être approfondi en lui-même, devenir exprimant. Dans le signe quelque chose sera pensé, mais cet autre est également *là* sans signe. Dans le symbole quelque chose est présent, qui ne saurait absolument pas être parlant pour nous sans le symbole »[8].

Si pertinente et si profonde que soit la distinction jaspersienne du signe et du chiffre ou symbole, dans laquelle se montre encore une fois la persistance sémantique du symbole, distinction qui répond, en mode philosophique, à la distinction baruzienne en mode mystique, il reste qu'on risque d'oublier que, plutôt que son contraire, le symbole est une espèce dont le signe est le genre. C'est précisément de ce point de vue que nous aurons à envisager le symbole dans la deuxième partie de notre étude. Mais avant de passer à cet examen, il nous reste à tenter de rassembler la signification majeure du symbole qui se révèle à travers une aussi longue durée. Il faut tenter de ressaisir son essence, parfois estompée, pourtant toujours présente, et constituante de tous les usages dont nous avons recueilli le témoignage. Vaste enquête, assurément, mais qui nous a paru nécessaire, dans la mesure même où elle nous donne à voir le symbole, avant que nous tentions de le penser. Il fallait d'abord en effet prendre contact avec cette entité d'un genre si particulier, il fallait la connaître dans sa longue histoire comme un trésor impénétré que les hommes se transmettent de générations en générations, receleur d'espérance et de vérité, que l'on ne peut ni rejeter, ni réduire à l'ordinaire de la raison, souvent occulté, toujours renaissant, prêt à révéler son cœur lumineux au regard attentif de l'esprit.

---

7. *Von der Warheit. Philosophische Logik*, erster Band, R. Riper & Co. Verlag, München, 1947, XXIII, 1103 pages. Il n'existe pas de traduction française de cet ouvrage.
8. *Op. cit.*, p. 256.

CHAPITRE III

DE L'ESSENCE DU SYMBOLE

Qu'il y ait une essence du symbole, c'est ce dont on ne saurait douter. La multiplicité des emplois que nous avons pu relever ne témoigne nullement en faveur d'une dispersion absolue des divers sens. Au contraire, elle s'opère manifestement à partir d'un foyer sémantique unique, plus ou moins bien perçu, et dont la force de cohésion ne laisse pas de surprendre.

Mais comment déterminer ce foyer sémantique, et comment l'historique que nous avons développé peut-il nous y conduire ? Serait-ce par un dégagement comparatif des traits communs qui nous permettrait de construire une définition positive de sa notion ? Nous ne le pensons pas, d'abord parce que nous n'aboutirions ainsi qu'à une reconstitution artificielle et hypothétique, ensuite parce qu'il n'est même pas certain qu'une telle opération soit possible. Si c'est à cela qu'on s'attendait de notre part, alors on sera déçu. En réalité, et nous l'avons souligné autant que nous l'avons pu, nous nous sommes moins intéressé à ce que théologiens et philosophes avaient dit du symbole, aux conceptions délibérées qu'ils voulaient s'en former, qu'à ce *qu'ils ne pouvaient s'empêcher d'en penser et d'en dire.* Ce qui nous a paru le plus remarquable, c'est la *résistance* du symbole à la multiplicité des traitements qu'on lui a fait subir, car c'est là seulement que l'essence peut se reconnaître. Ce point de méthodologie est pour nous d'une grande importance. En recueillant l'usage plus que bimillénaire du terme, ce n'est point à la contingence ou à la facticité des définitions que nous désirions nous soumettre, mais à la vérité supra-conceptuelle qui s'exprimait en elles et malgré elles. Et nous ne voyons pas qu'après tout Platon ait procédé autrement. Pour historique que soit notre questionnement, il n'en est pas moins maïeutique. Nous n'avons nullement retracé une évolution du terme, laquelle, d'ailleurs, nous semble problématique. Tout au contraire, nous avons souligné sa permanence sémantique, mais qui peut évidemment s'exprimer différemment selon les circonstances.

LES DEUX PÔLES DE LA FONCTION SYMBOLIQUE

Ainsi la vérité supra-conceptuelle du symbole ne se donne pas à contempler telle qu'en elle-même. Elle peut seulement être atteinte indirectement à travers la fonction qu'elle remplit dans la culture humaine, comme ce qui rend possible une telle fonction et en constitue le principe.

Or il nous semble que toute l'histoire de la fonction symbolique se ramène à une tension entre deux pôles, apparemment antagonistes, en réalité indissociables, celui de la fonction signifiante et celui de la fonction « présentifiante », pôles dont le symbole – c'est sa raison d'être – réalise précisément l'unité dialectique.

Écartons tout d'abord une difficulté. On oppose souvent de façon irréductible la fonction signifiante qui est le propre du signe et la fonction représentative qui serait le propre du symbole.

« Signifier est toujours autre chose que représenter »[1]. En effet le mot « table » signifie la chose de ce nom, mais ne la représente aucunement, alors qu'un portrait représente son modèle sans le signifier : il ne se « lit » pas, il se regarde. Inversement, il ne sert de rien de regarder les signes d'écriture, ou de les percevoir comme un dessin[2] : il faut les déchiffrer, autrement dit les interpréter, ce qui requiert la connaissance de leur signification. C'est pourquoi Husserl peut énoncer que l'appréhension du signe relève de l'*intellectio,* alors que celle du symbole relève de l'*imaginatio*[3].

Ce partage des fonctions et des facultés nous paraît néanmoins insoutenable : le symbole est toujours un signe, et il n'est pas toujours une représentation. Il est toujours un signe parce que, comme tout signe, sa fonction est de faire connaître, au moyen d'une forme visible, une réalité invisible, soit essentiellement (Dieu, une essence, une pensée), soit accidentellement (Socrate, un fait sacré, le Corps du Christ). Et il est encore un signe parce que nous constatons que sa signification doit être déchiffrée, donc apprise et d'abord enseignée par une tradition herméneutique. Il ne suffit pas de voir, il faut aussi savoir. Assurément, le symbole n'est pas un signe à la manière d'un algorithme, mais il ne se ramène pas non plus à une simple image. On a certes raison d'opposer le signe à la représentation, mais

1. Selon une formule de P. Ricœur (*La métaphore vive,* Seuil, p. 381) résumant Husserl.
2. C'est l'erreur de la méthode globale de lecture qui veut appliquer a l'apprentissage de la lecture les lois de la perception.
3. *Recherches logiques,* P.U.F. t. II, 1ère partie, §17.

on a tort d'identifier celle-ci au symbole. Représenter, en effet, c'est « présenter une seconde fois » : la seconde présentation, nécessairement, ne peut se distinguer de la première (la seule réelle) que par son caractère figuratif, c'est-à-dire non réel. Et, dès lors, le rapport qui unit la seconde présentation à la première ne peut être que de ressemblance formelle, d'imitation [4]. Dans ce cas, l'opposition au signe est manifeste : c'est précisément parce que le signe « table » ne ressemble pas à la chose nommée qu'il la signifie et que nous devons le lire (saisir intellectuellement sa signification). Au contraire, le dessin de la table n'a pas de signification, il la représente, il en est le substitut ou le suppléant.

Certains, tel Gadamer [5], voient dans cette fonction de substitution la définition même du symbole. C'est impossible. Qu'est-ce, en effet, qu'un substitut représentatif? En tant que substitut, il jouit nécessairement d'indépendance et de suffisance par rapport au substitué, sinon il ne pourrait remplir son office de présentation seconde : il doit être lui-même pour être un autre. Deuxièmement, en tant que représentatif, il doit porter l'image de son modèle (un peu comme un valet porte la livrée de son maître), sinon il serait substitut indéterminé, ce qui est contradictoire. Par définition, un tel rapport mimétique ne peut être qu'externe : il concerne, non l'être du substitut, mais son paraître. Ainsi du portrait d'un homme célèbre : il le représente, il n'en est pas le symbole; ainsi surtout de toute allégorie (au sens de Gœthe). La représentation est donc, inévitablement, sinon un mensonge, du moins une fiction : un visage *n'est pas* de la toile colorée, la mort *n'est pas* un squelette. Là est la source de l'idolâtrie, et donc de l'iconoclasme.

Or le symbole ne vérifie aucun de ces caractères : il n'est ni substitut ni représentatif : ni substitut, car il n'est rien indépendamment de ce qu'il symbolise; ni représentatif, car le rapport qu'il soutient au symbolisé est *un rapport interne qui le constitue dans son être de symbole.* C'est d'ailleurs pourquoi un symbole *signifie* véritablement, c'est-à-dire, comme le signe, nous appelle et nous *conduit* vers autre chose que lui-même, tandis que la représentation vient vers nous et nous rejette vers nous-mêmes [6].

Mais quel est le mode de cette signification? Tous ceux qui ont eu affaire au symbole, notre histoire le montre, ont eu le sentiment de se trouver devant un mystère. Si une conclusion doit se dégager des occurrences que

4. Il pourrait être de pure convention, mais alors on retombe dans le signe.

5. *Vérité et méthode*, Seuil, 1976, p. 83. A vrai dire, Gadamer parle du symbole comme d'un substitut non figuratif; nous ne voyons pas alors ce qui le distingue du signe, par exemple du signe mathématique improprement appelé « symbole ».

6. Cela n'est pas sans rapport avec la perspective inversée de la peinture traditionnelle.

nous avons rencontrées, c'est celle de l'étrangeté du symbole. Il y a en lui quelque chose qui déroute la raison, l'inquiète et la « travaille » sans cesse, quelque chose d'irréductible au concept en même temps que de nourrissant et de rafraîchissant, une magie pleine d'espérance, la promesse ou l'imminence d'une fête de l'être.

C'est que le symbole réalise moins une présentation (seconde) qu'une présence. Le portrait n'est pas le visage, mais l'arbre « est » l'axe du monde, l'eau « est » la Possibilité universelle, le rocher « est » le Christ. Ce qui signifie que pour être présent dans notre monde corporel, *l'axis mundi* « devient » arbre, la Toute-Possibilité « devient » eau, le Christ « devient » rocher. Le symbole n'est donc pas un substitut représentatif, c'est un moyen de présence. Voilà très précisément ce que nous proposons d'appeler « fonction de présentification ». De même que l'âme est la « forme » du corps et donc que le corps, c'est l'âme rendue visible et présente aux êtres corporels, de même le symbole véritable, c'est le mode sous lequel l'Invisible symbolisé nous est rendu présent. Dans ce mode, il n'est pas présenté une seconde fois, il n'est pas substitué par une entité figurative – ce qui conduit à l'idolâtrie et donc à l'iconoclasme – mais il est simplement rendu présent *pour nous*. Il n'y a donc pas deux présences, l'une réelle, ailleurs, et l'autre irréelle, ici et en figure ; car il ne peut y en avoir qu'une et une seule, qui, en vérité, *est toujours là* : c'est nous qui lui sommes absents, et c'est nous qui lui sommes rendus présents par la médiation du symbole qui est, en lui-même, une « vue » – l'Inde dirait un *darshan* – sur la réalité archétypale. Mais qui dit médiation (ou *darshan*, perspective) dit « modalité ». Le symbole présentifie, mais nécessairement selon certaines déterminations et certains chiffres. Pas plus que le corps n'est le tout de l'âme (ni une partie), pas plus le symbole ne saurait être présentification totale – cette idée n'ayant aucun sens. C'est pourquoi il est toujours signe devant être déchiffré, lu et parcouru dans sa structure intelligible déterminée.

Ainsi, le symbole ne ment jamais. Entièrement dépendant du symbolisé dont il n'est que le prolongement sur le plan de sa manifestation, il ne l'imite pas selon un rapport de similitude formelle, mais il le signifie selon un rapport interne, conformément aux lois et aux exigences de son propre plan de manifestation, en vertu d'une correspondance ontologique où s'exprime l'unité essentielle de tous les degrés de l'existence universelle. Réciproquement, en présentifiant son archétype, il nous rend présents à lui et, par là, nous transforme.

C'est qu'en effet le symbole requiert de nous, toujours, une conversion du regard spirituel : rompre avec la conscience ordinaire qui ne perçoit des entités corporelles que leur extériorité séparative, afin d'entrer dans la relation interne qui les rattache à leurs archétypes et nous y conduit. En somme, un symbole est toujours une réminiscence et un appel. C'est pourquoi, comme un ferment, il « travaille » la pensée humaine. Signifiant par présentification, il nous fait entrevoir l'unité de l'intelligible (signification) et de l'être (présentification). Mais là est aussi la source de sa corruption. Faute de cette conversion, nous perdons de vue la relation interne de correspondance que soutient le symbole avec son archétype. Il se décompose alors, se transformant tantôt en pur signe, à la manière des algorithmes mathématiques, tantôt en pure représentation, à la manière des « allégories » ou même, ultime dégradation, de la « symbolique » psychanalytique[7]. C'est pourquoi nous avons parlé d'une tension qui fait osciller l'histoire du symbole entre ces deux pôles : signification et présentification. Nous pourrions en développer abstraitement la dialectique. Il vaut mieux nous approcher maintenant de l'essence même de ce dont la fonction symbolique n'est que la manifestation culturelle. Et, parce que seul le symbole sait nous parler du symbole, nous le ferons en méditant le symbole où cette essence se présentifie exemplairement.

---

7. Le psychiste démonique Jung pervertit le sens des symboles autrement mais aussi radicalement que le rationaliste Freud.

ARTICLE II

LE SYMBOLE DES SYMBOLES

Se proposer de désigner le symbole qui exprime l'essence du symbole, c'est aussi désigner le symbole par excellence, le symbole premier et fondamental dont tous les autres dérivent. Est-ce possible? Ne s'expose-t-on pas ainsi à soulever plus de difficultés qu'on n'en résout? Y a-t-il un symbole premier? Cette question exige deux réponses distinctes, selon que l'on considère ce qui est premier en soi ou premier pour nous. En soi et métaphysiquement le symbole premier, c'est celui avec lequel commence tout symbolisme, c'est-à-dire qui est tel que ce qu'il symbolise est au-delà de tout symbole. En ce sens, le symbole des symboles est symbole du non-symbole. Métaphysiquement, il ne peut s'agir que de l'Être lui-même comme symbole du « Non-Être », c'est-à-dire comme auto-affirmation principielle de la Réalité absolue et infinie se déterminant comme source ontologique créatrice et apparaissant aux créatures comme Être incréé.

D'autre part, toutes les productions émanant de cette Source ontologique, que ce soit les divers degrés de l'existence universelle (tous les mondes hiérarchiquement ordonnés) ou les conditions qui les déterminent respectivement et donc les distinguent, toutes ces productions sont nécessairement reliées au Principe qui les a posées dans l'existence, sinon elles cesseraient aussitôt d'être. La trace en elles de cette relation définit un « point ombilical » qui, relativement à tel monde ou à telle condition, joue le rôle de centre-origine, de principe (secondaire), pour eux-mêmes et pour tous les êtres qui s'y trouvent. Ainsi l'image du processus cosmogonique s'observe partout, reflétant la même continuité exemplariste et la même discontinuité ontologique. Il y a donc pluralité de « symboles premiers » (secondaires) selon que chacun d'eux exerce analogiquement, à l'égard de son domaine propre, la fonction que le Symbole ontologique (primordial) exerce à l'égard de la création.

Maintenant dans la mesure même où ce qui est premier pour l'homme, c'est ce qui lui est donné d'abord et le plus immédiatement, c'est-à-dire ce qui relève de l'ordre le plus élémentaire, le symbole premier « pour lui » appartient nécessairement au domaine le plus inférieur de l'existence, à la condition ultime en deçà de laquelle il n'y a plus du tout d'existence. Le symbole sera ici le premier symbole, celui avec lequel commence le symbolisme, parce que c'est avec lui que commence la possibilité d'un symbolisant. Ainsi le Symbole premier en soi trouve son analogue inverse dans le symbole premier pour nous : l'un définit la limite supérieure du symbolisme parce que

Ce qui est symbolisé n'est « en réalité » plus symbolisable (il n'y a plus de symbolisé) ; l'autre définit sa limite inférieure, parce que ce qui symbolise se distingue minimalement du néant (en deçà, il n'y a plus de symbolisant).

Relativement au monde terrestre et à l'ordre d'existence ainsi désigné, l'homme, image de Dieu, est lui-même symbole premier, symbole-synthèse et microcosme en qui se symbolise l'universel macrocosme. Mais relativement aux conditions qui définissent ce monde (la forme, la vie, la matière quantifiée, le temps, l'espace), c'est évidemment la dernière, l'espace, qui constitue la condition minimale d'existence, en deçà de laquelle il n'y a plus rien. C'est donc en elle que nous trouverons le symbole élémentaire premier, image du Principe créateur, centre-origine de l'extension spatiale : le point. Toutefois, le point géométrique peut être défini de deux manières distinctes et non réductibles : ou bien comme le principe qui, par son expansion rayonnante dans toutes les directions, génère tout espace possible, ou bien comme le terme limite de sa concentration évanouissante. Ou encore : le point engendre la droite qui engendre le plan qui engendre le volume; à moins que le plan ne résulte de l'intersection de deux volumes, la droite de l'intersection de deux plans, le point de l'intersection de deux droites. Ces deux modes d'approche du principe de l'espace, lesquels expriment la nature-limite de ce principe (il est et n'est pas *dans* l'espace) reflétant ainsi la continuité-discontinuité du Principe créateur relativement à la création – ces deux modes d'approche exigent une double représentation : celle de la sphère ou du cercle, image du point, et celle de la croix qui le signe. Tel est, selon nous, le symbole des symboles, le symbole fondamental.

Or, la figure à laquelle nous aboutissons ainsi, celle d'un cercle divisé en quatre par deux diamètres perpendiculaires, qui correspond d'ailleurs à *la figure du Paradis terrestre* telle que la Bible nous la décrit, avec ces quatre fleuves cardinaux et donc à *la première image de ce monde*, c'est aussi la figure du *symbolon* au sens originel du terme : savoir, une tessère, un jeton, un anneau *brisé*, qui permettait à son possesseur de reconnaître, par ajustement des parties, le porteur de la moitié complémentaire (ou des quarts complémentaires) en sorte que fût attestée la préexistence du pacte qui les unissait et rendue possible sa restauration [1]. Mais si tel est le sens propre du *symbo-*

1. Cette pratique du *symbolon* a persisté à travers les âges. A. Didron, dans sa curieuse et monumentale *Iconographie chrétienne. Histoire de Dieu*, Imprimerie Royale. Paris, 1843, p. 291, reproduit un sceau circulaire en argent, du Mont Athos, coupé en quatre parties égales appartenant à chacun des quatre moines qui gouvernent le couvent pour un an. Pour authentiquer les procès-verbaux des délibérations, la réunion des quatre parties du sceau est nécessaire. En 1839, A. Didron fut témoin de son usage.

lon, on voit combien il est convenant pour exprimer son sens figuré, celui du symbole. C'est précisément en méditant sur ce *symbolon,* signe de reconnaissance en forme d'anneau brisé, que nous allons voir se développer les caractères fondamentaux de l'essence du symbole.

ARTICLE III

LE SYMBOLE DANS LE SYMBOLE

Nous sommes donc renvoyé à notre point de départ, c'est-à-dire à cet objet matériel auquel les Grecs donnaient le nom de *symbolon,* et qui, « perdant son sens propre », devint, nous dit-on, la métaphore d'une classe mystérieuse de signes : les symboles. Et de fait, si nous suivons attentivement les enseignements que nous révèle l'observation du *symbolon* et qu'il nous « donne à penser », nous verrons en même temps se dessiner l'essence du symbole dans toute son étendue. Du *symbolon* au symbole; parler de l'un c'est connaître l'autre, tant il est vrai que le *symbolon* est déjà un symbole, c'est-à-dire qu'il n'y a jamais de sens propre et radical, et que le sens est toujours et déjà symbolique.

Considérons donc un *symbolon,* objet de terre cuite ou de métal, par exemple un anneau brisé. La partie visible et restante de cet anneau, ce que nous pourrions appeler son être vestigial, se donne elle-même à voir comme la partie présente d'un tout absent. Non point simplement comme elle-même, ainsi que le font les objets corporels, d'ordinaire, mais elle se donne à voir comme témoin d'autre chose, dont elle n'est elle-même qu'un fragment Elle est donc très exactement un signe, puisque l'être du signe est d'être là pour un autre. Toutefois cet être vestigial et fragmentaire qu'est l'anneau brisé, n'est pas signe en vertu d'une propriété extrinsèque qui lui serait conférée de l'extérieur; il est signe en vertu de sa nature même. C'est sa forme véritablement inachevée qui se prolonge invisiblement en dessinant l'image absente, seule capable de restituer au fragment sa totalité perdue. L'être vestigial et fragmentaire de l'anneau brisé est ainsi quelque chose de ce dont il est le témoin. Et si l'on renverse la perspective et qu'on parte de l'invisible, on pourra considérer la moitié vestigiale de l'anneau comme la partie visible d'un cercle caché, comme le prolongement dans le monde de la perception de quelque chose qui le dépasse. Il est d'ailleurs très convenant qu'il s'agisse en l'occurrence d'une portion de cercle, puisque l'arc de cercle est la seule courbe qui détermine nécessairement la figure géométrique complète, en sorte qu'un cercle est entièrement défini par le moindre fragment de circonférence, à condition, évidemment, de *savoir* qu'il s'agit d'un fragment de cercle.

Tel est le *symbolon,* dans sa réalité physique. Ni présence pure, ni pure absence. Pure absence, il n'existerait pas et ne pourrait faire signe. Pure présence, il serait la réalité même et tout serait déjà donné. Ces deux aspects du *symbolon* sont donc dialectiques. Dans sa réalité présente, il est habité constitutivement par une absence qu'il rend présente d'une certaine manière; faire voir ce qu'on ne voit pas, c'est-à-dire faire voir *d'abord* qu'il y a quelque chose qu'on ne voit pas et dont, sans lui, nous n'aurions pas conscience, voilà le rôle du *symbolon*. Mais, inversement, cette absence n'est pas la négation pure et simple de cette présence; au contraire, elle la fonde et l'accomplit, elle lui donne son sens et sa réalité, puisque la présence vestigiale et fragmentaire ne révèle sa véritable nature qu'à la condition d'être complétée, totalisée, intégrée dans la perfection de la figure invisible.

On s'en aperçoit, la description la plus élémentaire du *symbolon* dans son être vestigial est déjà porteuse d'un riche enseignement sur le symbole comme signe sacré. C'est précisément pourquoi la thèse étymologiste est à la fois irréfutable et incomplète; elle oublie même l'essentiel. Pour que les deux moitiés du *symbolon* puissent remplir le rôle qu'on leur fait jouer, il faut d'abord que l'anneau complet et originel soit considéré comme le symbole qui lie entre eux deux hommes ou plus. Le *symbolon* présuppose le symbole. L'anneau matériel entier symbolise lui-même un pacte invisible et antérieur, qu'il faut bien dire de nature « intentionnelle » [1], et que nul ne saurait voir. Et s'il peut symboliser ce pacte, c'est en vertu de sa forme propre, et donc parce que, en dernière analyse, il s'identifie à ce pacte, qu'il *est* le pacte devenu bijou d'or ou d'argent. Mais ce n'est pas tout; tout intentionnel qu'il soit, le pacte est lui aussi un symbole, celui de cette unité perdue que les hommes, incomplets et séparés, cherchent à reconstituer. Platon ne nous a-t-il pas appris que chacun de nous est un symbole d'homme qui cherche son symbole? [2] Si bien qu'en fin de compte c'est à l'unité archétypique que nous sommes reconduits.

En somme, tout se passe comme s'il y avait deux « compléments » invisibles du *symbolon*, l'un matériel, l'autre spirituel (ou intentionnel). La fonction du premier, nous l'avons dit, c'est d'abord de nous apprendre que nous avons affaire à un symbole, c'est-à-dire à un être vestigial, et c'est seulement sur la base de ce savoir que nous pouvons passer à l'autre complément, qui n'est plus « moitié » physique, mais achèvement et perfection métaphysiques. Cette « double articulation », l'une étant la médiatrice de l'autre, est spécifique du symbole. Elle signifie qu'un symbole n'est pas une unité close, fermée sur elle-même, mais une unité multiple, vibratoire, résonnante; autrement dit, tout symbole véritable entrant en résonance avec lui-même se symbolise lui-même d'une certaine façon et présente une structure har-

1. Terme scolastique qualifiant l'acte par lequel l'esprit *tend vers* un objet, c'est-à-dire pense et connaît.

2. Cf. *supra* p. 23.

monique. Ainsi du corps humain, chez Platon, dont les trois parties (ventre, poitrine, tête) symbolisent bien les trois parties de l'âme (désirante, affective, intellective), mais dont la dernière, la tête (bouche, nez, front) symbolise l'homme tout entier; le corps dans le corps, l'homme dans l'homme, le symbole dans le symbole. Le symbole est donc toujours de structure scalaire, analogique, rythmique. Il y a toujours en lui un manque et un surplus, dont l'un exige un complément et dont l'autre amorce un dépassement, à l'instar de ces partitions irrationnelles (tel le rapport du côté du carré à sa diagonale) dans lesquelles l'unité de mesure n'est jamais commensurable à la grandeur que l'on veut mesurer; elle est toujours trop grande ou trop petite. Car le symbole est mesuré par l'archétype qui se présentifie en lui, et finalement par l'Un lui-même, Archétype suprême. Et, plus encore, il *est* cette mesure en tant que telle [3], c'est-à-dire l'Un-dans-le-multiple, cet Un qui, à la fois, manque à toute multiplicité et l'embrasse de toutes parts.

C'est pourquoi le *symbolon* symbolise adéquatement le symbole en général, puisqu'il manifeste par son incomplétude visible, son manque physique, l'incomplétude essentielle, le manque métaphysique de toute réalité manifestée. Il nous signifie cet inachèvement et nous éveille à sa conscience. Un symbole peut nous apparaître éventuellement comme un tout achevé; une rose, une étoile, un triangle, un cercle. En réalité, dans son être symbolique, il est ouverture et appel vers l'Invisible comme à ce qui l'accomplit, l'unifie et le réalise. L'anneau du monde corporel a toujours tendance, sous nos yeux, à se clore sur lui-même et à nous enfermer en lui. Chaque symbole sacré est le lieu où cet anneau se rouvre, révèle sa brisure et nous offre délivrance de la menaçante finitude.

Est-ce là tout ce que nous enseigne le *symbolon?* Assurément non. Jusqu'ici nous l'avons principalement considéré dans sa nature physique, laquelle, on l'aura compris, rend raison de la fonction présentifiante – en même temps d'ailleurs qu'elle implique une ontologie dont nous ne pouvons traiter ici. Il faut maintenant prendre en compte sa nature intentionnelle, selon laquelle il est signe d'un pacte. C'est elle, évidemment, qui rend raison de la fonction signifiante, – en même temps qu'elle nous renvoie à une « noétique », ou théorie de la connaissance symbolique, dont nous ne pouvons davantage traiter.

Dans cette nature intentionnelle, le *symbolon* atteste et fait connaître l'existence d'un pacte antérieur, au cours duquel il a été convenu de conférer à l'anneau la valeur de signe du pacte, chaque moitié faisant preuve que le

3. C'est pourquoi le « nombre » est symbole.

pacte fut scellé et qu'il demeure en vigueur. En tant que tel, le *symbolon* peut être dit signe mémorial, ou encore signe traditionnel; il est tourné vers le passé et perpétue l'origine. Il est clair, en effet, que cette valeur mémoriale ne saurait être connue par le seul examen de la forme sensible du *symbolon.* La simple observation de l'anneau peut bien apprendre à son possesseur qu'il est signe de quelque chose, mais il aura beau le tourner dans sa main, il ne pourra deviner de quoi cette moitié d'anneau est le mémorial, à moins que la tradition ne l'informe ou qu'elle ne lui enseigne la signification des ornements qui peuvent éventuellement le décorer. Au demeurant, ce que l'examen le plus attentif de l'anneau ne saurait lui révéler, c'est pourquoi cet anneau est précisément dans sa main, pourquoi il en est justement le possesseur. Or cela aussi doit avoir un sens, puisqu'un signe d'alliance concerne essentiellement des personnes. L'anneau n'a pas seulement une signification *en soi,* il a aussi et nécessairement une signification *pour quelqu'un.* Or il n'y a aucun autre moyen de connaître cette signification personnelle que de *faire confiance* à la tradition (la parole des Anciens) qui nous en livre le savoir. En fin de compte, le fondement de cette signification, c'est donc l'autorité de celui qui l'a conférée à l'anneau, établissant ainsi la convention dont il est la preuve.

Comprenons bien de quoi il s'agit. Ce n'est pas la capacité du *symbolon* à signifier l'alliance qui est en question. L'anneau brisé symbolise cette alliance en vertu de sa nature même, et c'est bien en vertu de cette nature que l'Autorité l'a choisi, et non point de manière arbitraire. Mais cette alliance ne serait en quelque sorte l'alliance de personne, si l'Autorité légitime n'avait décidé de lui conférer la *valeur* de signe mémorial pour son possesseur. L'Autorité traditionnelle ne crée pas la signification symbolique de l'anneau, elle ne l'invente pas, elle la rend actuelle, c'est-à-dire qu'elle la relie à l'actualité d'une existence humaine, une telle relation ne pouvant elle-même résulter que d'un acte. En d'autres termes, l'intervention d'une Autorité légitime qui *institue* la valeur du signe est nécessaire dès qu'il s'agit de passer de l'ordre des choses à l'ordre des hommes et d'établir une relation de l'un à l'autre. Cette signification institutionnelle ne peut être transmise que par la parole accompagnée éventuellement de l'écriture. Avec l'anneau brisé le possesseur transmettra à ses descendants l'enseignement qui en spécifie la valeur, pour qu'eux-mêmes, à leur tour, le transmettent à leurs successeurs. Si la transmission orale s'interrompt, la valeur du *symbolon* est irrémédiablement perdue. Tel est le *symbolon* comme signe mémorial.

Mais il est encore un troisième caractère que révèle la méditation du *symbolon.* Le symbole vestigial nous a conduit au symbole mémorial; celui-ci maintenant nous conduit au *symbolon* comme signe de reconnaissance, ce que nous appellerons le symbole « recteur ». C'est en tant que « recteur » que le symbole réalise l'unité des fonctions présentifiante et signifiante et c'est lui d'ailleurs qui nous renvoie à une « rituélique » du symbole, c'est-à-dire à une théorie du symbole comme rite, dont nous ne dirons rien ici [4].

Ce troisième aspect de l'essence du symbole est le plus méconnu, c'est aussi le plus important, dans la mesure où l'agir rituel conjoint l'être et le connaître symboliques, et donc accomplit la promesse et l'injonction qui sont inscrites dans la nature même du symbole. Et en effet, le *symbolon* ne nous fait pas seulement connaître l'existence « invisible » du pacte antérieur dont il est la présentification et le mémorial, il nous invite aussi et nous appelle, en tant que symbole recteur, à retrouver l'autre moitié de l'anneau et nous oriente dans la *direction* de sa reconstitution future. Dans cette fonction rectrice de reconnaissance jouent à la fois la forme concrète, l'être vestigial du *symbolon,* et sa signification traditionnelle, sa valeur mémoriale. La tradition nous enseigne de quel pacte il s'agit, de quelle unité il est le signe; mais la forme concrète, comme une pierre de touche, discrimine entre la vraie et les fausses réunifications, éprouvant comme mensongères ou illusoires toutes les moitiés qui prétendent à la restauration de l'unité perdue sans pouvoir s'ajuster à la moitié restante. C'est donc l'être vestigial, la forme concrète qui prouve et confirme la tradition, tandis que la tradition révèle et signifie l'être vestigial. Tant qu'on demeure dans la simple connaissance que nous enseigne le signe mémorial, on doit se contenter d'une assurance anticipative, autrement dit d'une *foi.* Cette connaissance traditionnelle nous donne bien le sens de l'être vestigial du *symbolon.* Mais la preuve que l'herméneutique qu'elle nous propose est vraie ne sera fournie que le jour où cet être vestigial rencontrera la moitié qu'il attend, dans *l'espérance,* et dont il porte en creux l'exact ajustement. Maître de notre destinée spirituelle, le symbole recteur nous entraîne à l'accomplissement de toute l'histoire humaine, il nous conduit au Jour des Noces éternelles, lorsque l'Un lui-même passera au doigt de ses élus l'anneau de son *Amour.* En fin de compte, c'est ici l'homme même qui devient symbole, s'identifiant au rite qu'il accomplit sous la direction du symbole, et s'intégrant par là même au « rassemblement » *(symbolon)* de toute la création dans l'embrassement de l'Un.

4. Ontologie, noétique, rituélique, telles sont les trois parties constitutives de la métaphysique du symbole que nous exposerons peut-être quelque jour.

Ainsi le symbole nous apparaît dans toute l'ampleur de son essence. Il est cette « moitié » de réalité, cet anneau brisé que l'Invisible a déposé dans nos mains comme signe de reconnaissance, comme gage de notre élection, comme promesse de notre salut, à la fois mémorial et prophétie, qui nous éveille à la connaissance originelle et nous guide vers la réalité ultime.

Toutes les religions du monde tiennent ici le même langage et donnent le même enseignement. L'Évangile nous révèle que « Marie conservait toutes ces paroles, les rassemblant (*sumballousa*) dans son cœur ». Le Christ donne aux Apôtres, après la multiplication des pains, l'ordre de « rassembler les restes » (en quoi Jean Scot voit le sens ésotérique des Écritures). Lui-même rassemblera « les élus des quatre vents », restaurant en chacun le véritable Adam mutilé et dispersé par le péché originel, l'homme symbole de Dieu [5]. Mais déjà Dieu déclare à Noé; « J'ai placé mon arc dans la nue, et il deviendra un signe d'alliance entre Moi et la terre ». De même le *Bhâgavata Purâna* nous révèle que le *Veda*, l'ambroisie descendue du Ciel, a été apporté aux hommes par Dhavantari, c'est-à-dire; « Celui qui se tient au milieu de l'arc-en-ciel » [6], à quoi fait écho l'*Illiade* qui nous apprend que l'arc d'Iris est un « signe mémorable aux hommes que Zeus imprima dans les nues » [7]. Cet arc-en-ciel, cet anneau de lumière qui environne la *Merkaba* dans Ezéchiel, c'est la mandorle qui entoure le trône du Christ aux tympans des églises. Mais ce *symbolon* céleste, signe révélateur du pacte primordial qui est au fondement de toute religion, est aussi celui qui signe et scelle la restauration de la nature divine dans les créatures; nimbe de la sagesse bouddhique et des dieux romains, auréole des saints chrétiens, noble turban de l'Islam, et jusqu'à la rayonnante coiffure du guerrier Peau-Rouge.

En vérité l'orbe du symbole entoure toute chose : il est l'irradiation de la gloire divine.

---

5. Mt. XXIV, 31. Une tradition, reprise et développée par S. Augustin *(Homélies sur l'évangile de Jean,* IX, 14), fait en effet correspondre les quatre lettres A.D.A.M. aux initiales des noms grecs des points cardinaux : *Anatolè* (est), *Dusis* (ouest), *Arktos* (nord), *Mesèembria* (sud). Parcourus dans cet ordre, les quatre points cardinaux dessinent le chiffre 4; ce qui réfère aux quatre éléments, l'est correspondant à l'air, le couchant à la terre, le nord à l'eau et le sud au feu, selon les anciens. Le P. D. Cerbelaud, o.p., dans *Les cahiers de l'Abbaye de Sylvanes,* n° III, 1982, pense que cette tradition, que ni l'hébreu ni la Septante ne peuvent étayer, est d'origine judéo-alexandrine. Elle est fréquente au Moyen Âge.

6. Georges Lanoé-Villène, *Le Livre des Symboles,* Librairie Générale, 1935, t. I, p. 130.

7. *Iliade,* XI, 21.

La « croix-cercle » du symbole

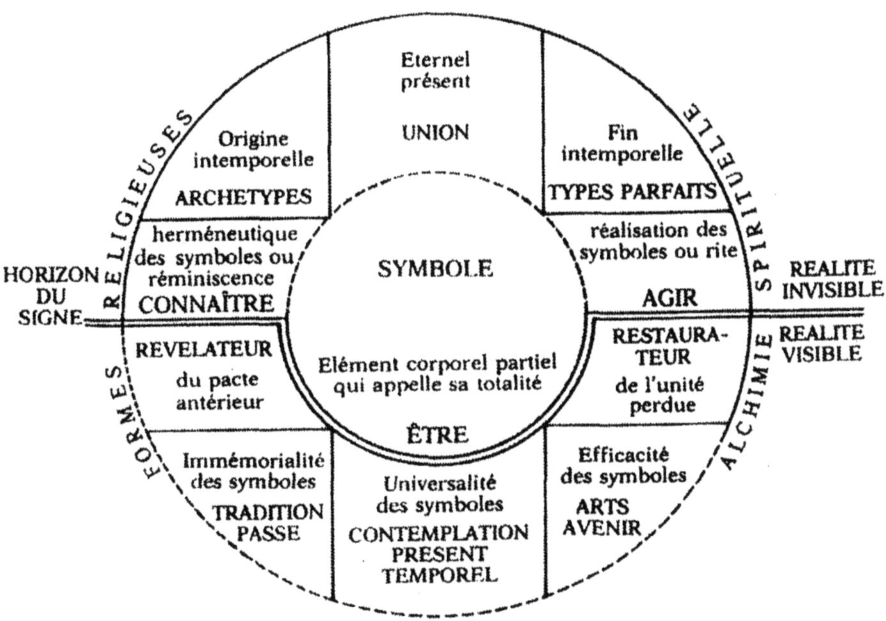

Le symbole est représenté par la moitié inférieure du petit cercle (double trait). Son horizon sépare les deux régions de la réalité. La moitié supérieure, qui est invisible (pointillé), semble compléter la moitié inférieure. Mais c'est l'inverse qui est vrai. D'où le grand cercle qui enveloppe le symbole de toutes parts. Sa moitié supérieure représente l'ordre des réalités intelligibles (trait plein). Toutefois, il est d'une certaine manière incomplet sans sa moitié inférieure qui exprime la nécessaire mais invisible immanence de l'Un dans le multiple. La clef de ce schéma est fournie par le principe de l'analogie inverse.

IIe PARTIE

ANALYTIQUE DU SYMBOLE SELON SA STRUCTURE

INTRODUCTION

Fonction et structure

Ainsi que nous l'avons rappelé en commençant, la définition d'un même objet peut répondre à deux sortes de considérations, selon qu'on envisage l'objet dans son essence métaphysique, ou selon qu'on l'envisage dans la structure fonctionnelle exigée par sa réalisation concrète à l'intérieur d'un ordre déterminé d'existence. En elle-même l'essence est indépendante de toute condition existentielle : elle est libre. Mais la réalisation concrète de cette essence entraîne la constitution d'une structure adaptée aux conditions d'un domaine déterminé d'existence, faute de quoi elle ne pourrait assurer la fonction dont elle a la charge, c'est-à-dire exercer l'action qu'implique sa nature, ou encore « être elle-même », *devenir* ce qu'elle *est*.

Il est toutefois important d'observer que nous avons parlé d'une structure fonctionnelle et non simplement de structure. C'est qu'en effet le point de vue de la structure ne peut être séparé de celui de la fonction, parce que l'une ne peut exister sans l'autre : la structure, c'est la fonction envisagée sous son aspect statique et « spatial »; la fonction, c'est la structure envisagée sous son aspect dynamique et « temporel ». La raison analytique et mécanicienne est pourtant encline à les dissocier, et à ne voir dans la fonction qu'un effet secondaire de la structure, un fonctionnement. C'est qu'une telle raison, prenant la machine comme modèle d'explication, aperçoit d'abord un dispositif ou un appareil matériel, aisément descriptible, dont l'organisation et l'articulation rendent compte des opérations qu'elle peut exécuter : expliquer, c'est décomposer un tout en ses éléments. Ce faisant, on oublie évidemment que la machine a été construite en vue de la fonction qu'elle doit remplir, et que c'est donc la fonction qui rend compte de la structure : elle est à la fois sa cause finale et sa cause formelle.

Cette indissociabilité de la structure et de la fonction se vérifie en tout domaine. En physique, la dualité de l'onde et du corpuscule se présente comme la double face, fonctionnelle (l'onde) et structurelle (le corpuscule) d'un même phénomène. En biologie, la distinction scolaire de l'anatomie et de la physiologie fait souvent oublier que l'appareil oculaire, par exemple, n'est que le mode corporel de la fonction visuelle : la structure anatomique de l'œil, non seulement est inintelligible en dehors de la fin qu'elle réalise, mais encore n'est pas autre chose que la vue elle-même se réalisant dans le corps, comme le prouve irréfutablement l'embryologie [1]. Dans les sciences du langage, il en va de même : on ne peut séparer la structure du signe linguistique de la fonction signifiante, pas plus qu'on ne peut séparer l'appareil symbolique de la fonction symbolique. C'est pourtant ce qu'entend faire le structuralisme, au nom même de la rigueur scientifique.

On objectera en effet que les considérations précédentes, pour intéressantes qu'elles soient, n'en relèvent pas moins de la philosophie, c'est-à-dire, aux yeux de l'objectant, d'un jeu spéculatif gratuit, qui ne subit pas les contraintes du réel, et qui, pour cette raison, ne dit rien non plus sur lui. Il est impossible d'avaliser un tel partage des rôles. La philosophie n'est rien si elle n'est pas connaissance du réel. Mais cette connaissance, qui est sa raison d'être, se différencie de la connaissance dite aujourd'hui scientifique selon la nature du rapport qui unit, de part et d'autre, le concept au réel.

Nous ne pouvons donc aborder l'étude de l'appareil symbolique selon les exigences de notre perspective, sans avoir d'abord réglé le conflit qui oppose la science aux « prétentions » de la philosophie. Sans doute un tel projet semblera-t-il d'une présomption exorbitante. Mais il ne s'agit pas de traiter des relations de la philosophie et de la science en général. Il s'agit de comparer la nature du concept philosophique à celle du concept scientifique du point de vue de leur rapport au réel. Cette comparaison doit nous mettre en possession d'un critère de la scientificité (toujours entendue au sens moderne du terme, c'est-à-dire « galiléen »), qui, définissant l'ordre de la science, dégage du même coup un espace où la philosophie est non seulement possible, mais encore nécessaire. C'est alors que nous pourrons traiter de l'appareil symbolique dans le cadre de la fonction qui le norme, sans qu'on puisse nous reprocher de mêler des considérations métaphysiques à des préoccupations de nature positive. Car, tout en admettant que la science puisse éventuellement se limiter à l'exploration analytique des structures observables – puisqu'il s'agit d'*une* dimension réelle de l'objet étudié – nous pensons que la connaissance véritable de la réalité exige bien davantage et que c'est précisément l'honneur de la philosophie que d'en avoir conscience.

---

1. Nous nous référons évidemment ici aux résultats des travaux de Ruyer, en particulier à ceux qu'il a établis dans *La genèse des formes vivantes*, Flammarion, 1958.

CHAPITRE IV

DU SIGNE SELON LA SCIENCE LINGUISTIQUE

ARTICLE I

LA FERMETURE ÉPISTÉMIQUE DU CONCEPT

« La science n'est qu'une langue bien faite ». Cette thèse condillacienne, souvent reprise, diversement commentée, n'est guère contestée, au moins dans ce qu'elle affirme. La science n'est peut-être pas seulement une langue bien faite, mais elle est certainement cela. Nous pensons que l'on peut considérer cette propriété comme le critère de la scientificité; la possibilité de formuler les connaissances relatives à un ordre de réalité dans une langue bien faite définit le seuil d'accès de ces connaissances au stade scientifique précisément entendu, c'est-à-dire au sens moderne du mot science (car il y a d'autres sens, mais qui relèvent d'une conception différente du savoir).

Section 1 *Cohérence du langage et cohérence de la pensée*

Il faut donc se demander en quoi consiste justement une telle possibilité. D'une manière générale, une langue exprime la pensée de celui qui parle afin de la communiquer à celui qui écoute. Il y a « bénéfaction » du langage, lorsqu'il y a correspondance parfaite (biunivoque, si l'on veut) entre l'expression et la communication; ce qui est communiqué et ce qui est exprimé sont identiques. Dans un tel langage, on sait exactement de quoi l'on parle et ce que l'on dit. Le concept que le locuteur exprime et celui qui est communiqué à l'allocutaire ont le même contenu.

Comment cette correspondance est-elle obtenue? Sous l'influence des sciences du langage, on a tendance aujourd'hui à réduire le concept au discours. Nous montrerons plus tard que cette réduction est impossible. Mais, de manière très grossière et avant toute autre considération, on peut constater que la pensée est une activité de nature psychique, tandis qu'il n'y a de langage que par articulation d'unités sonores. On pense « dans sa tête », on parle « avec sa bouche ». On peut évidemment aussi penser avec sa bouche et parler dans sa tête, mais cela ne change rien à la nature proprement psychique de l'activité pensante. Il est vrai que l'activité pensante soutient un rapport privilégié avec le langage puisqu'il a pour fonction de l'exprimer, c'est-à-dire de la soumettre aux règles limitatives et définissantes de sa structure propre. Le langage arrête et cristallise l'activité pensante en l'objectivant, c'est-à-dire en la transformant en objet. Il lui confère l'*achèvement* dont elle est susceptible. Toute expression langagière est donc une épreuve pour la pensée en acte, et, par conséquent, une aide et un critère de sa précision et de sa cohérence [1]. L'ordre du langage est en effet constitué d'unités discrètes (de différents niveaux : livres, parties, chapitres, articles, sections, paragraphes, phrases, mots, morphèmes, phonèmes, par exemple) qui s'articulent les unes aux autres selon des lois déterminées qui varient d'ailleurs en fonction des diverses langues. Ces unités et ces articulations s'imposent à la pensée qui consent à s'y exprimer comme un ordre relativement permanent et invariable. Elle ne peut en user comme elle veut, ainsi que l'y inviterait naturellement son propre dynamisme, si bien que l'art avec lequel elle se sert du langage lui permet de contrôler rétroactivement sa propre permanence et invariabilité, c'est-à-dire, au fond, sa non-contradiction. Tout, ici, est une question de possibilité. La pensée ne vérifie sa cohérence que si elle *peut* tenir un discours.

Mais évidemment ce n'est pas le discours qui constitue la cohérence de la pensée, comme l'affirme pourtant une bonne partie de la réflexion moderne sur le langage. Il n'en est que l'éventuel vérificateur. Le besoin que la pensée éprouve de s'exprimer est d'ailleurs fonction de la conscience qu'elle a de sa cohérence propre et, fondamentalement de sa certitude, c'est-à-dire de son objectivité, ou encore de son *ouverture* à l'objet Ce besoin est d'autant plus fort que cette certitude est plus faible [2]. Mais la cohérence de l'instrument de vérification n'est pas de même nature que la cohérence con-

1. L'expression écrite est une épreuve plus décisive que l'expression orale, mais, n'en déplaise à une certaine grammatologie, elle n'en diffère pas de nature (du point de vue qui nous intéresse ici). Dans certaines littératures orales, d'ailleurs, la parole est aussi fixée et canonique que l'écriture; c'est le cas non seulement pour la transmission « de bouche à oreille » de textes immenses comme le *Mahâbhârata* ou le *Râmâyana* « rédigés » oralement, mais encore pour un enseignement libre et spontané, comme celui de Rabbi Jeshoua, qui se coulait directement dans le moule de formes fixes, ce que le Père Jousse, dans des travaux décisifs, a appelé le *style* oral, le rythmo-mélodisme.

2. C'est ainsi par exemple, que l'on ne recourt à la formalisation logique que là où la complexité du domaine étudié excède les prises du concept. Partout ailleurs, c'est l'intuition qui précède, et l'exposé logique n'est qu'une mise en forme subséquente à l'usage du lecteur.

ceptuelle. La valeur de cohérence du langage résulte en fait de la stabilité quasi contractuelle des unités du discours. Les mots ne peuvent changer de sens tout le temps, locuteur et allocutaire doivent bien s'accorder sur leur stabilité, sinon, il n'y a plus de langage. Au contraire, la non-contradiction de la pensée ne saurait se définir uniquement comme un accord de la pensée avec elle-même, mais cet accord lui-même dépend nécessairement de l'accord de la pensée avec ce qu'elle pense, c'est-à-dire avec l'objet du concept. Le principe de non-contradiction est bien une exigence de la pensée, mais en tant que la pensée est essentiellement l'acte par lequel un objet est connu, c'est-à-dire en tant qu'elle est pensée de ce qui est et ordonnée à l'être. De ce point de vue, le principe de non-contradiction exprime donc une exigence de l'être. C'est dans la mesure où la chose est vraiment connue et saisie dans son essence, que la pensée comprend que la chose ne peut être autre qu'elle n'est et donc que le concept d'une chose (ou acte mental par lequel une chose est saisie) ne peut être identique au concept de son contraire. Mais il est bien évident que le concept d'une chose mal connue peut, sans contradiction, se transformer en son contraire. La pensée ne répugne pas, comme acte simplement psychologique, à la contradiction. Elle peut même s'y complaire. Il y a d'ailleurs des milliers gens qui se contredisent sans s'en apercevoir, et le plus grand des philosophes n'est pas à l'abri d'une pareille mésaventure. En fait, la pensée ne se sent contrainte par l'obligation de ne pas se contredire que dans la mesure où elle vise à penser l'être, dans la mesure où elle est *attention au réel.* C'est la relation de chaque concept au réel qui entraîne l'obligation de la non-contradiction des concepts entre eux. En dehors de cette orientation ontologique du concept, le principe de non-contradiction perd sa nécessité, et l'on ne saurait parler d'une cohérence purement formelle de la pensée[3].

On voit donc que la cohérence que le langage impose à la pensée diffère grandement de celle que lui impose l'ouverture à l'être. La première est formelle et extérieure, la seconde est ontologique et intérieure. Cela signifie que si la première est une cohérence contrôlée et contrôlable (plus ou moins selon la « perfection » du langage de contrôle), la seconde ne l'est pas. Dépendant de l'information du concept par le réel, qui ne se donne en fin de compte que par une intuition de l'esprit, elle échappe à tout critère externe. Ainsi que le dit Spinoza : *Verum index sui.* Or, cette intuition, qui n'est plus tout à fait de la pensée, parce que la pensée est mouvement tandis

3. C'est précisément pourquoi, en logique purement formelle, comme le prouve le corollaire du théorème de Gödel (1931) la cohérence ou la non-contradiction du discours logique n'est pas démontrable Elle ressortit donc, en fin de compte, à l'ordre de l'intuition.

que l'intuition est vision immédiate et contemplative, ne se produit pas nécessairement. Le travail de la pensée consiste seulement à ne pas l'empêcher, par son attente persévérante du réel, c'est-à-dire par l'ouverture du concept à l'être. Et ouvrir le concept à l'être, c'est, pour la pensée, accepter qu'il y ait un au-delà du concept, que *ce qu'*elle pense du réel, par le concept, n'épuise pas le réel, qu'il y ait, *pour elle,* une face cachée de l'être, d'où coule, en permanence le flux cognitif que le concept reçoit en sa prise et par lequel il est informé. Non que cette face cachée de l'être soit inconnaissable, mais sa connaissance exige une transformation du sujet connaissant, une conversion radicale de son intention spéculative, ainsi que l'explique Platon, dans le symbole de la Caverne, bref qu'on dépasse le plan ordinaire de la philosophie et de la pensée pour accéder à celui d'une véritable « gnose ».

Mais quoi qu'il en soit, il est clair qu'il ne faut pas confondre l'objectivité du concept avec l'objectivation du langage. Le concept n'est pas la « face » psychique d'une unité sémiotique que le langage découperait en quelque sorte dans la nébuleuse pensante, selon les articulations de sa propre structure. Ce que pense le concept, ce n'est pas un mot, c'est une chose, un objet, et c'est cet objet qui définit son objectivité[4]. Il en résulte une sorte de rapport inverse entre la cohérence du langage et celle de la pensée. En effet, plus la pensée est ouverte à l'être, moins elle est assurée de la pertinence de son discours et plus celui-ci lui paraît inadéquat. Que l'on songe à la parole de S. Thomas d'Aquin, quelques jours avant sa mort, déclarant au sortir d'une illumination qu'il avait reçue après avoir célébré le Sacrifice de la messe : « Par rapport à ce que j'ai vu, tout ce que j'ai écrit me paraît de la paille (*mihi ut paleae videtur*) ». Inversement, la cohérence formelle du langage peut être illusoire ou trompeuse puisqu'un syllogisme rigoureux est

---

4. La thèse, si souvent reprise aujourd'hui et à laquelle Benjamin Lee Whorf a donné une forme radicale, qui prétend que les objets du monde sont eux-mêmes distingués par le langage, est en fait insoutenable. D'une part, l'absence de mots distincts pour désigner des choses différentes (le vocabulaire des couleurs. *v.g.)* ne prouve pas qu'on les confond, pas plus que la présence de mots différents pour un même objet ne prouve qu'on en ignore l'identité *(v.g.* : le bois, la forêt); d'autre part, il faudrait parler de culture, plutôt que de langue : pour l'homme, il n'y a pas de nature sans culture, c'est vrai, mais la culture n'ordonne pas le monde à sa guise. Elle ne fait qu'en actualiser certains aspects, selon son type. Un exemple curieux est fourni par les prétendues sept couleurs du spectre solaire, alors qu'il n'y en a que six : trois fondamentales et trois complémentaires; l'indigo n'est qu'une nuance entre le violet et le bleu. Même Newton a commis cette erreur. C'est évidemment l'archétype culturel « sept » qui a déterminé la « distinction » de cette couleur indigo. Toutefois cette nuance existe bien, au même titre d'ailleurs qu'une indéfinité d'autres nuances (R. Guénon, *Symboles fondamentaux de la Science Sacrée,* Gallimard, p. 347).

faux si ses prémisses le sont. A la limite, le langage le plus rigoureux sera celui qui n'aura plus le moindre rapport à l'être. Une cohérence parfaitement contrôlable c'est en effet une cohérence qui ne dépend que de pures relations définissant entièrement les unités du discours. Si au contraire les relations découlent de la nature des concepts qu'ils signifient, c'est-à-dire du rapport des concepts à l'essence des choses, alors elle échappe à toute formalisation. Les mathématiques et plus encore la logique moderne s'efforcent de produire ce que nous avons appelé un langage de contrôle.

Section 2 La science achève le concept du côté de l'action

Nous pouvons maintenant répondre à la question que nous posions en commençant. Comment, demandions-nous, la parfaite correspondance de l'exprimé et du communiqué est-elle obtenue? Ou, tout au moins, comment peut-on espérer l'atteindre? Dans la mesure même où la science est une connaissance, il est clair qu'elle ne peut se réduire à un pur langage, même si l'on pense, avec l'École de Vienne, que la *possibilité* d'une traduction formalisée du discours scientifique, constitue le critère de sa cohérence. Il faut bien qu'elle fasse intervenir le concept, puisqu'elle a l'ambition de parler de quelque chose. C'est donc au niveau du concept que doit s'effectuer l'opération par laquelle le concept est arraché a l'indétermination (au regard de la pensée) qu'implique son ouverture à l'être. C'est précisément à propos de cette opération que nous parlons de la fermeture épistémique du concept : fermeture, parce qu'il s'agit d'écarter du concept tout ce qui pourrait en empêcher une définition exhaustive, et par conséquent de le fermer sur lui-même; épistémique[5], parce que cette fermeture est spécifique de la connaissance scientifique.

Ce n'est donc pas la réduction du concept au langage bien fait qui définit la science. Mais c'est l'acte par lequel le savant décide de renoncer à l'ouverture ontologique du concept, autrement dit, décide de renoncer à la connaissance éventuelle de l'essence des choses, car cette ouverture (caractéristique de la connaissance philosophique) implique un autre renoncement, le renoncement à l'achèvement conceptuel de la connaissance mentale. L'intention philosophique est en attente d'une révélation de l'essence; seule peut la combler la rencontre illuminante avec l'être même de la chose. Tel est le choix qui la constitue et qui entraîne pour elle une

5. Par « épistémique » nous désignons ce qui est relatif à la forme générale de la scientificité, tandis que « scientifique » désigne ce qui est relatif à la science envisagée dans sa réalisation effective.

incomplétude acceptée et vécue comme humilité spéculative. Réservant la part du supra-conceptuel, elle maintient cet inachèvement, au sein de ses plus rigoureux efforts de définitions, parce qu'il est le signe et la condition d'une exigence spéculative absolue. La philosophie est amour de la divine *Sophia*, c'est-à-dire de l'auto-révélation du Principe à Lui-même; elle est désir de la connaissance dont l'Absolu se connaît.

Pour donc que la connaissance puisse s'achever, il faut, ou bien que ce commencement noétique qu'est la connaissance conceptuelle disparaisse par absorption transformante de la forme conceptuelle dans son propre contenu transcendant (c'est la fin de la philosophie), ou bien que le concept trouve le moyen de se définir lui-même, c'est-à-dire de mettre un terme à l'acte mental qui le produit, et cela n'est possible qu'à la condition d'en faire le moment théorique d'une activité technique. Dans le premier cas, le concept ressortit bien à l'ordre de la connaissance, mais il disparaît dans son propre achèvement. Dans le second cas, il est maintenu comme concept, et même accède à la consistance des définitions exhaustives qu'implique toute instrumentalisation (les « idées » deviennent quasiment des choses mentales), mais il quitte l'ordre de la connaissance pour se soumettre à celui de l'activité technicienne. Au fond, le philosophe n'a jamais fini de penser, tant que sa pensée n'a pas trouvé son Maître dans cela même qu'elle pense. Le savant, lui, met fin à l'acte de sa pensée par décision technicienne, parce que l'activité pratique est cet au-delà même de la pensée à partir duquel il est possible de clore le concept comme étant précisément le concept *de* cette activité, Il n'y a, pour un être vivant, que deux moyens de cesser de penser : ou de contempler ou d'agir[6].

Section 3 *Deux illustrations de la fermeture épistémique du concept : Galilée et Saussure*

L'histoire des sciences modernes et contemporaines vérifie clairement le principe que nous venons de rappeler, et que l'on peut assurément exposer sous d'autres formes. Ce que l'on appelle l'apparition de la connaissance

6. La finalité propre de la science, c'est donc la technique, et non la connaissance pure. A. Comte l'a dit bien avant nous. Ce n'est point un reproche, c'est une constatation. La visée technicienne est constitutive de l'intention scientifique moderne : c'est son choix. La où se manifeste un intérêt purement spéculatif, il ressortit à la philosophie. Évidemment, il arrive que l'intérêt spéculatif coexiste dans un même individu avec la visée technicienne. On peut même ne pas avoir conscience de leur différence. Mais dès qu'on quitte l'ordre des intentions pour celui des effectuations, la confusion n'est plus possible, même si, dans sa pratique, la science est amenée à s'ouvrir sur des aspects du réel qui ne relèvent que de la connaissance.

scientifique se produit lorsque la science parvient à résoudre le problème suivant : comment réduire conceptuellement le phénomène dont on veut faire la science de telle sorte qu'on *puisse* ne tenir compte en lui que de relations pures, c'est-à-dire indépendantes des êtres en relation? Tant que les relations que les phénomènes soutiennent entre eux sont envisagées comme une conséquence de leur nature ou essence, la science demeure imprégnée de philosophie. Le jour, au contraire, où un homme plus « génial » que les autres, ou moins « philosophe », parvient à trouver le biais par où le phénomène sera légitimement considéré comme se réduisant à un réseau de relations, la science moderne existe dans son ordre propre.

Le cas de la physique galiléenne est à cet égard parfaitement exemplaire [7]. La mutation par laquelle on est passé de l'aristotélisme à la science, est une mutation conceptuelle. Ce n'est point essentiellement l'expérience qui contraint à renoncer à la physique du Stagirite, mais c'est bien plutôt l'abandon d'une philosophie du mouvement qui en recherchait la cause dans la nature des corps [8]. Pour Aristote, le mouvement est intelligible, il a un sens, par lui le mobile se réalise [9]. Dans cette perspective, le rôle de la physique, c'est précisément de rendre compte des apparences sensibles par la connaissance de l'essence des choses, et c'est pourquoi elle se subordonne des sciences mathématiciennes comme l'astronomie, qui se contentent de rendre compte du mouvement par des relations géométriques. « Il appartient à la théorie physique, écrit Geminus, d'examiner ce qui concerne l'essence du Ciel et des astres. Il n'appartient donc aucunement à l'astronomie de connaître quel corps est au repos par nature, de quelle qualité sont les corps mobiles ». Et c'est pourquoi seule la physique peut écarter l'hypothèse d'Héraclide du Pont, qui fait le soleil immobile tandis que « la Terre se meut d'une certaine manière » [10].

Tout au contraire, renonçant à saisir le sens du mouvement, Galilée le considère comme un *état* (il n'a donc plus besoin d'explication) et le déploie

---

7. Nous renvoyons en particulier aux travaux de Koyré (*Études galiléennes,* Hermann, 1966) et de Maurice Clavelin (*La philosophie naturelle de Galilée. Philosophie pour l'âge de la science,* Armand Colin, 1968).

8. Koyré, *op. cit,* pp. 12-17.

9. *Ibidem,* pp. 20-21; Clavelin, *op. cit.*, p. 23 : « chaque être concret (pour Aristote), est constamment disposé, de l'intérieur pour ainsi dire, à d'éventuels changements ».

10. Ce texte de Geminus, astronome grec du Ier siècle av. J.C., est cité par Simplicius, *In Aristolelis physicorum libros quattuor priores commentaria,* éd. Diels, Berlin, 1882, pp. 291-292, d'après la traduction de P. Duhem, *Sôzeïn ta phaïnomena. Essai sur la notion de théorie physique de Platon à Galilée,* Paris, 1908, pp. 9 sq. Cette question est traitée amplement dans *La crise du symbolisme religieux.*

dans un système abstrait de coordonnées spatio-temporelles dépourvues de toute organisation hiérarchique. Le biais par lequel s'opère la fermeture épistémique du concept de corps (qui se trouve réduit à son centre de gravité et défini désormais par la notion de « point matériel ») n'est donc pas tant un processus d'abstraction qui ne retiendrait que certains caractères de l'objet empirique et en rejetterait d'autres, qu'un processus de construction, par lequel Galilée définit un « corps idéel » [11]. Il y a ainsi identité de nature entre le concept et son objet puisque celui-ci est aussi un concept, alors que dans la connaissance philosophique le concept n'est que le moyen par lequel l'objet est connu : essentiellement transitif, il demeure ainsi ontologiquement ouvert. L'univers galiléen est donc un univers d'objets-concepts qui se meuvent eux-mêmes dans un espace-temps conçu. La géométrisation de l'espace entraîne la déchéance de toute distinction qualitative. « Quant à moi, écrit Galilée, n'ayant jamais lu les chroniques relatives à la noblesse particulière des figures, j'ignore lesquelles sont plus ou moins nobles, plus ou moins parfaites; mais je crois que toutes par un côté sont anciennes et nobles, ou, pour mieux dire, qu'en elles-mêmes elles ne sont ni nobles, ni parfaites, ni viles, ni imparfaites, sinon dans la mesure où je considère que les corps carrés sont plus parfaits pour bâtir que les corps sphériques, mais les corps circulaires plus parfaits que les corps triangulaires, pour faire rouler un char » [12]. Une telle affirmation, inintelligible pour un esprit symboliste, met bien en évidence que c'est l'action et l'utilité technique qui *détermine* les différences qualitatives d'un monde corporel par ailleurs entièrement neutre, et confirme donc ce que nous disions précédemment. C'est le monde comme lieu de l'action technicienne qui constitue la seule référence ontologique du concept épistémique. Mais, comme nous l'avons vu, cette référence loin d'ouvrir le concept, implique au contraire sa fermeture : il faut que le concept soit *terminé* pour qu'il puisse servir de moyen d'action [13]; il faut qu'il soit ouvert pour servir de moyen de connaissance.

---

11. Koyré, *op. cit.*, pp. 77-78.

12. *Saggiatore*, t.VI, p. 319, *Opere di Galileo Galilei*, edizione nazionale, 20 volumes, publiées par A. Favaro, Florence, 1890-1909 (Clavelin, p. 218).

13. Koyré écarte le souci technique comme cause possible de la naissance de la science *(op. cit.* p. 12). Au sens ordinaire du terme, il a tout à fait raison : le souci technique ne préexiste pas à une démarche scientifique dont il serait la cause. Au demeurant, le Moyen Âge a connu un extraordinaire progrès technique, sans apparition de scientificité (Jean Gimpel, *La Révolution industrielle du Moyen Âge*, éd. du Seuil, 1975). Mais que le souci « technicien » (c'est-à-dire mécaniste) soit contemporain et constitutif du point de vue scientifique comme tel, c'est ce qui nous paraît peu contestable.

Nous conclurons en citant ces lignes de M. Clavelin : « Aussi éloigné de la spéculation *a priori* que de la simple description, Galilée s'efforce [...] d'élaborer un système conceptuel où la nécessité rationnelle remplace délibérément la causalité physique. [...] Si aucun problème, après Galilée, n'est plus ce qu'il était avant lui [14], la raison, pour une large part, s'en trouve dans une redéfinition de l'intelligibilité scientifique ainsi que des moyens propres à en assurer la réalisation; [...] A travers l'œuvre galiléenne, c'est bien la conception que l'on avait depuis vingt siècles de la rationalité scientifique qui change brusquement de visage » [15].

Nous ne prétendons nullement, dans les considérations présentes, élaborer une théorie de la science. D'une part, il y a nécessairement du contingent dans l'histoire des sciences. D'autre part, la théorie de la fermeture du concept est descriptive, non pas explicative, il ne suffit pas de fermer un concept pour faire de la science. Toute pensée systématique s'en révèle capable, et la philosophie elle-même lorsqu'elle dégénère en système. Sinon, d'ailleurs, la théorie de la science pourrait produire de la science, ou encore donnerait la recette par laquelle toute connaissance pourrait devenir scientifique. C'est évidemment une illusion. Il n'y a scientificité d'une connaissance que lorsqu'est trouvé le biais légitime, le point de vue sous lequel il sera possible de procéder à la fermeture du concept. Nous disons scientificité – et non science, car il ne s'agit même pas nécessairement de l'entrée dans le domaine de la connaissance exacte, le premier pas dans la scientificité pouvant comporter encore bien des erreurs et des approximations. Galilée en est une bonne illustration : s'il fait accéder définitivement la physique à la scientificité, il s'en faut que ses propres résultats soient toujours incontestables. Inversement, l'humanité ne l'avait pas attendu pour être en possession d'un savoir exact, comme le montre l'astronomie antique. Au reste, tout cela est bien connu [16].

Mais il était donné à notre époque d'assister à la naissance d'une nouvelle science, ou, plus exactement, à l'entrée dans le domaine de la scientificité galiléenne d'un nouveau champ du savoir : celui de la linguistique. Cette

14. Nous ajouterons : dans le domaine scientifique.

15. *Op. cit.*, p. 389.

16. Il n'est d'ailleurs pas certain non plus que la scientificité galiléenne ne doive faire place à un autre type d'intelligibilité. Ce pourrait être précisément le cas de la physique contemporaine. Il est frappant de constater par exemple qu'Einstein, en abordant l'exposé de la Relativité commence par s'interroger sur la *Vérité* des concepts physiques, c'est-à-dire sur leur rapport à la réalité physique, et combien ses raisonnements « naïvement réalistes et physicistes » auraient paru surprenants à un Laplace; cf. *La Relativité*, Petite Bibliothèque Payot, 1975, pp. 7-14.

naissance s'est également effectuée par le passage d'un concept ouvert du langage à sa fermeture épistémique. L'intérêt de cet événement, c'est que nous en sommes contemporains, que nous pouvons donc en constater par nous-mêmes le processus et les effets.

Le savoir linguistique n'a évidemment pas attendu Saussure pour se constituer. Ni en Occident, ni surtout en Orient, puisque la grammaire hindoue avait déjà atteint un très haut degré de perfection au moment où paraît l'*Ashtâdhyâyî* de Pânini (600 ans avant J.C.) qui résume certainement des travaux beaucoup plus anciens [17]. Mais, outre que c'est précisément la connaissance non seulement du sanscrit, à la fin du XVIIIe siècle, mais encore de la grammaire hindoue qui bouleverse l'étude du langage en Occident et donne naissance à la linguistique historique et comparative, il faut bien reconnaître que cette linguistique ne dispose pas encore d'un concept fermé de son objet qui lui permettrait d'accéder à la scientificité. Le concept de langue est au contraire ouvert à l'inexhaustivité réelle d'un objet qui semble s'offrir sous les aspects les plus divers : révélation divine, création de la nature, œuvre de l'histoire, expression de la nature humaine, mécanisme psychologique, déterminisme biologique, évolution philologique, etc. Le génie de Saussure c'est précisément d'avoir trouvé le biais par où une linguistique scientifique est possible, c'est-à-dire dans laquelle les lois qui régissent la langue ne sont plus des propriétés découlant du fond mystérieux du langage, mais des relations purement positionnelles, dépourvues de substance. Et ce biais consiste bien à se donner un concept fermé de la langue, à opérer la fermeture épistémique du langage; c'est-à-dire à produire un concept dans lequel n'intervienne aucun autre élément que ceux qu'on peut considérer en lui. C'est pourquoi, même si la fameuse définition qui termine le *Cours de linguistique générale* [18] (« la linguistique a pour unique et véritable objet la langue envisagée en elle-même et pour elle-même »), n'est pas de Saussure, elle exprime cependant parfaitement la clôture du champ épistémique de la linguistique, condition nécessaire à son traitement scientifique. Elle n'est que la formulation conclusive de ce que le *C.L.G.* établit à son tout début, lorsqu'il distingue la langue du langage et qu'il la pose comme « un tout en soi » [19]. Il n'y a, au fond, aucune différence entrer Galilée « réduisant » épistémiquement le corps au point matériel et Saussure « réduisant » épistémiquement le langage

17. R.H. Robbins, *Brève histoire de la linguistique de Platon à Chomsky*, trad. de M. Borel, Seuil, 1976, pp. 139-156.

18. Nous utiliserons l'édition critique préparée par Tullio de Mauro, Payothèque, 1972, 509 pages ; le titre sera abrégé en *C. L. G.*

19. *Op. cit.* p. 25.

et la parole au système de la langue. Reprocher à cette conception son exclusivisme équivaut à sous-entendre que le concept épistémique n'est pas différent du concept philosophique, c'est attribuer au concept saussurien de la langue une valeur « réaliste » excluant donc toute autre philosophie du langage (rôle de la société, etc.). Mais, à bien considérer l'intention de cette conception, elle n'est pas (ou presque pas) une théorie *sur* le langage qui combattrait une autre théorie, puisqu'elle n'affirme rien (au moins en principe) sur sa nature ou son essence métaphysique[20].

Il suffit d'ailleurs de relire les pages que Saussure consacre à la recherche de *l'objet* linguistique pour s'apercevoir qu'à ses yeux le problème se ramène à l'alternative suivante : ou bien on veut garder en linguistique le tout du langage, et alors « l'objet de la linguistique nous apparaît comme un amas confus de choses hétéroclites sans lien entre elles, à cheval sur plusieurs domaines », ou bien on se place « sur le terrain de la langue », on la prend « pour norme de toutes les autres manifestations du langage »[21], et alors la linguistique possède un objet précis, la langue comme « système de signes exprimant des idées »[22]. Tant il est vrai que : « Non seulement la science de la langue peut se passer des autres éléments du langage, mais elle n'est possible que si ces autres éléments n'y sont pas mêlés »[23].

Ce faisant, et pour obéir à l'exigence épistémique, Saussure est conduit à n'envisager le langage que sous son aspect structurel. A vrai dire le terme de structure, sauf erreur, ne se trouve pas dans le *C.L.G.* Saussure parle plutôt de système, nous l'avons vu, ou de mécanisme[24]. Mais il exprime très clairement la conception du signe qu'entraîne le point de vue saussurien, et dont nous allons précisément examiner la validité du point de vue philosophique, dans un instant, dès que nous aurons formulé les conclusions générales qui se dégagent de nos analyses.

Section 4 L'ouverture spéculative du concept philosophique

Les deux exemples que nous venons d'évoquer illustrent d'une manière frappante la notion de fermeture épistémique du concept. Chacun d'eux

20. En fait, évidemment, la neutralité philosophique du concept épistémique est plus apparente que réelle. La linguistique saussurienne a donné naissance au structuralisme. Par ailleurs, on peut légitimement récuser telle fermeture épistémique du concept au nom de telle autre.
21. *C.L.G.* pp. 24-25.
22. *Ibid.* p. 33.
23. *Ibid.*, p. 31.
24. *Ibid.*, p. 167, et *passim.*

correspond d'ailleurs à un événement inaugural dans l'histoire des sciences : naissance à la scientifité, de la physique pour le premier, de la linguistique pour le second. De ce second exemple, nous allons plus particulièrement étudier, à l'article suivant, ce qui concerne la théorie du signe. Mais auparavant il nous faut tirer de notre analyse la conclusion majeure, celle qui détermine toute conception véritable de la connaissance philosophique : la fermeture épistémique du concept présuppose son ouverture philosophique.

Nous ne prétendons nullement, c'est évident, avoir découvert un moyen de fabriquer à coup sûr de la science. Rien ne peut abolir le rôle du génie propre de chacun des savants qui ont réussi à faire accéder les connaissances humaines à un niveau de scientificité véritable[25]. Chaque fois il a fallu, par une authentique création spéculative, trouver le biais qui permettrait d'opérer, *légitimement*, la fermeture du concept de l'objet étudié, c'est-à-dire de l'arrêter et donc de pouvoir en donner une définition close. La réduction du corps au point matériel et la géométrisation du réel, chez Galilée, la conception de la langue comme système d'unités différentielles structurant la parole, chez Saussure, constituent la découverte de ce biais et délimitent chaque fois le champ épistémique où la physique et la linguistique pourront se déployer désormais comme sciences. Pour trouver ce « biais », il fut chaque fois nécessaire de s'arracher à la fascination de la chose telle qu'elle nous est donnée, pour lui substituer un objet construit. Or, rompre avec cette fascination, c'est sans douté permettre à la pensée de posséder entièrement son objet, puisque concevoir cet objet, pour elle, c'est désormais le construire, et donc le clore sur lui-même, mais c'est aussi renoncer à l'acte le plus foncier de l'intelligence qui est son ouverture au réel. L'intelligence est dans une attenté et une espérance indéfectible du réel; c'est au réel que d'abord et en elle-même elle se soumet. Or l'acte épistémique commence précisément par inverser cette attitude fondamentale. Il fait alors violence à la pente naturelle de notre intelligence, à la direction spontanée de son regard. Pour accéder au concept scientifique, il la contraint de renoncer à la source de sa propre vie, c'est-à-dire à la lumière qui vient de l'objet. Se fermer à cette lumière est donc pour elle un véritable suicide spéculatif. C'est en tous cas comme tel qu'il est ressenti par tous ceux qui refusent d'accomplir cette mutation, faute sans doute d'apercevoir le gain qu'ils peuvent en retirer. Ainsi les réactions aristotéli-

25. C'est pourtant ce qu'affirme Francis Bacon : « Notre méthode d'invention dans les sciences rend tous les esprits presque égaux, et laisse bien peu d'avantage à la supériorité du génie », *Nouvel Organum*, CXXII, *Œuvres de Bacon*, Charpentier, 1843, p. 75.

ciennes aux thèses galiléennes expriment, non pas nécessairement de la mauvaise foi, mais le sursaut d'une intelligence qui se connaît instinctivement comme ouverture au réel, et qui, devant la nouvelle physique, a le sentiment de perdre pied. Construire conceptuellement l'objet même que l'on doit étudier, alors que son étude semble plutôt exiger que nous nous mettions à son écoute, c'est proposer à la pensée humaine une tâche fortement paradoxale.

Ces réactions anti-galiléennes peuvent nous faire sourire. Et pourtant, bien des critiques adressées à Saussure ne sont pas d'un ordre différent. Quand on lui reproche d'isoler la langue, objet linguistique, de la société, de l'histoire, de l'économie, de la psychologie[26], etc. qui sont pourtant des dimensions réelles du langage, on semble ignorer que l'objet linguistique n'est précisément défini, pour Saussure, que par cette exclusion, qui donc n'est pas un oubli, mais constitutive de l'acte même par lequel l'objet langue est construit. Autant reprocher à la géométrie d'oublier l'épaisseur des figures dont elle parle. Il est bien connu, d'ailleurs, que le progrès des mathématiques n'a été rendu possible que par une semblable exclusion de toute préoccupation « réaliste ». Ainsi les Grecs éprouvaient-ils quelque difficulté à considérer des puissances supérieures au troisième degré, parce qu'ils ne pouvaient envisager de puissance en arithmétique qui n'ait son correspondant en géométrie[27]. Si la première puissance correspond à la ligne, la deuxième puissance à la surface et la troisième au volume, la quatrième ne correspond à rien et n'a donc pas de signification (réaliste); elle n'a qu'une signification opératoire, c'est-à-dire qui s'identifie à l'acte même par lequel cette entité mathématique (a^4) est produite. On voit bien, ici, ce qu'est la fermeture épistémique du concept d'être mathématique, comment, en devenant purement opératoire, il se clôt sur lui-même et peut se réduire à sa propre construction. Mais parler d'une signification opératoire, est-ce encore parler d'une signification véritable? Toute signification n'implique-t-elle pas relation et ouverture au réel? Ne doit-on pas conclure, avec Rus-

26. C'est le cas par exemple de Louis-Jean Calvet dans son ouvrage *Pour et contre Saussure,* Petite Bibliothèque Payot, 1975 : « Le structuralisme en linguistique naît ainsi comme un refus de la linguistique externe, comme une volonté d'abstraire la langue de la pratique sociale dans laquelle elle se manifeste, etc. » (p. 61).

27. C'est Descartes, ainsi que le montre Jules Vuillemin dans son étude sur *Mathématiques et métaphysique chez Descartes.* P.U.F. 1961, qui a rompu avec le réalisme intuitif des anciens qui enfermaient « la théorie des fonctions dans les trois dimensions de l'espace euclidien et interdisaient l'étude proprement analytique des courbes » (p. 92); cf. Descartes, *Règles pour la direction de l'esprit,* XVI.

sel, qu'il est essentiel, en mathématique pure, de ne pas savoir *de quoi* on parle?[28]

Une critique *scientifique* de la linguistique structurale ne peut donc s'attaquer à ce qui fonde la linguistique comme science, c'est-à-dire à la fermeture épistémique du concept de langue. Elle peut contester ce concept en lui-même, s'efforcer d'en montrer la contradiction, l'insuffisance, l'incomplétude, la non-pertinence, l'inefficacité, etc., et construire elle-même un autre concept de la langue; mais il sera nécessairement tout aussi fermé, isolé, clos. Ou bien alors il ne s'agira pas d'une critique scientifique, mais d'une critique *philosophique,* ce qui suppose précisément que le point de vue de la scientificité, en tant que tel, relève, éventuellement, de la juridiction du point de vue philosophique. C'est la thèse que nous soutenons explicitement, et qui ne saurait aller sans cette autre, qui lui sert de fondement : il y a une connaissance philosophique. Mais ce n'est certainement pas une conviction partagée par de nombreux critiques de la linguistique structurale. Tout au contraire, on considère aujourd'hui que la science est la seule forme de connaissance véritable et que le rôle de la philosophie doit se borner à le constater, et à décrire, aussi exactement que possible, les différents procédés que la science met en œuvre. Or, cela est vrai de la science proprement dite, et le philosophe n'a rien à penser de particulier sur une science déterminée. Que l'eau s'analyse en deux volumes d'hydrogène pour un d'oxygène, que la langue s'analyse en unités morphématiques et phonématiques, ce sont là des faits que l'on ne peut qu'enregistrer. Mais cela n'est pas vrai de la scientificité elle-même. La science n'est maîtresse de son propre domaine qu'à la faveur du cercle qui enclôt le champ épistémique. Or, ce cercle, fondateur d'intelligibilité scientifique, ne jouit pas par lui-même de la caution scientifique, et cela, par définition. Ce n'est donc pas la science qui peut en éprouver la validité; elle peut seulement en constater éventuellement la fécondité. D'ailleurs, c'est seulement du point de vue philosophique que ce cercle apparaît comme un cercle, que la fermeture épistémique apparaît comme une fermeture. Pour Galilée, et peut-être pour Saussure, le concept qu'ils construisent de leur objet respectif, est une expression pure et simple de la réalité objective, il faudra toute la crise de la physique contemporaine, crise énorme, durant depuis fort longtemps et qui

28. Savoir de quoi on parle, c'est connaître les objets réels désignés par les « symboles » mathématiques. Dans ce cas les relations (logiques) entre les symboles dépendent de la connaissance des relations entre ces objets. Pour libérer les relations entre « symboles » de cette dépendance afin qu'elles n'obéissent qu'à la seule nécessité logique, il faut que les « symboles » soient dépourvus de signification (*p* et *q*. par ex.).

ne semble pas près de se conclure, pour desserrer en quelque sorte le « verrou » galiléen du mécanisme, pour obliger le concept de l'objet physique à se rouvrir, à renoncer à sa propre fermeture, c'est-à-dire à renoncer à se définir d'une manière close et parfaite, et donc à savoir exactement ce qu'on pense quand on forme justement le concept d'objet physique. Mais cette ignorance n'est plus l'ignorance russellienne, par indétermination délibérée des entités mathématiques, c'est une ignorance philosophique par surdétermination, c'est-à-dire par ouverture au réel. Si les concepts philosophiques sont « troués », transpercés par le réel, cela signifie aussi, du côté de la pensée concevante, qu'ils recèlent du non-conçu, du non-pensé, de l'« inintelligé », un au-delà de la connaissance actuelle. Il en résulte que le champ spéculatif de l'intelligence philosophique est un champ essentiellement ouvert, et cela, par définition. Le philosophe sait bien que toute connaissance conceptuelle opère une certaine fermeture spéculative, il est même le seul à le savoir vraiment. La pensée vulgaire ignore purement et simplement ses propres limites. La science les ignore consciemment, parce qu'elle s'établit sur la décision de ne penser qu'à l'intérieur du cercle épistémique qui délimite l'unique espace de pensée rigoureuse (au regard de la science). Mais le philosophe sait qu'on ne peut tracer le cercle épistémique qu'au sein d'un champ spéculatif nécessairement plus vaste : on ne peut limiter qu'à partir d'un illimité. On ne peut avoir conscience des limites du conceptuel qu'en ayant conscience d'un au-delà du concept. Cette conscience est *aussi* une condition *permanente* de notre connaissance. Le cercle épistémique ne saurait être si parfaitement tracé qu'il puisse exclure définitivement une telle conscience. Et c'est de cela que le philosophe entend tenir compte. Autrement dit, il y a philosophie, non point par prétention de dépasser indûment la science, mais chaque fois qu'une pensée humaine, ayant pris conscience de sa finitude, décide cependant de passer outre et de continuer à poursuivre *son effort de rigueur*, en dépit de cette finitude, à cause d'elle et avec elle.

On comprend ainsi que la philosophie ne peut être que première, c'est-à-dire métaphysique, parce que c'est elle qui définit le champ spéculatif le plus général possible. On dit souvent que les diverses sciences se sont progressivement détachées de la philosophie qui, au départ, les contenait toutes, comme si elles avaient conquis leur autonomie. Mais c'est là une vue tout à fait inexacte. D'une part, Platon et Aristote distinguent parfaitement entre philosophie et sciences. D'autre part, les sciences ne sont pas des morceaux détachés du continent philosophique; ce sont des limitations tracées à l'intérieur du champ spéculatif général qui s'appelle philosophie. La différence entre la science prégaliléenne et la science postgaliléenne (celle qui est définie par le point de vue de la scientificité) c'est que, sous le régime des anciens, les délimitations des différents secteurs scientifiques, au sein du champ spéculatif général, ne sont pas entièrement fermées : les sciences particulières restent ouvertes à la science générale qu'est la philosophie et normées par elle. Tandis que la fermeture épistémique entend découper dans le champ du savoir un espace entièrement clos. Mais, en réalité, il est bien évident qu'il ne s'agit jamais que d'une portion du champ spéculatif général, que la frontière qui l'entoure n'est pas imperméable, et que les principes qui régissent ce champ spéculatif, et dont l'ensemble ordonné s'appelle précisément philosophie, continuent de valoir pour des parties plus réduites. Malgré son vœu le plus profond, la scientificité n'est pas créatrice d'un nouveau champ spéculatif, elle n'est pas créatrice d'une nouvelle intelligibilité, ou d'un « nouveau rationalisme », comme Bachelard l'a faussement cru. Ce que Bachelard a décrit, c'est, pourrait-on dire, le discours (idéologique) qu'une scientificité idéale pourrait tenir sur elle-même, mais non pas celui de la pratique effective de la science. Si les notions de substance et d'identité physique n'étaient que résidus imaginatifs d'une raison mal psychanalysée, il y a beau temps que la crise de la physique contemporaine serait résolue.

Qu'elle le veuille ou non, la pensée humaine ne saurait donc échapper à l'obligation philosophique, pas plus que la science ne saurait échapper à sa juridiction. C'est précisément ce que nous allons maintenant constater, non point, encore une fois, en nous attaquant aux conclusions positives auxquelles est parvenue la science linguistique – ce qui, de toute façon, serait hors de notre compétence – mais en soumettant les principes épistémiques de la linguistique à la critique philosophique, et, tout particulièrement, le concept qu'elle s'est forgé du signe linguistique. Ce qui signifie deux choses : en apprécier l'éventuelle cohérence du point de vue de la logique, mais aussi, et surtout, confronter ce concept fermé au concept ouvert que l'intuition philosophique nous en donne et aux exigences qu'elle nous impose.

ARTICLE II

LA NOTION LINGUISTIQUE DU SIGNE

La langue étant définie comme une totalité sous-jacente à toutes les manifestations du langage, rien de ce qu'on en dira ne devra sortir de l'ordre linguistique et renvoyer à un « en dehors » (psychologique, social, physiologique, physique, etc.). Et puisque la langue est un système de signes, il s'ensuit qu'on ne devra faire intervenir, pour rendre compte de ces signes, aucune considération extra-linguistique. C'est précisément cette contrainte de la rigoureuse perspective saussurienne qui nous paraît faire difficulté, et sur laquelle nous voudrions nous interroger.

Section 1 Le signe est d'abord signe du signe

A vrai dire, on aurait pu s'en douter dès le début. Le signe, en effet, n'est pas un appareil ou un dispositif comme les autres. Il n'est guère possible de le séparer de sa fonction, même par abstraction provisoire. Ce qui déjà est une gageure dans l'ordre biologique et même physique – gageure qui ne se maintient qu'au prix de la fiction matérialiste qui retourne le monde et le regarde « à l'envers », selon l'expression de Ruyer – devient un véritable paradoxe dans l'ordre sémiologique. On peut, éventuellement, considérer l'appareil oculaire comme l'*instrument* de la vision et le doter ainsi d'une consistance propre (celle des réalités corporelles) qui autorise à le traiter séparément, puisque c'est en étant physiquement lui-même que l'œil remplit sa fonction. Mais le signe n'est jamais là pour lui-même; son *être-là* est toujours pour un autre. Entité essentiellement relative, sa structure c'est sa fonction.

On ne peut donc isoler l'une de l'autre que par abstraction et de façon toute provisoire. Un signe qui ne signifie pas n'est pas un appareil sémiotique moins sa fonction, ce n'est rien du tout. Le signe est signe de part en part : non seulement il signifie autre chose que lui-même, mais encore il signifie la fonction signifiante. Et même la seconde propriété précède la première. Le signe se fait d'abord reconnaître comme signe avant de signifier quoi que ce soit, alors que l'œil ne signifie pas nécessairement la vision. Certains animaux ont des yeux et pourtant ne voient point. L'ordre de la nature présente parfois un tel divorce de la structure et de la fonction, et même on pourrait dire que ce divorce (qui est au fond celui de l'existence et de l'essence) est constitutif de la réalité « extérieure » du monde.

Au contraire, la raison d'être du signe, c'est de constituer un ordre de réalité dans lequel, *a priori*, ce divorce est aboli et où l'essence et l'existence ne font qu'un, même si, *a posteriori*, force est de constater que le signe « symbolise » et préfigure cette unité plutôt qu'il ne la réalise dans sa perfection.

Section 2 Le signe saussurien

Considérons maintenant la linguistique saussurienne. Assurément, elle n'oublie pas la fonction du signe, mais elle la réduit au minimum en deçà duquel il ne saurait être encore question de signe. C'est ce qu'on pourrait appeler l'exigence de reconnaissance. Étant destiné à « signaler », à faire connaître, la seule condition que doit remplir un signe pour exercer cette fonction c'est de pouvoir être reconnu, identifié. Être identifiable, c'est être distinct de tout autre signe. Ainsi est-on amené à comprendre que la seule raison d'être d'un signe (son intelligibilité), c'est sa différence. Le signe est différentiel. Mais on n'est pas différent tout seul; on ne l'est que relativement à d'autres et pas à n'importe quels autres, mais à certains autres par rapport auxquels la différence est pertinente. Ces relations de différences pertinentes unissent donc les signes entre eux en même temps qu'elles les constituent. Il en résulte que la langue est bien un tout, un système stable dans lequel les signes forment des structures de relations différentielles : « dans la langue, il n'y a que des différences *sans termes positifs*. Qu'on prenne le signifié ou le signifiant, la langue ne comporte ni des idées ni des sons qui préexisteraient au système linguistique, mais seulement des différences conceptuelles et des différences phoniques issues de ce système » [1].

La conception du signe qui découle de cette perspective est celle d'une « unité à deux faces », le signifiant et le signifié, qui sont aussi inséparables que le recto et le verso d'une feuille de papier. De même que l'on ne peut découper le recto d'une feuille sans découper en même temps le verso, de même le découpage qu'opère le signifiant dans la masse phonique n'est pas isolable du découpage qu'opère le signifié dans la masse psychique [2]. En fait, d'ailleurs, puisque le signe est une réalité exclusivement linguistique, le signifié (que Saussure appelle parfois concept) est également une réalité purement linguistique, il est la contrepartie du signifiant qui joue le rôle

1. *C.L.G.*, p. 166; cf. ici même, *infra*, n. 14, p. 119.
2. *C.L.G.*, p. 157.

primordial : dans ce découpage, c'est lui qui tient les ciseaux Les signes ne sont donc pas liés a une signification. La signification n'est qu'un effet, c'est la *valeur* que le signe prend au sein du système : « nous surprenons donc, au lieu d'idées données d'avance, des valeurs émanant du système. Quand on dit qu'elles correspondent à des concepts, on sous-entend que ceux-ci sont purement différentiels, définis non pas positivement par leur contenu, mais négativement par rapport avec d'autres termes du système. (...) le concept n'a rien d'initial, il n'est qu'une valeur déterminée par ces rapports avec d'autres valeurs similaires et (...) sans elles la signification n'existerait pas »[3].

Il existe peu d'exemple aussi net, dans l'histoire des sciences, de la fermeture épistémique d'un concept, en l'occurrence celui de signe. Et qui dit fermeture dit bien refus de son ouverture ontologique. Quelle est en effet la peur qui hante chaque ligne du *C.L.G.* et que Saussure conjure à tout instant? Quel est le péché mortel de la linguistique, le crime inexpiable? C'est de concevoir la langue comme une nomenclature, « une liste de termes correspondant à autant de choses »[4]. Le rapport au réel que le concept de signe semble naturellement impliquer, et qui relierait chaque signe à une *res*, doit être soigneusement éliminé ou, en tout cas, réduit au strict minimum – au profit des rapports latéraux que chaque signe entretient avec les autres signes au sein de la même structure linguistique. Ce processus s'exprime d'ailleurs très nettement dans les schémas figurés que Saussure utilise pour illustrer sa thèse. Ainsi le rapport de nomenclature est représenté par une flèche verticale qui unit le terme et la chose, lesquels sont ainsi superposés, tandis que les rapports structuraux qui constituent la chaîne des signifiants sont représentés par des flèches horizontales. Tout l'effort de Saussure va donc à réduire la flèche verticale jusqu'à pouvoir l'identifier à la barre horizontale qui sépare les « deux faces » du signe. « Il semble impossible d'assimiler les rapports figurés ici par des flèches horizontales à ceux qui sont représentés plus haut par des flèches verticales »[5]. C'est pourtant ce qu'il faut faire, si l'on veut exprimer « le fait linguistique dans son essence et dans son ampleur »[6]. Il suffit pour cela de reconnaître la nature purement différentielle des concepts signifiés : « Leur plus exacte caractéristique est d'être ce que les autres ne sont pas »[7].

3. *Ibidem*, p. 162.
4. *Ibidem*, p. 97. A vrai dire, telle quelle, il est douteux que cette conception ait jamais été soutenue.
5. *C.L.G.*, p. 159.
6. *Ibidem*, p. 162.
7. *Ibidem*, p. 162.

Dès lors la langue ne saurait être considérée comme le reflet des concepts qui eux-mêmes refléteraient la réalité. « Le langage n'est plus un calque de la réalité. Cette notion (d'un langage calque de la réalité) se fonde sur l'idée simpliste que le monde tout entier s'ordonne antérieurement à la vision qu'en ont les hommes, en catégories d'objets parfaitement distinctes »[8], alors qu'en fait, c'est la structure du langage qui met en ordre la masse indifférenciée du monde.

Section 3 Le rejet de la notion structurale du signe

Nous n'entendons nullement mettre en cause les descriptions des linguistes – ce qui, de toutes façons, serait hors de notre compétence. Il convient même de souligner qu'avant d'être un système, la linguistique, chez les plus grands savants (Saussure, Benveniste, Martinet, Mounin, pour ne citer que des francophones), repose d'abord sur une connaissance étendue et minutieuse d'une immense collection de *faits de langage*. Constatation banale, mais qu'il est bon de rappeler, tant on a l'impression, à lire certains ouvrages, qu'il ne s'agit plus que de parler *sur* le langage et non *du* langage. Toutefois, il n'en va plus de même lorsque le linguiste entend définir les concepts avec lesquels son analyse du langage va opérer. Car alors, la philosophie reprend ses droits, puisque le niveau auquel se situe un tel discours, implique des thèses philosophiques, c'est-à-dire qui concernent la nature de ce dont on parle.

Or, tel est bien le propos d'une linguistique *générale* : elle n'est rien d'autre au fond qu'une métalangue de la science du langage[9], au moins dans ses parties essentielles. Elle ne saurait donc échapper aux règles qui s'imposent à tout métalangage. Le caractère de métalangue d'une linguistique générale, dans laquelle on se propose de définir les éléments principaux de la science de la langue, est d'ailleurs plus conscient chez les linguistes anglo-saxons que chez les français. C'est le cas, par exemple, de Bursill-Hall, qui, aussi bien dans son édition de la *Grammatica speculativa* de Thomas d'Erfurt, que dans son étude générale sur les « modistes » médiévaux, tient à exposer pour elle-même la « métalangue » qu'ils utilisent, car, dit-il, « ce langage technique révèle la structure de leur système

8. A. Martinet, *Éléments de linguistique générale*, A. Colin, 1960, pp. 27-28.

9. On appelle « métalangue » la langue à l'aide de laquelle on parle d'une autre langue : dans la phrase *: Pierre* est un nom propre, *Pierre* appartient à la langue, et « nom propre » à la métalangue (à la grammaire) ; cf. *C.L.G.*, pp. 138-140.

descriptif, et aussi pas mal de choses sur le système de pensée qui la créée »[10].

On a toujours su qu'il était impossible de construire une métalangue en n'utilisant d'autres termes que ceux de la langue dont on parle[11]. Mais depuis K. Gödel, ce savoir intuitif fait l'objet d'un théorème, qu'avec Jean Ladrière nous formulerons ainsi : « pour démontrer la non-contradiction d'un système formel, il est nécessaire de faire appel à des procédés de preuve qui sont étrangers au système et donc, en un sens, plus puissants que ceux dont il se sert »[12]. Autrement dit, il est impossible que la métalangue soit tirée intégralement du discours qu'elle se propose de définir. Quand donc la métalangue est celle de la linguistique, il en résulte qu'elle est nécessairement de nature métalinguistique et non intralinguistique. Elle ne saurait être un simple enregistrement des procédés effectivement mis en œuvre par la langue dans son fonctionnement positif. C'est donc au niveau de la métalangue que la fermeture épistémique du concept trouve sa limite.

C'est pourtant à cette règle que l'entreprise saussurienne contrevient. En voulant définir le signe d'une manière purement linguistique – ce dont le félicitent tous les saussuriens et tous les structuralistes en général – il se situe à un niveau nécessairement métalinguistique, tout en prétendant contradictoirement demeurer à l'intérieur de la linguistique elle-même. En « fermant » linguistiquement le signe, unité bifaciale du signifiant et du signifié, de telle sorte que l'un n'est que le corrélat de l'autre, et qu'ils se situent tous les deux à l'intérieur de la langue, il paraît conférer à l'unité linguistique une définition rigoureuse, mais c'est au prix d'une contradiction. Cette contradiction ne demeure inaperçue que grâce à une véritable subreption. En réalité, la définition saussurienne du signe fait intervenir des éléments non linguistiques, et c'est pourquoi elle n'est pas dépourvue de validité opératoire; mais cette capacité opératoire lui vient d'un prin-

10. G.L. Bursill-Hall, *Speculative Grammars of Middle Ages.* The doctrine of *partes orationis* of the modistae, Paris La Hague, Mouton, 1971, p. 66 : également, Thomas of Erfurt : *Grammatica speculativa,* an edition with translation and commentary, Longmann, Londres, 1972, pp. 323-327.

11. Platon, Aristote, S. Thomas d'Aquin, ont enseigné que toute science requérait des principes premiers qui ne sont pas eux-mêmes objets de démonstration de cette science, mais qui sont connus par eux-mêmes *: principia non sunt demonstranda sed per se nota; Commentaire aux Seconds analytiques,* I, 1.5, n° 6-7, texte dans H.D. Gardeil, *Initiation* à *la philosophie de S. Thomas d'Aquin,* t. 1, Introduction-Logique, Cerf, 1964, p. 225.

12. Il s'agit en fait du corollaire du théorème de Gödel : cf. *Les limites de la formalisation,* dans *Logique et connaissance scientifique,* Encyclopédie de la Pléiade, 1967, p. 317.

cipe auquel elle s'est interdit d'avoir droit. Ce principe est celui de la fonction signifiante, c'est-à-dire cette propriété qu'ont les signes de signifier, savoir : se rapporter à un objet. Cette propriété est extra-linguistique ; elle relève d'une philosophie du langage, puisqu'elle réfère le signe à l'ordre des choses. Cette subreption est d'ailleurs soulignée par Benveniste : « le raisonnement est faussé par le recours inconscient et subreptice à un troisième terme, qui n'était pas compris dans la définition initiale. Ce troisième terme est la chose même, la réalité. Saussure a beau dire que l'idée de « Sœur » n'est pas liée au signifiant *s-ô-r*; il n'en pense pas moins à la réalité de la notion »[13].

Telle est la formulation la plus générale de la contradiction du point de vue saussurien. Mais il est possible, et éclairant, d'examiner les conséquences plus particulières que cette contradiction initiale entraîne pour l'objet même de la définition.

On sait que l'une des thèses majeures du *C.L.G.* c'est la nature purement différentielle du signe linguistique. En effet, dès lors que le signe ne peut plus être défini par son rapport au référent – ce qui conduirait à la fausse conception de la langue comme nomenclature – il ne reste rien d'autre pour le caractériser que le fait qu'il soit différent de tous les autres signes, au sein du même système linguistique. L'exigence de différence, c'est tout ce qu'il reste de la fonction signifiante dans le signe après la réduction linguistique. Le signe n'est plus qu'une marque qui, pour pouvoir être identifiée afin d'assurer la réussite de la communication, n'a d'autre raison d'être que de ne pas être les autres marques. Sinon il ne pourrait être repéré, et la communication ne pourrait pas fonctionner. Il en résulte, comme le dit Saussure, que : « dans la langue, il n'y a que des différences » *(C.L.G.* p. 166). Ce principe de différentialité fonctionne donc comme le seul critère permettant d'identifier *un* signe. Autrement dit, quand le linguiste veut procéder à l'analyse du langage afin de le décomposer en ses *unités* constitutives, c'est ce principe unique qu'il doit appliquer, principe qui résulte, nous l'avons dit, de ce que les signes n'étant plus définis par leur relation au référent, il ne reste plus que les relations latérales qui les distinguent structurellement les uns des autres au sein du même système sémiotique.

L'application du principe de différentialité conduit à la définition de deux types d'unités linguistiques : les unités signifiantes dites morphèmes ou monèmes, et les unités non signifiantes dites phonèmes. C'est principa-

---

13. *Problèmes de linguistique générale I*, collection « Tel », Gallimard, 1976, p. 50.

lement Martinet qui a mis en lumière cette double articulation du langage, en laquelle on a vu la caractéristique essentielle du langage humain [14]. « Qu'on examine le code de la route, écrit Mounin, les signaux maritimes pour pavillons au mât, toutes les enseignes anciennes ou modernes, les symboles internationaux du Guide Michelin (etc.), toujours on trouvera que les unités minimales stables qui construisent les messages dans ces systèmes de communication sont des unités significatives (...) douées d'une forme et d'un contenu sémantique, donc des unités de première articulation – qui ne sont jamais (comme dans la langue) décomposables en unités plus petites formant système à leur tour » [15].

Or, il est extrêmement curieux de constater que personne, à notre connaissance, ne se demande comment il est possible d'obtenir deux niveaux d'articulation aussi différents l'un de l'autre, *en partant d'un seul et unique principe.* Il y a évidemment là une contradiction. Nous ne contestons nullement l'existence (linguistique) de cette double articulation. En dépit de certaines divergences entre spécialistes, elle semble correspondre à un fait constatable [16]. Mais ce qu'il faut récuser formellement, c'est qu'on puisse prétendre *définir des unités linguistiques signifiantes uniquement à partir d'un principe de définition qui permet de définir, tout aussi objectivement, des unités*

14. A. Martinet, *Langue et fonction*, Gonthier-Denoël, 1969, pp. 35-43; G. Mounin, *Clefs pour la linguistique*, Seghers, 1968, pp. 45-60. Rappelons brièvement en quoi consiste cette double articulation : « Les monèmes, dit Martinet (p. 38) sont les plus petites unités du discours ayant un sens ». Ce n'est pas toujours le mot comme on le croyait puisque le segment *-ons,* dans *dé-barqu-ons,* signifie bien la première personne du pluriel : il en est la *marque.* Ainsi il y a trois morphèmes (ou monèmes) dans ce mot. Mais le principe de différentialité permet de pousser l'analyse plus loin et d'identifier d'autres segments qui, comme les monèmes, s'articulent entre eux. Il s'agit des marques phoniques ou phonèmes. Les phonèmes ne sont pas des sons, comme on le croyait, mais des traits phoniques pertinents à l'intérieur du système phonique propre à une langue. Ainsi le phonème *r* en français peut correspondre à plusieurs *sons* différents (*r* roulé, guttural, grasseyé, etc.), il n'en est pas moins identifié, *dans* la langue elle-même, comme le même signe. C'est donc une réalité *linguistique.* Toutefois la difficulté commence avec l'identification de ces unités. Constitue une unité tout segment substituable : *-ons* est une unité parce qu'on peut lui substituer *-ez,* ou *-ent.* L'allocutaire identifie *-ons* comme marque de la première personne du pluriel parce qu'il la compare inconsciemment à toutes les unités que la langue française pourrait lui substituer et dont il se différencie. L'axe de ces différenciations s'appelle axe paradigmatique. Mais il existe des unités significatives substituables plus grandes que le mot (p. ex. "mon pére" dans « voici mon père », substituable à "ma mère"). Ce peut être même une phrase. Inversement pour l'analyse phonématique, faut-il décomposer l'anglais *ice* en deux *(aï-ss)* ou trois *(a-i-ss)* phonèmes?

15. Mounin, *op. cit.,* p. 59. Mais Prieto s'est efforcé de retrouver les deux articulations dans certains codes *: Messages et signaux,* P.U.F., 1966, pp. 101 sq.

16. Avec cette réserve qu'il faut, pensons-nous, considérer les unités phonématiques comme ayant été « originellement » non dépourvues de sens.

non signifiantes. De deux choses l'une : ou bien le principe fondateur de la linguistique, la langue comme fonction de communication (principe qu'entraîne la nature purement différentielle des constituants du message) conduit à la vraie définition du signe (comme unité à deux faces), et alors pourquoi les phonèmes ne vérifient-ils pas ce caractère bifacial? Ou bien il conduit vraiment à définir les unités constitutives du système linguistique comme purement différentielles (ce que vérifie clairement la phonologie), mais alors on ne saurait rendre compte en même temps du fait que, parmi ces unités, certaines sont signifiantes. Il ne fait aucun doute, pour nous, que seule la deuxième branche de l'alternative correspond à la vérité du structuralisme. Le structuralisme échoue à définir le *signe* linguistique, il ne définit que des *marques* ou des signaux, qui, tantôt sont signifiants, tantôt ne le sont pas, sans qu'il soit en mesure de rendre compte, le moindrement, de la nature signifiante de certains d'entre eux.

En somme, il n'y a chez Saussure aucune définition véritable du signe. Sans doute il n'est pas tout à fait impossible d'admettre que, dans la *donnée* linguistique, c'est-à-dire dans un système signifiant entièrement constitué, le signifié apparaît bien comme un pur corrélat du signifiant, qui n'a de rapport qu'avec le signifiant. Mais, ce faisant, ce n'est point le signe (linguistique) que l'on définit, ce sont seulement des unités linguistiques (appelés "morphèmes" ou "monèmes") dont on sait, par ailleurs, qu'elles signifient, étant donné qu'elles sont repérées et identifiées au sein d'un système doté de la propriété signifiante, propriété à la vertu de laquelle elles *participent*, et dont, par conséquent, elles ne sauraient rendre compte. Il peut être plus *expédient*, du point de vue linguistique, de considérer les signifiés *sœur* ou *arbre* ou *bœuf* comme de purs corrélats des signifiants « sœur », « arbre », « bœuf » de façon à couper court à toutes sortes de problèmes. Mais on ne peut prétendre par là doter la sémiologie d'une définition satisfaisante du signe. Répétons-le, cela est peut-être sans importance au point de départ de la science linguistique. Après tout, la réduction galiléenne du corps au point matériel (par identification au centre de gravité) est aussi peu « réelle » que celle du signe chez Saussure. C'est même là un trait majeur de la science moderne : l'essentiel d'une définition de base n'est pas qu'elle soit vraie, mais qu'elle soit opératoire; en l'occurrence, qu'elle permette d'opérer l'analyse du système linguistique. Peu importe sa propre possibilité. Mais alors on doit également se garder de transposer, hors de son champ de validité, un concept qui a été élaboré en vue d'un seul usage : aucun médecin ne considérera le corps de son patient comme un point matériel. C'est pourtant ce qu'entend faire la nombreuse cohorte des structuralistes de tout genre, qui, en un demi-siècle, a fondé toutes ses constructions sur la dichotomie du signifiant et du signifié, comme si elle ne pouvait sortir du cercle enchanté où Saussure a enfermé la pensée sémiologique. Au reste, il est curieux d'observer que, par une conséquence qui n'est paradoxale qu'en apparence, on a ainsi réintroduit la nomenclature et le chosisme qu'on voulait bannir comme le péché originel de la linguistique. Certes, on a bien rompu la relation qui unissait les mots aux choses, mais ce sont les mots eux-mêmes qui sont devenus des choses et sont traités comme telles, ainsi que nous le notions tout à l'heure : signifiants et signifiés deviennent des êtres qui entrent en relation les uns avec les autres, qui exercent une action – tellement puissante qu'elle est capable d'ordonner le monde – et qui deviennent, par construction épistémique, de véritables *objets* d'étude et d'observation. Il est douteux qu'on ait gagné au change.

Section 4 La fonction de communication

Notre critique du signe saussurien serait incomplète cependant, si nous n'envisagions enfin ce qui lui sert de caution et lui assure un fondement réel, nous voulons dire la fonction de communication définissant l'essence de la langue. Si la fonction de la langue était de dire le monde, on ne pourrait en rendre compte sans faire intervenir l'ordre des choses et la connaissance que nous en avons. La langue, étant chargée d'*exprimer* cette connaissance, y trouverait donc son principe explicatif direct. Au contraire, si la langue n'est que l'instrument propre à réaliser la communication entre un locuteur et un allocutaire, la seule règle à laquelle elle doit obéir, c'est bien le principe de différentialité : les unités qui composent le message doivent être distinctes les unes des autres, sinon la transmission de l'information est impossible; mais le contenu du message lui-même n'a aucune importance. C'est ce que prouve l'existence de l'informatique et des problèmes que soulève la constitution d'un langage utilisable par les ordinateurs : il se peut que les messages transmis aient un sens, mais, affirment Shannon et Weaver, « les aspects sémantiques n'ont pas de pertinence du point de vue des problèmes techniques »[17]. Cette contre-épreuve montre qu'il n'est donc pas nécessaire de tenir compte du sens du langage pour l'analyser comme instrument de communication.

---

17. *The Mathematical Theory of communication*, University of Illinois Press Urbana, Champaign, 1949, p. 98.

Or, il est étonnant de constater que cette fonction de communication qui joue un rôle si essentiel « n'apparaît qu'implicitement dans le *Cours* »[18], et qu'elle n'est, semble-t-il, jamais traitée pour elle-même. Si on n'en parle pas, ne serait-ce pas qu'une analyse véritable de cette notion révélerait son insuffisance à définir l'essentiel de la fonction linguistique? En fait la communication n'est ici rien d'autre qu'une *convention minimale,* aussitôt oubliée qu'énoncée, mais qu'il faut bien admettre pour qu'il soit encore question de langage.

Assurément, c'est au nom de la fonction de communication que certains linguistes se sont élevés contre le formalisme *a priori* des structuralistes auxquels ils entendent opposer un réalisme linguistique, afin, non pas certes de réfuter la linguistique saussurienne, mais de la compléter sur ce point. Nous pensons évidemment à l'œuvre importante d'A. Martinet, en particulier aux pages qu'il a consacrées à cette question dans son livre intitulé justement *Langue et fonction.* Toutefois, si nous lisons Martinet, nous constatons qu'il ne distingue pas, en réalité, entre fonction et fonctionnement : « En fait, dans une langue, écrit-il, la structure ne se manifeste, en quelque sorte, que comme un aspect de son fonctionnement. (...) La fonction est le critère de la réalité linguistique [19] ». Mais voici comment la chose est expliquée : « En effet, ce qui est décisif, dans la langue, c'est de réaliser la communication et elle est assurée si, à tout point de l'énoncé, l'unité choisie est maintenue distincte de celles qui auraient pu être utilisées, exactement dans le même contexte, pour transmettre un message différent »[20]. On le voit, ce n'est pas de la communication, considérée en elle-même, qu'il s'agit, mais de sa réussite, c'est-à-dire des conditions qui permettent de l'*assurer,* comme le dit Martinet à maintes reprises.

On pourrait certes objecter que le linguiste n'a pas à se préoccuper de savoir ce qu'est la communication en elle-même, ou encore qu'il n'y a pas de communication en dehors de la transmission d'un message. C'est d'ailleurs ce qu'affirment, implicitement ou non, certains spécialistes quand ils élaborent un modèle général de la communication[21]. Toutefois, ce positivisme radical est insoutenable, dans la mesure où la fonction de communication est chargée d'assurer l'intelligibilité des phénomènes linguistiques.

---

18. Ducrot et Todorov, *Dictionnaire encyclopédique des sciences du langage,* Seuil, 1972, p. 29.

19. Éditions Gonthier-Denoël, collection « Médiations », 1969, p. 15.

20. *Ibidem,* p. 22.

21. Par exemple Léo Apostel, *Épistémologie de la linguistique* dans *Logique et connaissance scientifique,* Encyclopédie de la Pléiade, 1967, p. 1058.

Si elle-même n'est pas intelligible, ou si son intelligibilité n'est pas envisagée pour elle-même, il est clair qu'elle ne peut rien expliquer, et qu'on ne dit rien en l'invoquant. C'est pourquoi nous sommes fondé à conclure que la fonction de communication est le grand impensé de la science linguistique.

Section 5 Parler n'est pas communiquer

L'ouvrage de Martinet auquel nous faisions allusion précédemment, porte en sous-titre une phrase qui entend résumer la thèse essentielle de la linguistique moderne : Parler, c'est communiquer. Nous allons montrer qu'il n'en est rien, et que le caractère illusoire de cette équivalence n'aurait pas passé inaperçu si, au lieu de se donner la fonction de communication comme un principe de soi intelligible, on l'avait étudiée en elle-même, et prise pour ce qu'elle est : un obstacle à la fonction signifiante, en laquelle se résume les conditions de possibilité de la parole. Pour ce faire, nous nous appuierons en partie sur les analyses que R. Ruyer développe dans son livre *L'animal, l'homme, la fonction symbolique*[22], analyses auxquelles nous attachons une particulière importance, parce qu'elles concernent un lieu majeur de la philosophie.

Lorsque G. Mounin se demandait s'il y avait des systèmes non linguistiques de communication fonctionnant selon la double articulation, il considérait seulement des systèmes de signes (panneaux routiers, cartographie, etc.). Mais s'il avait pris en compte d'autres systèmes à fonctionnement communicatif, particulièrement en biologie, il se serait aperçu, d'une part, que ces systèmes sont extrêmement nombreux et, d'autre part, qu'ils n'impliquent pas du tout l'usage de signes, mais bien plutôt ce que Ruyer appelle un stimulus-signal. Et pourtant ce sont de véritables communications, à tel point que l'usage de modèles cybernétiques et l'analyse des systèmes biologiques en termes *d'information* sont devenus extrêmement courants dans les sciences du vivant[23]. Depuis le fonctionnement du code génétique, jusqu'aux parades amoureuses, les processus biologiques sont régulés selon des « montages » en *feed-back* mainteneurs des équilibres

22. Gallimard, collection « LAvenir de la Science », 1964, pp. 87-103 ; nous préférons cependant parler de fonction signifiante plutôt que de fonction symbolique.

23. François Meyer, *Épistémologue de la biologie*, dans *Logique et connaissance scientifique*, N.R.F. pp. 804-805 : Ruyer, *La cybernétique et l'origine de l'information*, Flammarion, 1968, pp. 60-69 : J. Baillet, *Homéostasie*, dans *Encyclopedia universalis, s.v.;* Th. Dobzhansky et E. Boesiger, *Essais sur l'évolution*, Masson et Cie, 1968 (à propos de l'homéostasie génétique).

vitaux, et qui répondent aux informations communiquées (ou transmises) selon des modes extrêmement divers et parfois mal connus : influx nerveux, substances chimiques inductrices, variations de taux de pression, etc. Dans toutes ces transmissions se vérifie le principe de distinction différentielle qui paraît si fondamental en linguistique, et sans doute bien des maladies peuvent-elles être décrites comme des perturbations dans la transmission de l'information. Il y a donc continuité entre la communication sociale et la communication biologique : « Ce mode de comportement sur signal prend la suite naturelle du mode même de toute organisation vivante, car le développement embryologique et le développement végétal s'opèrent par enchaînement de réponses à des stimuli-signaux inter-agencés. Il n'y a pas de différence essentielle entre une formation embryonnaire et la constitution d'un territoire, d'un domaine au sens de Hédiger ou de Bourlière »[24].

Mais il en va de même lorsqu'on considère certaines manifestations qui semblent user de langage, chez les animaux supérieurs et chez l'homme. Le couple signal-réponse demeure inchangé. Ce comportement « langagier » ressortit au même modèle explicatif de la communication. Le chien réagit à l'appel de son nom, les chimpanzés des Kellog répondent mieux aux mots humains que les petits enfants[25] et nous-mêmes, pour peu que le dressage soit bien fait, nous répondons immédiatement, par le comportement approprié, aux feux de signalisation, à la sonnerie du téléphone, à des mots comme *stop!* ou *attention!* Inversement, les mammifères supérieurs, l'homme *a fortiori*, sont capables d'utiliser le signal pour provoquer une réponse : on peut apprendre à tel singe à "dire" papa pour appeler son maître, ou à émettre une articulation définie pour obtenir une banane[26]. Tous ces comportements communicatifs sont insérés dans une relation de besoin, de demande, d'utilité. Mais aucun ne constitue une manifestation véritable de langage.

Rien n'illustre mieux cette vérité si méconnue que l'histoire d'Helen Keller, cette petite fille qui naquit sourde, aveugle et muette, et qui devint pourtant polyglotte. Tous ceux qui parlent si complaisamment du langage animal, qui affirment péremptoirement que tel dauphin ou tel chimpanzé vient enfin d'accéder au langage et que la chose est désormais assurée, devrait méditer attentivement l'expérience exceptionnelle vécue par cette infirme. Témoignage fondamental, en effet, dans la mesure où elle-même a pu nous raconter sa propre découverte du langage, alors que, pour

24. Ruyer, *L'animal...*, p. 93.
25. *The ape and the children*, p. 289 (Ruyer, *op. cit.*, p. 94).
26. Ruyer, *ibidem* p. 95.

l'immense majorité des hommes, cet événement est enfoui dans les plis les plus secrets de leur mémoire. Quant à nous, c'est précisément sur ce témoignage, interprété par Ruyer, que nous fonderons notre doctrine du signe linguistique.

Partageant en cela l'erreur de bien des théoriciens du langage, qui n'ont égard qu'à son fonctionnement, la maîtresse d'Helen Keller, Ann Sullivan, s'efforçait d'apprendre à son élève à communiquer à l'aide de signes, alors confondus à des signaux, en tapant d'une manière déterminée selon les cas, dans la paume de l'enfant. Elle voulait ainsi associer à la perception d'un signal la sensation d'un objet Par exemple, elle plaçait la main droite, d'Helen sous un jet d'eau fraîche, pendant que sur l'autre elle frappait le signal convenu. Dans cette pratique, spontanément behaviouriste, le signe est conçu comme l'index de son référent, qu'il a pour fonction essentielle d'évoquer. On prouvera qu'on a compris ce qu'est un signe si l'on peut user de cet index pour désigner le référent, quand on en a besoin. Tout être capable d'un tel comportement sera réputé savoir « parler ». Or, la difficulté étonnante, à laquelle se heurta Ann Sullivan, est que la petite Helen, tout en étant à même de communiquer quelques-uns de ses besoins au moyen des signaux que sa maîtresse lui avait appris à utiliser, semblait néanmoins piétiner à la porte d'un monde interdit. Il y avait là pourtant tous les éléments d'une relation de communication : émetteur, récepteur, médium de transmission et code. Plus encore : cet ensemble fonctionnait, mais la petite Helen – elle avait alors six ans – ne savait toujours pas *parler*.

Le miracle se produisit le 5 avril 1887. Ann Sullivan s'efforçait inlassablement d'épeler le mot *tasse* dans la main d'Helen, puis lui en donnait une à tenir. « Elle versait ensuite de l'eau dans la tasse, y trempait le doigt de l'enfant, et attendait, espérant qu'Helen réagirait en épelant e-a-u »[27]. En vain. Étant descendue au jardin afin de distraire l'enfant, elle s'approcha avec elle d'un puits d'où le jardinier tirait un sceau d'eau. Une dernière fois, elle lui mit la tasse dans la main, y fit couler un peu d'eau, et épela *water*, sur l'autre main, de plus en plus rapidement, cette eau qu'Helen aimait à faire couler sur sa main. Soudain l'enfant lâcha la tasse, et, pétrifiée, laissa une pensée envahir et illuminer son esprit : w-a-t-e-r! w-a-t-e-r! cette chose merveilleusement fraîche, cette chose amie, c'était w-a-t-e-r![28]. Elle venait de comprendre que toute chose a un nom, que toute chose peut être dite ou signifiée, que le signe énonce la chose, ou encore qu'il l'*exprime*,

27. Lorena A. Hickok, *L'histoire d'Helen Keller*, Laffont, p. 47.
28. *Ibidem*, p. 51.

c'est-à-dire que le rapport qui unit la chose à son index n'est pas celui d'une *association* entre deux perceptions sensibles – la perception du « quelque chose de merveilleusement frais » et celle de w-a-t-e-r, mais un rapport de *représentation,* en sorte que le signe w-a-t-e-r s'identifie à la chose merveilleuse tout en en demeurant distinct : il « tient lieu » *(stands for)* de la chose. Dans un tel rapport de signification, les deux éléments mis en relation ne sont plus du même ordre. Ils sont bien perçus tous les deux comme deux réalités également sensibles, et de ce point de vue, rien ne permet de les distinguer. Pourtant, dans le rapport de *signification*, la présence sensible de l'un cesse de valoir pour elle-même, cesse d'être le signal de son existence, qui est ainsi occultée, et se trouve valoir pour l'existence d'un autre, dont elle tient la place. C'est là l'expérience fondamentale de la signification. Les deux éléments sensibles ne sont plus unis par une relation horizontale de juxtaposition, mais par une relation verticale, et purement intellectuelle, de lieutenance. Une telle relation est tout simplement irréalisable matériellement. Elle n'est assimilable à aucune séquence matérielle de sons ou d'éléments d'un code quelconque. L'observateur peut étudier aussi longtemps qu'il voudra tous les éléments perceptibles du procès de communication. Jamais, sur aucun d'eux, il ne pourra repérer la propriété qui le constitue comme signe, car cette propriété est radicalement et nécessairement *invisible* : rien de sensible, rien de physique ne distingue absolument l'ordre des signes de toutes les autres formes sensibles dont nous pouvons avoir l'expérience. Et même si une telle marque existait, encore faudrait-il, pour qu'elle fonctionne, qu'on sache qu'elle a elle-même valeur de signe des signes. Et l'on se trouverait ainsi entraîné dans un *regressus* indéfini.

C'est précisément l'erreur que commettent les behaviouristes qui ne voient dans toute la vie psychique que le schéma de l'arc réflexe constitué par le couple stimulus-réponse, auquel, en effet, se réduirait tout procès purement communicatif : tel signal, telle réponse, la communication est assurée. Mais voilà pourquoi, justement, Helen Keller, à qui sa maîtresse avait déjà enseigné, par association d'un signal et d'une réponse, vingt-et-un mots, ne pouvait entrer dans la compréhension du langage. Tout entière absorbée par le procès communicatif et la réception des signaux sensibles, sa conscience manquait du recul nécessaire pour saisir la dimension invisible, purement mentale, par où ces signaux devenaient des signes. « L'illumination eut lieu, explique Ruyer, non quand elle associa un signal et un résultat, mais quand *elle associa un nom et un être,* l'eau, le "wonderful something", *dans son expressivité ou sa signification intemporelle,* en un état d'âme qui n'était pas sans analogie avec celui d'un poète ou d'un amoureux de la nature, quand il a envie d'écrire un poème sur l'eau ». Mais, pour cela, il ne faut pas que la « fonction-signal bouche la fonction-symbole ». Le moment déterminant dans la compréhension du signe fut, pour Helen Keller, que *water* « n'était pas nécessairement un signe-signal par quoi l'eau était demandée ou attendue, mais "était le nom de cette substance, par quoi elle pouvait être mentionnée, conçue, mémorée, célébrée"[29] *Tant que l'on s'obstinait à conditionner Helen Keller à un mot, on lui interdisait en fait de comprendre ce qu'était le langage.* Il fallait qu'elle fût brusquement saisie par la découverte que le mot avait une signification. Découverte qui entraînait que tout avait un nom, et que tous les noms avaient une signification »[30].

Cette expérience originelle de la signification, nous ne pouvions la retrouver qu'en partant de ce que nous appellerons le degré zéro de la signifiance. Car, pour celui qui est entré dans son univers et qui s'y meut, la relation de signification devient si naturelle et si essentielle à la vie mentale, qu'elle passe entièrement inaperçue. Lorsqu'on veut la viser au moyen de ce que la scolastique appelle une intention seconde[31], elle paraît se présupposer elle-même : elle constitue elle-même le fond de tout acte intellectuel, et manque le fond sur lequel elle pourrait se dessiner aux yeux de notre esprit. C'est donc seulement sur le fond de la non-signifiance que la relation de signification peut se donner à voir dans sa vérité, c'est-à-dire comme la transformation du signal en signe, transformation invisible et qu'aucune marque matérielle ne permet de repérer.

En résumé, il y a langage véritable lorsque le signe « est compris non plus comme annonçant ou indiquant un objet ou une situation voisine ou prochaine, mais comme pouvant être utilisé en lui-même, *pour concevoir l'objet même en l'absence de cet objet.* (...) Le mot indique ou demande (l'objet qu'il désigne); mais d'autre part aussi il évoque l'*idée* (de cet objet); il en fixe la conception; il est un instrument de pensée, et non seulement d'action immédiate »[32]. Bref il y a langage, non quand un être exprime ou communique un besoin, une demande, une souffrance, un plaisir, un refus, mais lorsqu'il parle *de* quelque chose, c'est-à-dire lorsqu'il manie un signe comme le représentant sensible de la pensée d'un être. Conclusion qui paraîtra

---

29. Suzanne Langer, *Philosophy in a New Key*, p. 51.
30. Ruyer, *L'animal, l'homme, la fonction symbolique*, p. 98.
31. L'intention première désigne l'acte par lequel l'esprit *se tend vers* l'objet qu'il saisit; l'intention seconde est l'acte par lequel il revient sur l'intention première afin de la connaître.
32. Ruyer, *ibidem* p. 94.

d'une évidente banalité, mais qu'il a pourtant fallu reconquérir contre toute la sémiologie contemporaine.

* * *

Nous venons de retrouver un concept véritablement philosophique du signe, c'est-à-dire un concept qui renonce à la fermeture épistémique, qui renonce à pouvoir se définir exhaustivement, mais qui s'ouvre à la réalité de l'*être* sémiotique. Quel est donc ce concept? Quels sont donc les éléments constitutifs du signe qui, du point de vue philosophique, c'est-à-dire du point de vue d'une connaissance fondamentalement ouverte sur l'être de ce qu'elle pense, se dégagent des analyses précédentes? Une telle conception correspond-elle à des définitions connues dans l'histoire de la pensée? Et quel est son rapport à la définition du symbole? Fournit-elle un modèle sur lequel nous pouvons nous appuyer pour en construire la notion? Ou bien faut-il au contraire l'en distinguer soigneusement? Voilà quelques-unes des questions auxquelles nous allons devoir répondre. Sans doute la linguistique scientifique se les pose-t-elle parfois, ou plutôt lui arrive-t-il de les rencontrer. Mais elle ne peut les résoudre. On ne saurait en effet gagner sur tous les tableaux. En opérant la fermeture épistémique du concept de langue, les linguistes l'ont bien constitué en objet scientifique dont il est possible de donner une définition close et donc parfaitement inventoriable. Mais ils se sont en même temps exposés à accuser la nature aporétique de tout ce qui, dans la langue ainsi définie, renvoie à cet « en dehors » qu'ils refusent. Pourtant, la langue n'est-elle pas, par excellence, un « lieu de passage » où le dedans n'existe que pour s'échanger contre son propre au-delà? Quel oiseleur prendra les mots aux mots, et leur coupera les ailes? « Honneur des hommes, saint langage! » Le philosophe n'a d'oreille que pour la « langue des oiseaux ».

CHAPITRE V

DU SIGNE SELON LA PHILOSOPHIE

ARTICLE I

DU CHAMP SÉMIOLOGIQUE

Section 1 L'arrachement sémantique et la découverte de la signifiance

Comment l'ouverture du champ sémiologique s'effectue-t-elle? Comment accédons-nous à la signifiance?[1].

Si nous nous référons à l'expérience paradigmatique d'Helen Keller, nous constatons ceci : l'accès à la signifiance est commandée par la prise de conscience d'une rupture dans l'ordre du sensible. Un événement sensoriel, que rien ne distingue, en tant que tel, de la suite de tous les autres événements sensoriels qui peuvent advenir a une conscience, est soudain arraché à cette séquence par un captage invisible, absolument non sensible, et converti en signe, c'est-à-dire en entité sensible valant pour autre chose. Alors que tout sensible est perçu directement comme l'action sur nos sens d'un être manifestant ainsi sa présence (« se donnant à voir »), le signe linguistique est d'abord une entité sensible donnant à connaître autre chose qu'elle-même. C'est là, pourrait-on dire, la constatation minimale que nous fournit l'expérience de la signifiance, quand on la décrit du point de vue le plus extérieur.

Mais, précisément on ne peut en rester à ce point de vue, dans la mesure même où ce captage est invisible pour les sens, à moins de retomber dans le schéma de la communication, sur le trajet duquel, nous l'avons vu, on ne rencontre *jamais* la parole. Il faut donc se demander comment ce captage par l'invisible, cet arrachement d'une entité sensible à son ordre naturel, est

1. *Sémiologie* désigne la science générale des signes (linguistiques, symboliques, picturaux. musicaux, sociaux. etc.); *signifiance :* la signification envisagée comme une propriété générale des signes; *sémiotique :* ce qui concerne le signifiant comme tel; *sémantique :* ce qui est relatif au sens, en particulier (sens d'un signe), ou en général.

possible. C'est encore l'expérience d'Helen Keller qui peut ici nous enseigner. Ce que découvre l'enfant dans un acte unique, c'est, inséparablement et pourtant distinctivement, que l'entité signifiante est le lieu où se nouent et une intention signifiante, un « vouloir-dire », et une chose signifiée. Elle saisit intuitivement que w-a-t-e-r n'est pas une séquence sensorielle associée à la perception de l'eau, mais qu'elle est l'expression sensible d'une intention signifiante, de nature mentale, ou non sensible, *et qui concerne* le « quelque chose de merveilleusement frais ». C'est ce que note fort bien Ruyer, quand il parle d'association, non entre un signal et un résultat, mais entre un signe et un *être,* saisi dans son « expressivité ou sa signification intemporelle », c'est-à-dire, au sens propre, dans son essence. Il ne saurait d'ailleurs en aller autrement Car si tout a un nom, si tout peut être nommé, si tout peut être dit, c'est que, de tout, il y a quelque chose à dire. Il est insuffisant de parler ici d'intention signifiante, surtout si on la réduit à un acte psychologique. Il faut encore se demander : à quelle condition première une intention signifiante est-elle possible ? A la condition qu'il y ait quelque chose à signifier. La fonction désignative ou dénotative ne requiert pas, nécessairement l'usage d'un langage. Un chien sait parfaitement désigner ce qu'il désire, pourvu que cela soit présent, et de même un enfant ou un adulte lorsqu'il montre du doigt. Et peut-être la situation où se trouvait Helen Keller constituait-elle à cet égard une sorte de privilège pour comprendre ce qu'est un signe, car, pour elle, tout était sensiblement absent ou presque. La désignation devait alors passer nécessairement par la signification.

Qu'en est-il maintenant du « quelque chose à signifier » ? De quoi s'agit-il, sinon d'un sens à exprimer ? Nous n'aurions jamais rien à dire, si la réalité n'était pas pour nous « sens », « parole intelligible », si elle-même ne nous « disait quelque chose », si la conscience que nous prenons de l'existence de telle chose n'était en même temps et intrinsèquement conscience d'un sens, d'une essence, d'une « vérité » de la chose. Mais il ne suffit pas de parler d'un sens. Il faut encore ajouter que ce sens doit être dit, en d'autres termes, que nous le percevons (intellectuellement) comme une parole silencieuse qui demande à être révélée, qui appelle sa propre manifestation.

Telles sont les conditions constitutives de toute intention signifiante. C'est pourquoi nous proposons de définir l'opération par laquelle une entité sensible est captée par une intention signifiante, comme un *arrachement sémantique.* C'est cet arrachement sémantique qui convertit le signal en signe et l'introduit dans la sphère de la signifiance. Ce principe est pour nous certain. Il n'y aurait pas parole, s'il n'y avait « vouloir dire », volonté d'exprimer un sens du monde afin d'en informer un allocutaire. De ce point de vue, toute parole est un acte, si constative ou indicative soit-elle, et un acte sémantique, la communication d'un sens. Nous résumerons cette doctrine dans la proposition suivante : *parler, c'est : dire quelque chose de quelque chose à quelqu'un* (fût-ce à soi-même).

Nous avons ainsi un fondement solide pour construire une théorie complète du signe. A vrai dire, nous ne ferons qu'en développer certaines conséquences, les plus importantes, pensons-nous, mais limitées à ce qui demeure la fin majeure de notre réflexion : le signe symbolique; alors qu'une explication exhaustive nous conduirait à une philosophie du langage. Avant cependant de construire cette théorie, nous pouvons déjà recueillir l'enseignement philosophique le plus important de toute notre description, enseignement que nous aurons l'occasion d'évoquer à maintes reprises, et qui concerne l'existence humaine de la manière la plus générale.

L'expérience sémiologique qu'a vécue Helen Keller n'est pas seulement originaire relativement à la découverte de la signifiance et par rapport à une théorie du signe. Elle l'est aussi du point de vue de la découverte corrélative du monde objectif et du monde mental. En comprenant ce qu'est un signe, Helen Keller n'a pas seulement appris à parler; elle est née en même temps et corrélativement à la conscience du monde extérieur *et* du monde intérieur. L'arrachement sémantique, dès lors qu'il opère invisiblement le captage d'une entité sensible, déchire en deux le tissu de la réalité non-signifiante, pose les êtres du monde dans leur objectivité et révèle à la conscience, sous la forme de l'invisible activité pensante, l'existence de sa propre réalité. De plus, dans la mesure où la pensée pense le sens du monde, l'expérience sémiologique révèle aussi une troisième dimension du réel, celle d'un intelligible, d'un univers sémantique, où le monde extérieur et le monde intérieur trouveraient leur unité première, de même qu'ils ont trouvé dans le signe leur *discrimen* ou séparation actuante. C'est pourquoi la découverte de la signifiance s'accomplit dans l'émerveillement et la joie : la réalité vient soudain de se déployer et de s'agrandir « infiniment », en même temps qu'elle s'ordonne et se différencie en mondes distincts communiquant entre eux par la médiation du signe, tout comme, au premier cri du nouveau-né, se déplient et se gonflent les alvéoles pulmonaires qui se mettent en contact avec l'oxygène de l'air ambiant, en même temps que se distinguent et s'ordonnent l'une par rapport à l'autre la circulation artérielle et la circulation veineuse par la médiation du cœur. En vérité, la signifiance introduit du *jeu,* ou si l'on préfère, de la liberté dans le réel. La réalité n'est plus un système d'articulations rigoureusement emboîtées les unes dans les autres et régies par une implacable nécessité. Il n'y a plus seulement du fonctionnement; il y a aussi de la signifiance, laquelle ouvre le champ du « possible »[2] et empêche le monde de se refermer sur lui-même. La souffrance d'Helen Keller, son irritation et son angoisse était d'abord protestation d'une liberté qui étouffait de se trouver toujours « prise » dans l'enchaînement des processus comportementaux Mais lorsque le filet des relations mécaniques est soudain déchiré par le captage sémantique, alors elle se découvre libre et maîtresse du monde et d'elle-même, maîtresse puisqu'elle peut nommer l'un et l'autre, et les constituer dans leur ordre propre et objectif. Si, pour l'animal, il n'y a pas de monde (comme ordre autonome des existants), c'est parce qu'il n'y a pas non plus pour lui de signifiance. Et c'est seulement dans cet acte de nomination que l'homme réalise sa véritable maîtrise[3], et non dans un acte d'appropriation technique qui exige au contraire que nous nous soumettions à la nature des choses. C'est Adam nommant les êtres au Paradis terrestre.

Dans la mesure même où le signe linguistique réalise, en tant que tel, une véritable ouverture spéculative, il nous conduit nécessairement à renoncer à la fermeture saussurienne du concept de langue. Et cela nous donne occasion, une fois encore, de bien préciser notre point de vue. En aucune façon il ne s'agit de récuser le droit qu'a la science (au sens moderne de ce terme) d'opérer la clôture du concept avec lequel elle travaille. Grâce à la notion de fermeture épistémique nous croyons même avoir montré, aussi précisément que possible, que cette clôture constituait la condition préalable de toute scientificité (au sens moderne). Il n'en va pas autrement pour la linguistique. Aussi, l'acte premier de Saussure consiste-t-il justement à

---

2. Ce possible n'est pas seulement relatif à l'existence humaine; il concerne aussi et même surtout, le monde des archétypes et des essences. C'est parce qu'il y a des possibles « éternels » qu'il peut y avoir des possibles temporels, qu'il y a une histoire, des « choses à faire » et non simplement un fonctionnement

3. Signalons, sans pouvoir nous y attarder pour le moment, que la même corrélation est affirmée par la tradition orientale. A tous les degrés de la réalité, depuis le Principe jusqu'à l'être humain on rencontre le même processus, mais évidemment sous des formes différentes, selon lequel, la manifestation de la « parole » correspond d'une part à l'apparition de la conscience réfléchie (ou du *Je* suprême au niveau principiel), et d'autre part à la production cosmogonique des différents êtres. C'est là le thème constant de cette théologie de la parole, ou « théologie linguistique » selon l'expression d'A. Padoux dans son ouvrage *Recherches sur la symbolique et l'énergie de la parole dans certains textes tantriques*, p. 53. On y trouvera cette corrélation, en particulier p. 12, p. 21 (l'imposition originelle des noms, *namâdheya*, équivaut à « donner de l'être », p. 50 : chaque *mantra* [formule d'invocation] étant un aspect phonique de l'énergie universelle, correspond en effet à un niveau de conscience et, donc, aussi, à un niveau du processus cosmique); p. 69; p. 74 : « La naissance de chaque phonème est considérée comme résultant d'une prise de conscience synthétique (*parâmarsha*) de Shiva »; p. 83; p. 126 sq.; etc. Cf. ici même, *infra*, pp. 192-199.

distinguer la langue de la parole, et à construire ainsi un objet propre et parfaitement distinct pour la science linguistique. Tout ce qu'il en dit ensuite en découle, plus ou moins nécessairement et s'il y a divergences entre les experts, elles se situent à l'intérieur de la fermeture épistémique. Là-dessus nous n'avons rien à dire – ne serait-ce que par manque de compétence. Mais il n'en va plus de même lorsqu'il s'agit de philosophie, et l'on sait de reste que la définition saussurienne du signe linguistique a régné presque sans partage sur toute la pensée sémiologique contemporaine. Dans tout ce que nous allons dire maintenant, ce n'est donc pas à Saussure lui-même que nous nous adresserons, mais à l'usage philosophique de ses notions.

Section 2 De l'unité du champ sémiologique : signes linguistiques et signes non linguistiques

L'immense majorité des linguistes considère le signe linguistique comme le signe par excellence. Les réponses divergent lorsqu'il s'agit de savoir à quoi est due cette supériorité. Les uns, de tendance plus psychologiste, y verront un effet de son usage massif par la quasi-totalité des êtres humains. D'autres, au contraire, attribuent cet usage lui-même à une propriété du signe linguistique, qu'il faut préciser si l'on veut rendre compte de sa suprématie. Dans ce cas, le champ sémiologique se trouve divisé au moins en deux régions hétérogènes : l'une qui comprend seulement la langue, l'autre tous les systèmes non-linguistiques. Mais il est alors impossible de s'appuyer sur le seul exemple du signe linguistique pour construire une théorie du signe en général. Nous ne saurions donc éviter de soumettre cette thèse à notre examen.

Nous avons déjà rencontré une première tentative d'explication de la primauté sémiotique de la langue : c'est la doctrine de la double articulation (en unités phonématiques *et* en unités morphématiques), mise en lumière par A. Martinet et que beaucoup de spécialistes regardent comme spécifique du signe linguistique. Or, on le sait, cette analyse soulève des difficultés. D'une part la définition des unités morphématiques et phonématiques n'est pas toujours aisée, non plus que leur distinction respective. D'autre part elle ne considère le système linguistique que du point de vue de son fonctionnement et n'attribue son usage universel qu'à la commodité de son emploi : pour dire la même chose, un système non-linguistique devrait mettre en œuvre des moyens beaucoup plus lourds et plus nombreux. Enfin il ne s'agit là que d'une supériorité de degré, non de nature, le signe linguistique se contentant de réaliser mieux ce que pourraient cependant réaliser les autres systèmes sémiotiques. Au reste, cette affirmation demanderait elle-même à être sérieusement précisée : d'abord parce qu'il y a de nombreux cas où un bref dessin est plus éloquent qu'un long discours [4]; ensuite parce que, devant l'extraordinaire profusion des formes significatives non-linguistiques (coutumes, costumes, coiffures, gestes, danses, rites, manières d'être, arts de toutes sortes, etc.), la fécondité du langage paraît moins impressionnante.

De façon plus convaincante, la suprématie de la langue est attribuée à sa « secondarité » : on désigne par là la capacité qu'a le système linguistique de parler de lui-même et donc d'être sa propre métalangue.

Dans le *De doctrina christiana,* l'un des tout premiers traités d'herméneutique en Occident (avec les trois premiers chapitres du livre IV du *Traité des principes* d'Origène), S. Augustin remarque, à propos de la diversité des signes : « Au fait tous ces signes, dont j'ai brièvement exposé les genres, c'est avec les mots que j'ai pu les énoncer, mais les mots, je n'aurais pu d'aucune façon les énoncer par ces signes » [5]. Se trouve par là soulignée la non-réciprocité de la relation que l'on peut instituer entre la langue et les autres systèmes sémiotiques et qui donc spécifie le signe linguistique par rapport à toutes les autres sortes de signes. Dès lors, s'il est exact que cette propriété de la langue divise le champ sémiotique en deux ensembles hétérogènes, il convient de s'interroger sur son origine (dont la doctrine de la double articulation ne saurait évidemment rendre compte) : d'où vient la supériorité de la langue comme seul système sémiotique capable de parler des autres systèmes ?

Nous étudierons ici la réponse que le grand linguiste Emile Benveniste nous propose dans son célèbre article « Sémiologie de la langue » (1961) [6], et

4. Sans compter les messages qu'aucun code linguistique ne peut transmettre. Par exemple il est impossible d'expliquer à quelqu'un qui l'ignorerait et avec qui nous n'aurions d'autre contact que par impulsions codées (un téléphone par exemple, ou un émetteur radio) la signification que nous attribuons aux mots « droite » et « gauche ». Ce problème mathématique très simple – qui nous renvoie dans une certaine mesure à Kant – devrait susciter l'étonnement, ou au moins l'intérêt de nos linguistes épris de scientificité. Le cas de deux interlocuteurs invisibles l'un à l'autre, et sans possibilité actuelle de se référer à des formes asymétriques communes, nous place dans une situation « ultra-kellerienne ». C'est à cette situation limite que devrait s'apprécier la « capacité sémantique » d'un langage. Ce que le mathématicien américain Martin Gardner a proposé d'appeler le « problème Ozma » (*L'univers ambidextre : La droite, la gauche et la faillite de la parité,* traduit par C. Roux. Dunod, 1964, pp. 166-174) montre en tout cas que la langue sans référence ne peut pas parler entièrement d'elle-même : il est impossible de dire uniquement avec la langue ce que la langue appelle droite et gauche.

5. II. 3, 4. *Œuvres de saint Augustin,* t. XI., *Le magistère chrétien,* « Bibliothèque augustinienne », Desclée De Brouwer et Cie, 1949, p. 243.

6. *Problèmes de linguistique générale II.* coll. « Tel », Gallimard, 1980, pp. 43-66. De tous les linguistes contemporains Benveniste nous paraît être, avec Noam Chomsky, mais à un autre point de vue, celui qui a posé les questions philosophiquement les plus intéressantes.

qui repose sur la distinction fondamentale du sémiotique et du sémantique. Disons tout de suite que, si nous croyons qu'en effet avec cette distinction, d'une géniale simplicité, Benveniste a bien mis en lumière un des caractères essentiels du fonctionnement de la langue, les conséquences qu'il en tire concernant la supériorité sémiotique du langage n'emportent pas notre conviction. Pour notre part nous soutenons premièrement que la capacité métalinguistique n'est pas la caractéristique essentielle du langage, mais seulement un aspect particulier d'une propriété tout à fait générale selon laquelle le langage parle toujours *de* quelque chose : le langage ne peut pas ne pas « parler de », c'est-à-dire ne peut parler sans introduire une distance et une distinction entre lui-même et ce dont il parle. Le langage est ainsi toujours indirect. Il ne dit jamais les choses, comme un cri dit la souffrance, un sourire la joie, il *en* parle. Du même coup, il constitue ce dont il parle comme son objet et s'institue par là comme instance universelle : il ne peut pas fonctionner sinon comme le système sémiotique « qui dit quelque chose *de* quelque chose ». Or cette nature « médiatique » ou « désignative » du langage – c'est là le deuxième volet de notre thèse – n'est pas l'effet d'une structure de la langue comme telle, mais appartient à la pensée conceptuelle dont le langage est l'instrument d'expression propre (et donc aussi d'opération). C'est la réflexivité de la pensée qui fonde la médiaticité du langage, et donc aussi sa secondarité. La seule question qui se pose alors, c'est de savoir pourquoi le langage peut être lié d'une manière si étroite à l'activité pensante. Nous tenterons de répondre à cette question. Mais auparavant, nous devons donner la parole à Benveniste, parce qu'aucune théorie n'a distingué si fortement le système linguistique des autres systèmes, et mieux mis en cause l'unité du champ sémiologique.

Benveniste commence par poser en principe qu'aucun système de signes ne fait double emploi avec un autre système : c'est ce qu'il appelle la *non-redondance.* Nous ne disposons, d'un système à l'autre, d'aucune synonymie. Ce qui est dit en musique ne saurait être redit en peinture ou en sculpture ou en paroles. Cela est littéralement vrai : chaque système est unique; il n'y a pas de système trans-sémiotique. S'ensuit-il que les systèmes sont tous clos sur eux-mêmes et n'ont aucun rapport les uns avec les autres? Étant pris dans une même culture, ils sont évidemment liés par des rapports externes; quant aux rapports internes, conformément à la nature de tout système sémiotique qui est de représenter quelque chose, ils doivent être également de nature sémiotique. A cet égard la langue entretient seule un rapport sémiotique avec tous les autres systèmes (et avec elle-même) puisqu'elle peut les désigner, en parler, et qu'eux ne le peuvent pas. Tout système est donc soit interprétant soit interprété; et tous les systèmes sont les interprétés de la langue, qui soutient avec eux un *rapport d'universelle interprétance.*

Maintenant si nous nous interrogeons sur la nature des systèmes interprétés, nous constatons que c'est la notion même de signe qui fait difficulté, c'est-à-dire celle d'unité signifiante. En musique, par exemple, nous avons bien des unités, les sons, mais qui sont dépourvues de signification : ce ne sont pas des éléments signifiants par eux-mêmes, dont le sens serait reconnu et identifié par une communauté d'auditeurs, comme c'est précisément le cas pour les signes linguistiques. Il y a donc les systèmes à unités signifiantes, comme la langue, et les systèmes à unités non signifiantes, comme la musique. Mais il existe aussi des systèmes où la simple idée d'unité devient matière à discussion. Ce sont tous les arts de la figuration (peinture, dessin, sculpture). En tout cas, dans aucun de ces arts, y compris la musique, la signifiance n'« est inhérente aux signes eux-mêmes ». Elle « ne renvoie donc jamais à une convention identiquement reçue entre partenaires ». Elle résulte de la combinaison et de l'arrangement des éléments, elle « est imprimée par l'auteur à l'œuvre »[7], alors que la langue possède sa signifiance en elle-même et par elle-même, c'est-à-dire qu'elle indique elle-même quelle est sa propre signification, et, par là, se révèle capable d'indiquer la signification de tous les autres systèmes. En conséquence, c'est la langue qui révèle la nature sémiotique des autres systèmes, les unités distinctives et oppositives qui les constituent, et les transforme en signes, par un véritable « *modelage sémiotique* »[8].

Reste à se demander d'où vient cette propriété. Nous venons de voir que la langue, à la différence des autres systèmes, est constituée d'unités signifiantes. Mais ce n'est pas son seul mode de signifiance. En réalité elle « combine deux modes distincts de signifiance », le mode *sémiotique* et le mode *sémantique*[9]. Là est la distinction essentielle de Benveniste. Le mode sémiotique est celui de l'élément signifiant lui-même lié au code lexical, et *reconnu* identiquement par tout le monde (pour une langue donnée). Mais le « signe » n'est pas le tout de la langue et son importance dans la linguistique saussurienne bloque la réflexion. Car il y a aussi le discours qui relève du mode sémantique. Or, dans un discours, la signifiance ne résulte pas de l'identification successive des unités signifiantes qui le composent puisque le sens peut nous échapper alors même que nous en connaissons tous les éléments signifiants. Il faut encore savoir de quoi on parle (c'est la question

7. *Problèmes de linguistique générale* II, p. 59.
8. *Ibidem*, p. 63.
9. *Ibidem*, p. 65.

du référent que nous allons bientôt aborder), et comprendre ce que l'on en dit. Le mode sémantique ne doit pas être *reconnu,* il doit être *compris.*

Et voici la conclusion : « La langue est le seul système dont la signifiance s'articule ainsi sur deux dimensions. Les autre système ont une signification unidimensionnelle; ou sémiotique (gestes de politesse, *mudrâs*) sans sémantique; ou sémantique (expression artistique) sans sémiotique ». La langue possède le deux et c'est de là que vient sa capacité métalinguistique, son pouvoir d'universelle interprétance[10].

Nous nous trouvons donc en présence d'une nouvelle doctrine de la double articulation, mais qui se situe à un autre niveau que celle de Martinet : articulation non plus des unités non-signifiantes et des unités signifiantes, mais de l'ordre sémiotique et de l'ordre sémantique, ou encore des unités signifiantes et du discours ou énonciation.

Nous n'avons nullement l'intention de contester l'existence de cette double articulation. Bien au contraire, comme l'a remarqué P. Ricœur, « La distinction du sémiotique et du sémantique est d'une importance philosophique considérable »; elle permet en effet d'ouvrir le concept de langue sur la réalité elle-même[11]. Mais – et sans entrer dans le détail d'une question qui concerne au fond tout le champ sémiologique – nous voudrions la contester sur deux points : 1°) il ne nous paraît pas évident que seule la langue fonctionne selon le principe de la double signifiance, et nous pensons au contraire qu'on doit admettre qu'il en va de même, mais à des degrés divers, de tous les mode d'expression; 2°) nous ne croyons pas que le mode linguistique de signifiance soit une propriété de la langue elle-même : il relève de l'intention signifiante, donc de l'activité pensante comme telle.

Quant au premier point la thèse de Benveniste implique, nous l'avons vu, que tous les systèmes autres que la langue fonctionnent ou sémiotiquement ou sémantiquement ; jamais les deux à la fois. Qu'en est-il de ces deux modes exclusifs l'un de l'autre?

Du mode purement sémiotique, Benveniste cite l'exemple des signes de politesse et des *mudrâs,* c'est-à-dire de la disposition des doigts et des mains dans l'iconographie et la danse sacrée de l'hindouisme ou du bouddhisme. Qu'il s'agisse d'unités signifiantes, cela est certain. Ces signes sont d'ailleurs reconnus et identifiés, au sein d'une culture déterminée, et l'on peut même éventuellement y répondre par d'autres signes. Toutefois il nous paraît impossible de les considérer comme dépourvus de sémantisme. Ils le

10. *Ibidem,* p. 65.
11. *Ibidem,* p. 236.

seraient si leurs éléments constituants n'avaient de sens qu'à l'intérieur d'un *code*, ne signifiant jamais qu'eux-mêmes, comme il est requis pour de pures unités sémiotiques [12]. Mais ils expriment aussi une intention signifiante, c'est-à-dire qu'ils sont utilisés par elle comme moyens d'expression. Or toute intention signifiante vise un *intenté* pour reprendre l'expression même de Benveniste. Ils disent « amitié », « joie de se revoir », « respect d'autrui », « communauté de classe », ou « reconnaissance initiatique », et il n'est nul besoin du langage pour signifier ce sémantisme [13]. Dans le cas des *mudrâs*, ces gestes symboliques désignent aussi et *a fortiori* un véritable intenté, une réalité métaphysique ou spirituelle souvent fort précise et fort complexe [14]. Plus généralement ils disent la compassion du divin pour l'humain, ou la colère et le châtiment ou la grâce et l'adoration, la supplication, la prière, la concentration, le détachement et ainsi de suite selon un « discours » qui mobilise la totalité de l'œuvre iconographique et dont les *mudrâs* sont d'ailleurs inséparables. Ce qui est mis en œuvre, c'est donc le sémantisme des relations divino-humaines, des grandes vérités religieuses. L'ignorer, c'est derechef réduire une immense partie de la vie des sociétés humaines à un inexplicable fonctionnement sémiotique, à un échange, sans signification, d'éléments signifiants.

Inversement, il nous est très difficile d'admettre que l'expression artistique réalise un sémantisme dépourvu d'unités signifiantes. Sans doute est-ce bien ainsi que les choses semblent se passer, au moins en première approximation, et pour ce qui est de l'art classique. En peinture, par exemple, les

12. Benveniste met clairement en lumière la distinction sémiotique/sémantique dans le texte suivant : « On peut transposer le sémantisme d'une langue dans celui d'une autre, *salva veritate* (la vérité étant sauve); c'est la possibilité de la traduction; mais on ne peut pas transposer le sémiotisme d'une langue dans celui d'une autre, c'est l'impossibilité de la traduction. On touche ici la différence du sémiotique et du sémantique » (*ibidem*, p. 228). Par exemple, il n'y a qu'en français que le morphème *-ons* signifie la 1re pers. du plur., et il n'y aurait évidemment aucun sens à vouloir le traduire en allemand.

13. Ce sémantisme peut même atteindre un grand degré de raffinement : que l'on songe à l'étiquette d'une cour royale. Le maître des cérémonies qui institue cette étiquette ne se propose pas un problème très diffèrent de celui d'un poète : l'un est devant ses éléments signifiants (gestes, attitudes du corps, marches, évolutions respectives, pièces du costume, etc.) comme l'autre devant ses mots. En fait – et c'est peut-être là la justification de la thèse de Benveniste – les signes de politesse se comportent comme des *énoncés performatifs* (ils réalisent ce qu'ils expriment), et semblent donc fonctionner de manière purement sémiotique. Mais ce sont aussi des énoncés, et ils font donc aussi partie du « discours ».

14. Voir, en particulier, Lama Anagarika Govinda, *Les fondements de la mystique tibétaine*, A. Michel, 1960, pp. 159-168. Ici, toutefois, le langage est requis pour le comprendre; encore qu'on doive admettre, en dernière analyse, que les *mudrâs* reposent en fait sur une symbolique naturelle.

éléments picturaux, dans la mesure où ils sont identifiables, couleurs, formes, ordonnance, etc., n'ont pas de signification en eux-mêmes et par eux-mêmes, mais seulement par imposition, selon le bon vouloir de l'artiste, et en fonction du sens général de l'œuvre, c'est-à-dire de l'intention signifiante. De même en musique ou en sculpture. Benveniste évoque cependant l'objection que représente l'existence d'un certain lexicalisme dans l'iconographique médiévale. « Certes, dit-il, on peut reconnaître dans la sculpture médiévale un certain répertoire iconique qui correspond à certains thèmes religieux, à certains enseignements théologiques ou moraux Mais ce sont des messages conventionnels (...). En outre, les scènes figurées sont la transposition iconique de récits ou paraboles; elles reproduisent une verbalisation initiale » [15]. Ces affirmations minimisantes sont très loin de la réalité.

La majorité des historiens de l'art et des religions soulignent au contraire le sémiotisme étonnant des éléments iconiques. Étonnant parce que, si au début ils semblent n'obéir qu'au sémantisme de l'artiste, ils se révèlent progressivement constituer une grammaire et un vocabulaire véritables. L'examen de quelques dizaines de cas, ou même de quelques centaines, n'emporte peut-être pas l'adhésion. Mais lorsqu'ils se présentent par milliers, alors elle devient irrésistible. Évoquant, dans l'avant-propos de son étude sur *Le langage de l'image au Moyen Âge*, le fruit de son expérience, François Garnier écrit : « Le contact avec un grand nombre de documents fait naître progressivement la conviction que ce langage existe, c'est-à-dire que les imagiers, consciemment ou inconsciemment, utilisent une même syntaxe pour s'exprimer, que cette syntaxe est irréductible à la transmission de copies, de modèles, à la reproduction de stéréotypes » [16]. On trouverait une conviction semblable chez la plupart des spécialistes [17], et aussi, ce qui est encore plus important, chez les artisans eux-mêmes, à chaque fois que

15. Benveniste, *op. cit.* p. 59.

16. Éd.. Le Léopard d'Or, 1982, p. 10. Et l'auteur précise : « La syntaxe n'est liée ni à des espèces morphologiques définies, ni à des sujets déterminés. Les structures qui la constituent ont une capacité d'expression indépendante des contenus auxquels elle s'applique pour leur donner une signification cohérente ». Ce sont de véritables sémiotismes.

17. Citons, entre autres, Gérard de Champeaux et Dom Sébastien Sterckx, *Le monde des symboles*, éd. Zodiaque. 1976; Olivier Beigbeder. *Lexique des symboles*, même éditeur, 1979; Alphonse Kirchgassner, *La puissance des signes*, trad. de l'allemand, Mame, 1962; M. Madeleine Davy, *La symbolique romane*, Flammarion, 1964; Régine et Madeleine Pernoud et M. M. Davy. *Sources et clefs de l'art roman*, Berg International, 1973; Jean Hani, *Le symbolisme du temple chrétien*, Éd. de la Maisnie, Guy Trédaniel, 1978; *Les métiers de Dieu*, Éd. des Trois Mondes, 1975; Jean Canteins, *Phonèmes et Archétypes*, Maisonneuve et Larose, 1972; *La Voie des Lettres*, *ibid.*, 1981; *Le Potier démiurge*, *ibid.*, 1986; *Les Baratteurs divins*, *ibid.*, 1987, etc.

s'est exprimée la conscience qu'ils avaient des procédés de leur art, et que nous avons pu y avoir accès [18]. On aurait grandement scandalisé les tailleurs de pierre ou les peintres médiévaux en leur affirmant que, non les éléments figuratifs qu'ils utilisaient, mais seulement le thème religieux ainsi figuré, avait une signification. Allons plus loin : c'est là toute la différence qu'il y a entre l'art véritablement sacré et l'art religieux depuis la Renaissance. Comme on le voit, la question n'est pas de mince importance. Car l'art « religieux » n'est souvent qu'un art profane à motif religieux : le thème, l'idée, le sujet sont religieux; la manière dont ils sont traités et les moyens utilisés sont fréquemment profanes, et, au mieux, reflètent la sensibilité religieuse de l'artiste. Alors que, dans la peinture d'une icône, par exemple, depuis le fond en bois et sa préparation, jusqu'à la matière des couleurs, leur nature, leur disposition, les formes des habits, les attitudes des personnages, etc., tout est signifiant.

Ce qui est vrai des arts figuratifs l'est aussi de la musique sacrée, qu'il s'agisse du chant grégorien ou de la musique orientale, hindoue ou arabe. L'extrême complexité des éléments et de leur ordonnance est toujours mise en rapport avec une signification déterminée, si bien qu'il est rigoureusement légitime de parler ici d'une grammaire et d'un vocabulaire [19]. Et d'ailleurs, surtout pour ce qui est des musiques sacrées de l'Orient, on ne voit même pas comment il pourrait en être autrement, puisque ces musiques sont à la fois purement traditionnelles et *improvisées* : elles utilisent donc des éléments sonores (en particulier les modes et styles d'interprétation) fixés impérativement par la tradition en fonction de leur valeur significative, mais dans une « énonciation » qui est chaque fois nouvelle et unique. Comparant les sons musicaux aux sons articulés, selon les enseignements de l'Inde, A. Daniélou écrit que « leur sens est donc plus général, moins particularisé que celui des sons articulés et représente les lois générales d'expression par les sons dont le langage articulé est une application spéciale. En ce sens la musique ressemble au langage des Anges ou à celui des sages des premiers âges, tout proches encore du Principe Créateur, langage

---

18. Nous pensons en particulier au Compagnonnage.

19. Cf. l'ouvrage de M. Scriabine, *Le langage musical*, Éd. de Minuit 1963, qui distingue trois catégories d'éléments : le rythme, la mélodie et la polyphonie. Citons également les recherches de N. McLeod, et de C. Boilès, en ethnomusicologie, recherches qui procèdent non seulement du signifié au signifiant mais aussi *du signifiant au signifié* (J.J. Nattiez, *Sémiologie musicale*, dans *Organon*. Encyclopedia Universalis, 1977, p. 562), ainsi que Marc Loopuyt, « Aspects musicaux du Moyen-Atlas », dans *Études Traditionnelles*, n° 481, juil-sept. 1983, pp. 119-126.

lumineux qui a peu de mots, mais dont chaque son a un sens fondamental susceptible de multiples applications »[20].

On ne peut donc dénier à aucun art sacré l'usage d'éléments par eux-mêmes signifiants (mode sémiotique) pour exprimer un sens général, une « parole » sur le monde divin, la nature ou l'homme. Cet usage est beaucoup moins évident dans l'art classique (de la Renaissance au début du XXe siècle). Durant ces quatre siècles on assiste à une « désémiotisation » des éléments esthétiques corrélative de leur naturalisation progressive, à tel point que ces éléments deviennent en quelque sorte l'ennemi de l'« idée », du sémantisme de l'œuvre : l'artiste doit « lutter » *contre* une matière sensible rebelle au sens qu'on la force d'exprimer. Cette conception, fondamentalement angéliste et anti-métaphysique, trouve sa limite « par en bas » dans l'art non-figuratif de notre époque, où cette fois le sémantisme de l'œuvre disparaît complètement, pour laisser exister librement les éléments esthétiques qui recouvrent ainsi une sorte de sémiotisme direct et foncier : sons, couleurs, formes valent pour eux-mêmes et sont aussi peu pris que possible dans le sémantisme d'un discours[21].

Il ne nous paraît même pas possible de maintenir le principe d'universelle interprétance, ou du moins faut-il en préciser singulièrement la signification relativement à la langue : s'il y a bien quelque chose d'universel dans le langage, ce n'est peut-être pas sa capacité herméneutique.

Nous avons en effet déjà soulevé le cas limite des messages impossibles, c'est-à-dire des informations qui ne peuvent absolument pas se transmettre par codage, quel qu'il soit, et qui, pourtant ne présentent aucune imprécision : un point est à droite ou à gauche d'un repère donné, et l'information sur cette situation joue un rôle considérable en mathématique et en physique (par ex. : notion du sens trigonométrique positif ou la déviation de la lumière en cristallographie). Mais il y a d'autres cas relatifs à des domaines non moins importants, quoique non scientifiques. Nous voulons parler du domaine religieux. Benveniste affirme que l'iconographie ne fait que « reproduire une verbalisation initiale ». Sans doute est-ce vrai, et inévitable, pour tout ce qui concerne l'Écriture Sainte. Cependant en reproduisant

---

20. *La théorie métaphysique du Verbe et son application dans le langage et la musique*, dans *Approches de l'Inde*, Cahiers du Sud, 1949, p. 164. L'origine divine de la musique est affirmée par la tradition hindoue : « Le Seigneur a extrait la musique du *Sâma-Vêda* »; cité par C.R. Shrinivasa Aiyangar, *Las aspects culturels de la musique et de la danse hindoues*, *ibidem*, p. 263.

21. Ces brèves remarques condensent une réflexion beaucoup plus ample concernant l'art en général et son évolution occidentale.

cette verbalisation initiale, elle ne fait pas que la figurer (l'illustrer au sens moderne du terme), elle en offre une interprétation théologique et spirituelle non pas adventice ou accessoire, mais tout à fait essentielle et nécessaire [22]. En réalité, il n'y a pas *une seule image médiévale* qui ne soit que reproduction figurative d'un texte : toutes nous offrent les clefs majeures de l'herméneutique chrétienne, une « lecture » typologique de l'Écriture. Et cela, pas seulement par la mise en rapport, au sein d'un même vitrail par exemple, de la naissance d'Ève du côté d'Adam endormi et de celle de l'Église du côté ouvert du Christ mort, ou de la Tour de Babel et de la Pentecôte, etc.; mais aussi par les couleurs des vêtements, les attitudes des personnages, leurs positions réciproques, et ainsi de suite. Dira-t-on que ces images ne font que traduire plastiquement les commentaires des Pères de l'Église? Cela est vrai de beaucoup, non de toutes. Particulièrement pour ce qui concerne la vie sacramentelle et liturgique, l'iconographie précède souvent le texte ou même la parole, et l'a toujours précédée, car il y a dans ce domaine des choses que l'on peut seulement montrer et non point dire. L'exemple le plus incontestable est celui de la liturgie sacrificielle de la messe [23]. Elle constitue un commentaire « gestuel » et formel des récits néotestamentaires de l'institution eucharistique fort surprenant pour celui qui s'en tiendrait au seul texte. Cependant, comme l'ont montré diverses études historiques [24], la Cène du jeudi saint telle qu'elle eut lieu effectivement dans le cadre du rituel juif du repas pascal, est beaucoup plus proche d'une messe (tridentine [25]), avec sa langue sacrée propre, son cérémonial, ses bénédictions, ses hymnes, le temple et son architecture, que d'un repas familial ou

---

22. Elle peut même ajouter des significations qui ne sont pas données explicitement par le texte scripturaire. Ainsi « le repas de pain et de poisson que Jésus ressuscité sert aux sept disciples (parallèle évident de la multiplication des pains) a été considéré par l'art chrétien primitif comme un autre symbole de l'idée eucharistique; mais le texte de l'évangile n'offre aucune allusion en ce sens », C.H. Dodd, *L'interprétation du quatrième évangile* « Lectio Divina » 82, Éd. du Cerf, 1975, p. 542.

23. Mais il y en a d'autres. La liturgie baptismale, au moins pour les quatre premiers siècles, nous est autant connue par l'iconographie que par les textes. Au demeurant les uns et les autres ne disent pas exactement la même chose. Ainsi la plupart des textes parlent du baptême comme d'une immersion (mais la *Didachè*, VII 1-3, admet déjà la possibilité de l'infusion) alors qu'aucune représentation du baptême, entre le Ier et le IVe siècle, ne fournit l'image d'une immersion complète.

24. Cf. en particulier, Louis Boyer, *Eucharistie, Théologie et spiritualité de la prière eucharistique*, 2e éd., Desclée, 1966, surtout chap. 11.

25. Cette précision s'impose aujourd'hui parc que la révolution liturgique a rendu possible la célébration de messes sans *ritualité*. Quant au « style » liturgique, il s'est tellement dégradé que le même P. Bouyer parle de son « cadavre décomposé » (*Le métier de théologien*, Ed France-Empire, 1979, p. 50).

amical d'aujourd'hui. Il suffit d'étudier un peu l'histoire de la liturgie sacramentelle et sacramentale, pour se rendre compte qu'il existe d'innombrables *pratiques gestuelles* ne reposant sur aucun texte (ni testamentaire, ni patristique) et qui pourtant sont normatives de la foi et sources théologiques premières, parce que leur antiquité et leur universalité attestent leur caractère apostolique[26]. Mentionnons seulement le signe de croix! C'est ainsi que la *lex orandi* détermine la *lex credendi*. Dans un grand nombre de ces cas, ce sont les gestes et les figures qui sont premiers, et la verbalisation éventuelle qui est seconde[27]. Encore faut-il ajouter que la verbalisation elle-même, quand il s'agit d'une Révélation, n'est *jamais* un acte de parole au sens exclusivement linguistique du terme, mais qu'elle est *toujours* prise dans une gestuelle et un chant, ainsi que l'a montré irréfutablement le P. Jousse (ce qu'il a appelé le rythmo-mélodisme)[28]. Nous ne parlons pas d'un accompagnement adventice, mais d'un mode de communication synthétique dont les éléments sont indissociables, dès lors qu'il s'agit d'une parole vivante *et* vivifiante. Plus généralement encore, un message sacré quelconque ne se communique jamais à l'aide d'un seul moyen d'expression; il n'y a pas de peinture sacrée comme telle, de musique sacrée, d'architecture sacrée, de parole sacrée, de danse ou de théâtre sacrés. Considérer une icône comme une œuvre esthétique est un pur contre-sens et un sacrilège. Il y a une liturgie totale : elle seule exprime vraiment le message. La non-redondance des systèmes sémiotiques n'est qu'un aspect de leur synergie fonctionnelle : ils n'ont ni plus ni moins d'indépendance que nos différents sens.

Enfin, il faudrait ajouter à tout cela la prise en compte de ce que Ruyer appelle l'expressivité[29], qu'il oppose à la signification; celle-ci détermine le sens et l'objet du discours, celle-là concerne ce que les choses « ont l'air de vouloir dire ». Or, comme le montre Ruyer, il s'agit d'une réalité beaucoup plus fondamentale que la signification, d'une qualité foncière et globale, que, pour notre part nous identifierons au rayonnement de l'essence des choses. Ce rayonnement est peu exprimable par la parole, il s'expérimente dans la présence réelle des formes sensibles, et cependant, bien que non formulable en mots et en concepts, il communique à l'esprit un savoir distinct,

26. Cela est particulièrement net dans le cas des rites d'ordination, sacerdotale ou épiscopale, de confirmation, de pénitence, d'extrême-onction, etc.

27. Le Christ lui-même dit : « venez et voyez ». A la Transfiguration, source de l'iconographie christique, Il enseigne directement par la révélation de sa forme glorieuse, avant d'enseigner par l'ostension de sa crucifixion. Le Bouddha réduit un sermon à la monstration d'une rose. Et ainsi de suite.

28. Cf. en particulier, *L'anthropologie du geste*, Gallimard, 1974.

29. « L'expressivité », dans *Revue de Métaphysique et de Morale*, 1955, n° 1-2, pp. 69-100.

une *idée* précise de l'essence dont il émane. Ne le nieront que ceux qui ne peuvent rien penser en dehors du concept et du langage[30], ignorant ainsi l'efficacité noétique évidente de l'art en général, surtout de l'art sacré. Au-delà même du sémantisme et du symbolisme de ses éléments sémiotiques, on perçoit dans une icône byzantine, à condition d'en laisser rayonner en nous la présence sensible, une intériorité spirituelle caractéristique, approfondissante et hiératique, qui est comme le secret de l'orthodoxie. De même, une séquence grégorienne, par la fraîcheur du *planus cantus* monodique, ses longues modulations sereines et bondissantes, nous en apprend plus sur la contemplation latine que maints traités de spiritualité. L'expressivité, il est vrai, n'est pas absente de la communication linguistique : elle s'identifie au style, au ton, à la couleur poétique. Mais elle n'a évidemment rien à voir avec le mode de signifiance spécifiquement linguistique.

C'est à lui maintenant que nous pouvons revenir. Son universalité, que nous ne contestons nullement, n'est pas de nature herméneutique, on vient de le voir; elle est de nature « médiatique » ou « dé-signative ». Le langage parle de tout parce qu'il parle *de;* il signifie par dé-signation. L'acte par lequel le langage parle de quelque chose est aussi l'acte par lequel il se distingue de ce dont il parle, s'en met à distance, et donc se dé-solidarise d'un ensemble quelconque. C'est en cela que réside son « universalité ». En d'autres termes, cette universalité n'est pas établie, après enquête, sur la constatation que le langage manifesterait en effet la capacité unique de dire le sens de tous les autres systèmes sémiotiques, mais elle fait partie de son essence, elle est le langage même. Parler d'une chose, c'est possiblement

30. Dans un article de 1958, intitulé « Catégories de pensée et catégories de langue » *(op. cit.*, I, pp. 63-74), Benveniste soutient que les catégories intellectuelles se ramènent aux catégories linguistiques, et que, en dehors de sa formulation, la pensée se réduit sinon exactement à rien, en tout cas à quelque chose de si vague et de si indifférencié que nous n'avons aucun moyen de l'appréhender comme un « contenu » distinct de la forme que la langue lui confère. Il prend en exemple la doctrine aristotélicienne des catégories. Mais, outre que cette thèse n'est pas neuve (elle était même courante au XIXe siècle) elle se heurte à l'objection suivante : si la pensée non formulée se réduisait à rien, nous n'aurions aucun moyen de nous en apercevoir. Par ailleurs, on peut considérer que, en un sens, toute la philosophie consiste à s'interroger sur la signification des mots, c'est-à-dire à mettre en question les catégories de langue au nom des catégories de pensée : ainsi de la substance chez Aristote, qui donc ne se réduit pas au substantif (inversement la *blancheur* est un substantif, mais non une substance). Enfin, si Benveniste avait raison, le langage lui-même serait impossible. Quant à l'absence du verbe *être* dans une langue, elle n'entraîne nullement l'absence d'ontologie dans la culture qui la parle : toutes les civilisations humaines pensent le « réel » d'une manière ou d'une autre. Maintenant pour ce qui est de la précision, il faut comprendre que celle d'une *idée* ou d'un thème intelligible n'est pas moins rigoureuse que celle d'un concept formulé; elle est d'un autre ordre.

parler de toutes, parce que parler c'est, non pas exprimer, mais dé-signer. Et désigner, au sens où nous l'entendons ici (dire quelque chose *de* quelque chose) c'est constituer en objet distinct tout ce qu'ainsi on dé-signe.

C'est là que se situe pour nous la différence du langage d'avec les autres systèmes sémiotiques. Tous les autres systèmes sont des *traductions* (ou expressions de quelque chose par modulation directe de son expressivité). Danse, peinture, musique, sculpture, etc., sont investies par une expressivité qu'elles prolongent, manifestent, interprètent en la modulant selon leurs propres moyens d'expression. C'est l'expressivité même faite danse, peinture, musique ou sculpture. Comme au jeu des « portraits chinois », l'artiste pourrait dire : si mon amour, ou ma douleur, ou ma paix, ou ma joie, ou ma contemplation, était danse, ou peinture, ou musique, ou sculpture, ce serait telle œuvre que je suis en train de créer. C'est pourquoi le concept de traduction nous paraît ici le plus convenant : de même que par elle on passe d'une langue à une autre, le sens demeurant, ainsi, dans les systèmes non-linguistiques, on passe d'un mode expressif à un autre, le même thème, la même expressivité demeurant. Formes sonores, visuelles, tactiles, gestuelles, rythmiques sont bien des signes, et non la chose même, au sens rigoureux du terme[31]. Mais ils signifient en vertu de la présence thématique qui les habite, par expressivité directe de leurs contenus qualitatifs selon la nature propre de leurs « matériaux » respectifs. Au contraire le langage ne peut signifier qu'en vertu de sa « non-matérialité », de son inexistence qualitative, ou plutôt de sa quasi-inexistence qualitative, et de sa non-inhabitation. Étant ainsi dés-existencié, désolidarisé de toute région de l'être, quelle qu'elle soit, il acquiert une sorte d'universalité et peut signifier désignativement toute chose; mais c'est au prix d'une dés-existenciation, d'une déréalisation corrélative de tout ce dont il parle et particulièrement des autres systèmes sémiotiques[32]. Que reste-t-il de la musique ou de la peinture dans le discours d'un critique? Question qui porte non sur le sémio-

31. Par exemple la joie exprimée peut être celle de l'artiste, ou celle d'un personnage joyeux, ou encore d'une situation, d'une ambiance, d'un paysage, d'un événement : c'est là le référent du signe. L'œuvre musicale qui l'exprime s'en distingue nécessairement : c'est là le signifiant du signe. Enfin la musique n'est pas la joie comme telle, mais un certain mode de la joie, une interprétation, ce que l'artiste en a compris : c'est là le sens du signe. Nous avons ainsi les trois pôles du signe dont nous allons bientôt parler.

32. Le cas de la poésie est à cet égard, unique, puisqu'elle n'a d'autre matériau que la « prose ». Aussi est-elle le plus « difficile » de tous les arts, se proposant un défi : faire prévaloir l'expressivité résiduelle du langage sur sa médiaticité ordinaire. Ce défi, elle ne saurait entièrement le soutenir. Mais sa beauté fleurit à l'extrême limite de son échec. Au reste certaines langues (l'hébreu p. ex.) ont gardé une expressivité forte.

tisme – ce qui est trop évident – mais sur le sémantisme propre de chacun de ces modes d'expression. On peut bien dire que le *Es ist vollbracht* de la *Passion selon saint Jean* atteint au sommet de la musique, qu'il exprime de façon miraculeuse la plénitude déchirante de la mort et l'on peut analyser les moyens de cette expression. Mais l'évidence intelligible de cet accomplissement n'est donnée que par et dans l'exécution musicale : évidence proprement indicible et pourtant chargée du sens le plus pur et le plus décisif. Ce que cette musique communique, c'est réellement quelque chose de l'essence de la mort du Christ, dont elle réalise une sorte de présentation herméneutique, alors que le langage peut seulement y *faire penser*.

Avec cette dernière remarque, nous touchons à la spécificité de la fonction langagière : « faire penser », c'est amener l'allocutaire à produire la pensée du locuteur. La langue est donc un opérateur mental, ce qui signifie qu'elle est l'instrument dont se sert la pensée pour effectuer ses opérations (ce qui n'implique aucune identification substantielle de la pensée au langage). La question à laquelle nous devons répondre est donc la suivante : pourquoi la langue est-elle l'instrument propre de l'activité pensante?

Le corps est, naturellement, le médium nécessaire de tout processus d'expression ou de communication, puisqu'il est ce que les sujets humains perçoivent seulement les uns des autres. Ce qui est intérieur, étant invisible, n'est connaissable que par son extériorisation corporelle, c'est-à-dire par un mouvement du corps. Dans ce processus de manifestation, tous les degrés sont concevables, selon les modes d'extériorisation. Parmi ces modes, il faut distinguer entre la simple modification corporelle et la gestualité expressive. La modification du corps apparent est généralement subie (rougeur ou pâleur dans l'émotion). Elle peut aller jusqu'à l'immobilisation, la paralysie totale du corps et l'évanouissement. Elle rend bien perceptible un état du sujet (la peur, le plaisir, l'excitation, etc.), mais qui intéresse indistinctivement l'unité psycho-corporelle. Le corps ici n'est pas *utilisé* comme médium expressif *par* le psychisme, il participe, directement et involontairement, au vécu psychique, dont il est indissociable : le corps n'extériorise pas l'émotion, il en est partie intégrante et constitutive. C'est là le degré minimal de manifestation. La gestualité expressive est beaucoup plus volontaire : elle peut même l'être entièrement dans l'art du mime, de la danse, du théâtre, ou dans la simulation. Dans les cas ordinaires, ce qu'il y a en elle de volontaire prolonge et amplifie des mouvements spontanés : gestes de craintes, moues, rires, postures, etc. Ici le corps est vraiment un instrument de manifestation. Il exprime les sentiments et les passions. Il est utilisé proprement comme médium signifiant, relativement distinct des états intérieurs du sujet. Néanmoins la relation qui unit le signifié au signifiant est celle de l'expressivité, laquelle est toujours globale. C'est d'ailleurs pourquoi la gestualité *mobilise* (ou voudrait mobiliser) le corps entier, et se tourne en gesticulation plus ou moins désordonnée. Au « mouvement » violent de l'âme que constitue la passion doit répondre le mouvement violent de tout le corps. C'est le degré maximal de manifestation. Il existe enfin un troisième état pour le sujet, de tous le plus intérieur, le plus volontaire et le plus étranger à l'activité corporelle, c'est l'acte de la pensée. Étant le plus intérieur, c'est avec lui que le processus d'extériorisation prend tout son sens, et donc que le corps joue le plus nécessairement, et le plus distinctivement, son rôle de médium manifestant. Mais aussi, étant le plus volontaire, le plus délibéré, le plus hétérogène au corps, cet acte exige la gestualité la moins expressive, le mouvement minimal du corps, le geste le moins visible, celui qui réalise, dans la gestualité même, une *rupture* avec toute expression corporelle, le geste du non-geste. Or, le seul mouvement invisible que le corps puisse exécuter volontairement est celui de la langue dans la bouche, et le seul acte que le corps puisse accomplir tout en restant quasiment immobile est celui de la parole[33].

Nous retrouvons ainsi, par une remarquable rencontre confirmative, le principe que nous avions dégagé dans notre étude de la signifiance, celui de l'arrachement sémantique. De même que le signe est une entité sensible qui n'appartient plus à l'ordre du sensible, mais se trouve invisiblement capturée par l'intelligible, ainsi de la parole. Tandis que les cris et les gestes expriment directement et instinctivement l'état vécu par l'être humain et le *prolongent* naturellement, la parole articulée rompt avec cette gestualité, se pose comme essentiellement non communicative (au sens où on le dit d'une émotion), comme étrangère, dans sa forme sensible, à ce qu'elle doit signifier.

Parler, c'est d'abord résister au désir spontané de crier. C'est ensuite substituer, à l'expressivité naturelle, des signes non naturels qui donc reposent nécessairement sur un accord entre le locuteur et l'allocutaire, sur une convention. Le caractère conventionnel, ou plutôt institutionnel, du langage parlé lui est donc essentiel. Non que cela implique l'immotivation radicale des signes linguistiques, cet alternativisme étant contraire à la réalité. Mais, au regard de l'intention constitutive et formelle du langage, tout se passe comme si, en effet, il voulait l'ignorer. Le langage, de ce point de vue,

33. En ce sens donc la langue est justement appelée la langue. Il est vrai qu'en allemand ou en anglais par exemple, il existe deux mots différents : *Sprache* ou *Language*, pour la langue-discours, et *Zünge* ou *tongue* pour la langue-organe. Mais, en fait, *Zünge* et *tongue* s'emploient fréquemment pour la langue d'un peuple; de même *glossa* en grec, ou *lâshôn* en hébreu, et, évidemment, *lingua* en latin.

est un combat permanent contre la naturalité des signifiants vocaux, combat jamais gagné, parce que, pour parler, il faut bien utiliser le matériel vocal que le corps met à notre disposition, et qu'il n'y aurait d'autre solution, pour en effacer l'expressivité naturelle, que de se taire : la réalisation parfaite de l'intention langagière, ce serait le silence [34].

Or, le référent (l'objet) auquel se rapporte le signifiant, et qu'il a pour fonction de faire connaître, se distingue d'autant mieux du signifiant que celui-ci lui est étranger. En se posant comme manifestement hétérogène au référent, le signifiant accuse à la fois sa propre identité, celle du référent, et celle du sens qui rapporte le premier au second : œuvre de l'institution lexicale, le sens est à son tour posé en lui-même comme une quasi-entité.

Ainsi apparaît clairement l'articulation de la fonction signifiante, qui unit un signe à un objet au moyen d'un sens. Les espèces non-linguistiques du signe ne sauraient la manifester aussi nettement, dans la mesure où les éléments constituants en sont moins différenciés. Cette différenciation explicite découle de la prédominance, dans le signe linguistique, de la désignativité (ou visée référentielle). D'autres espèces du signe feront prédominer d'autres aspects de sa structure, tel que le sens (pour le symbole), ou le signifiant (pour le signe inductif). Tandis que le propre du signe linguistique est de toujours *avoir l'air* de parler *de* quelque chose, et c'est cette propriété qui rend possible non seulement le discours mensonger mais encore toute la littérature.

---

34. Il est clair, en effet, que les unités phonématiques elles-mêmes possèdent déjà une certaine signification naturelle, comme le montrent des recherches récentes (textes rassemblés par G. Genette dans : *Mimologiques,* Seuil, 1976, pp. 402-428). Déjà, Fabre d'Olivet, dans *La langue hébraïque restituée* (Delphica, éd. L'Age d'Homme, Lausanne, 1975, 1ère partie, p. 35) faisait remarquer : « Si quelque esprit attaqué de scepticisme me demandait pourquoi je renferme l'idée de Mère dans cette syllabe äM ou Mä (...) je lui répondrai (...) que, dans toutes les langues du monde, depuis celle des Chinois jusqu'à celle des Caraïbes, la syllabe äM ou Mä s'attache à l'idée de mère, äB ou Bä à celle de père ». De même, le grand linguiste Roman Jakobson déclare que : « la valeur iconique (= figurative) autonome des oppositions phonologiques est amortie dans les messages purement cognitifs, mais devient particulièrement manifeste dans la langue poétique » *(A la recherche de l'essence du langage,* dans *Problèmes du langage,* recueil collectif, coll. « Diogène »., Gallimard, 1966, p. 35). Ainsi, la chaîne morphématique, en utilisant pour se construire des éléments phonématiques, occulte leur signification naturelle. On peut alors considérer toute les langues humaines comme charriant des débris d'une langue universelle, dont les éléments sont, quoique transformés, partout présents. Les langues sont, en quelque sorte, au cours de leur évolution, en guerre contre leur propre substance phonique (la langue mathématique est parfaite, mais ne se parle pas), à moins qu'elles ne cherchent à retrouver (la poésie) la signifiance des phonèmes sous le déguisement des morphèmes.

Nous sommes loin, on le voit, de la tendance saussurienne et post-saussurienne de certains linguistes à écarter le référent, comme une « impureté épistémologique », de la définition rigoureuse du signe linguistique. Tout au contraire, le signe linguistique est celui qui objective ce dont il parle. Et même, ce poids des choses que les mots semblent toujours traîner avec eux, est cause d'une sorte de « fatigue langagière », ressentie par le poète, et par tout homme à certaines heures indicibles : qui n'a rêvé d'un langage enfin libéré, d'une parole vraiment ailée? Hélas, nous ne pouvons jamais réellement parler pour ne rien dire : *logos*, notre prison transparente.

* * *

L'unité du champ sémiologique ne saurait donc être remise en cause. Et, bien que le signe linguistique se distingue des autres signes en tant qu'instrument spécifique et mode d'expression privilégié de l'activité pensante (mentale ou discursive), il peut nous servir de modèle pour la construction du signe en général. Plus encore, dans la mesure où une telle construction ressortit à une analytique du signe, c'est-à-dire envisage nécessairement le signe dans ses éléments constitutifs et sa structure, plus que dans son fonctionnement synthétique, dans cette mesure le signe linguistique est même le seul modèle possible, puisqu'il nous offre précisément par lui-même l'exemple d'une telle articulation d'éléments distincts. C'est ce que nous allons examiner maintenant.

ARTICLE II

DESCRIPTION GÉNÉRALE DU SIGNE

Section 1 Le triangle sémantique

La conception triadique du signe linguistique à laquelle nous a conduit l'analyse précédente, n'a rien d'original. Elle a été formulée à maintes reprises, de diverses manières, et parfois (c'est le cas chez Ogden et Richards que nous prendrons pour base), en opposition déclarée à la conception dyadique de Saussure. En fait ces deux conceptions se partagent aujourd'hui les suffrages des sémiologues et des philosophes. Nous devons donc préciser à notre tour pourquoi seule la première nous paraît *philosophiquement* recevable, quitte à la compléter sur un point à vrai dire essentiel. Un bref rappel est ici nécessaire.

Chez Saussure, nous l'avons vu, le signe est défini comme « une unité à deux faces » (*C.L.G.*, p. 99 et p. 145) : le signifiant et le signifié. On le représente schématiquement de la manière suivante :

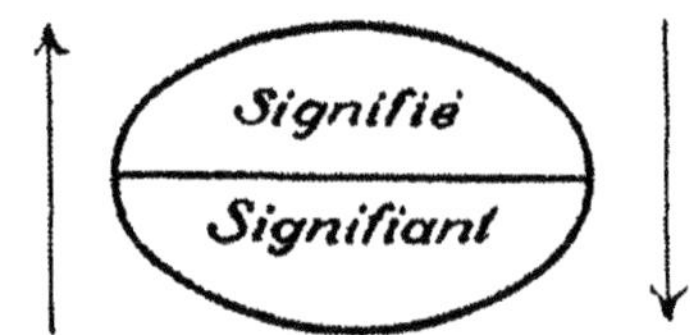

Une telle définition, n'est valide qu'à l'intérieur de la fermeture du concept de langue. L'objet ainsi construit est un objet théorique, non au sens où il n'existerait pas, mais en tant qu'il n'existe que du point de vue de la théorie linguistique, et qu'il n'est saisi que par abstraction [1]. De même que nous ne voyons pas un rectangle, mais la surface d'un livre ou d'une table, de même nous ne percevons pas le signifiant, ni ne concevons le signifié (en tant que tel), mais seulement des sons et des sens. Toutes les critiques adressées à Saussure paraîtront, aux yeux de ses disciples, méconnaître la spécificité et la rigueur de ce point de vue.

Or ce point de vue est tout entier lié à la distinction de la langue et de la parole, ou plutôt à l'extraction de la langue hors du champ de la parole dans laquelle seulement elle est donnée et fonctionne. Nous ne contestons nullement que l'analyse bien conduite de la langue ne puisse éventuelle-

1. Le *C.L.G.* considère les signes comme des « entités concrètes », c'est-à-dire « des êtres réels et non des abstractions » (p. 144). Mais sa terminologie est peu satisfaisante, du point de vue philosophique. Bien des réalités surtout scientifiques ou métaphysiques ne peuvent être ordinairement saisies que par abstraction. Elles n'en existent pas moins.

ment aboutir aux unités saussuriennes, à ces « molécules linguistiques ». Mais il est non moins incontestable que le trajet inverse est tout à fait impossible, et que nul ne pourra reconstruire le procès réel du langage à partir des molécules saussuriennes, pas plus qu'aucun biologiste ne parviendra à reformer un être vivant à partir des macromolécules à l'aide desquelles la chimie organique explique sa genèse. Et cela aussi est une vérité scientifique. Éventuellement valide à l'intérieur du système linguistique, la définition saussurienne ne peut être érigée en principe architectonique pour toutes les sciences humaines ou la philosophie. C'est là une prétention sans borne qu'il faut dénoncer fortement.

La deuxième définition du signe, celle d'Ogden et Richards, est l'œuvre de philosophes et d'anthropologues qui s'intéressent à toutes les formes du signe (ou du symbole) et qui l'observent dans son fonctionnement réel. Ils ne peuvent donc accepter la définition saussurienne, qu'ils critiquent assez violemment. Pour eux, Saussure est victime de sa formation de philologue : l'opposition de la langue et de la parole trahit un respect excessif pour les distinctions verbales, et surtout « sa théorie du signe, parce qu'elle néglige entièrement les choses que les signes sont chargés de représenter, se trouvait, dès le départ, coupée de tout contact avec des méthodes scientifiques de vérification »[2]. Alors que pour les saussuriens, le référent n'intervient que dans l'acte de parole : ce sont les hommes, utilisateurs des signes, qui peuvent désigner des choses, et non les signes par eux-mêmes.

Le « triangle sémantique » d'Ogden et Richards se présente de la manière suivante (en abrégé)[3].

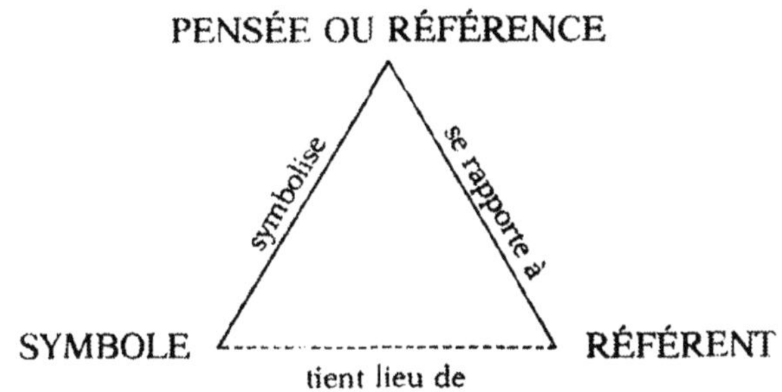

2. C.K. Ogden and I.A. Richards, *The Meaning of Meaning*. A Study of The influence of Language upon Thought and of the Science of Symbolism, with an Introduction by J.P. Postgate, and Supplementary Essays by B. Malinowski and F.G. Crookshank, London, Kegan Paul, Trench, Trubner and Co, LTD., 1923, 544 p.; p. 8.

3. *The Meaning of Meaning*, p. 14. Le terme de symbole désigne ici ce que nous appelons signe.

Comme on le voit, le « symbole » ne représente ou ne « tient lieu » *(stands for)* du référent qu'indirectement, par l'intermédiaire de la pensée qui, comprenant le symbole, se rapporte (c'est la référence) à l'objet qu'il dénote.

Pourtant, d'éminents linguistes, disciples de Saussure, affirment que sa définition du signe est en réalité également triadique [4], et des sémanticiens de grande réputation « semblent » ne pas même soupçonner qu'il pourrait y avoir quelque contradiction à se réclamer d'un seul souffle, de Saussure et d'Ogden et Richards. Tel est le cas de Stephen Ullmann, qui nous propose d'ailleurs un schéma simplifié du triangle sémantique, dont voici la reproduction [5].

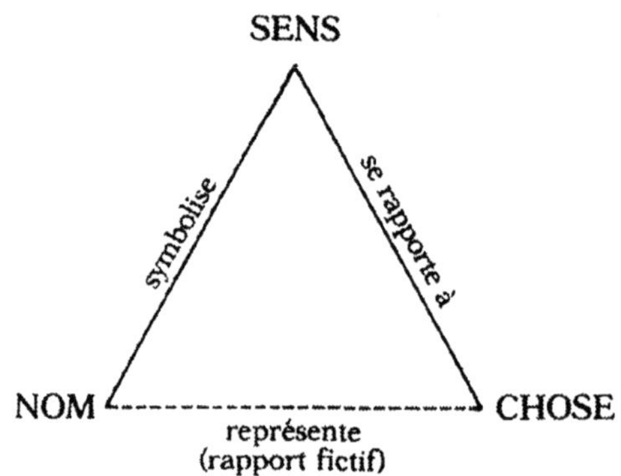

Ullmann explique que le signe comporte trois facteurs : 1°) « la chaîne sonore, l'aspect formel du mot, tel qu'il subsiste à l'état d'empreinte gravée sur la conscience des usagers », c'est le signifiant ; 2°) « ce que le signifiant évoque dans l'esprit », dans le cas du mot *table* « une image ou une idée plus ou moins schématique du meuble », c'est le signifié ;3°) « l'élément non linguistique, auquel le signifié correspond dans la conscience des locuteurs (...) c'est la *chose* signifiée » [6]. Toutefois, quelques pages plus loin, nous

4. G. Mounin, *Clefs pour la linguistique,* Seghers, pp. 135-136, qui attribue ces divergences d'interprétation à l'imprécision du vocabulaire de Saussure, lequel n'a pas eu le temps de porter au même degré de systématicité tous les éléments de sa linguistique générale, ce qui nous parait évident Néanmoins, le signe est toujours défini chez lui comme une unité à deux faces, et la postérité saussurienne (en linguistique comme en philosophie) a généralement considéré cette définition comme le critère d'une sémiologie vraiment scientifique.

5. S. Ullmann a formulé sa doctrine dans plusieurs études. La première : *The Principles of Semantics,* Glasgow, Jackson, Son and Company, 1951, 314 p., ne contient pas de schéma; mais le vocabulaire est déjà le même *: nom* substitué à *symbole, sens* à *pensée* ou *référence, chose* à *référent. Le* triangle que nous reproduisons se trouve dans *Précis de sémantique française,* Éditions A. Francke S.A., Berne, 1952, 334 p., p. 22.

6. *Précis de sémantique française,* p. 20.

apprenons que la *chose* doit être écartée parce qu'elle « ne fait pas partie de la structure interne du mot »[7].

La conclusion qui s'impose, après ce très bref aperçu sur l'extrême diversité des conceptions et des terminologies et sur l'enchevêtrement des filiations, c'est que le schéma triadique est au fond accepté plus ou moins par tout le monde, parce que sa vérité générale ne saurait être sérieusement contestée, mais aussi – et à cause précisément de sa généralité – qu'il peut servir de base à des théories très différentes, voire opposées. C'est la raison pour laquelle nous pouvons à la fois l'adopter – la vérité n'est le bien de personne – et le modifier ou le compléter selon les exigences de notre perspective. Assurément, le triangle sémantique semble se situer à un niveau d'analyse moins élaboré que celui de la sémiologie saussurienne[8]. Mais, pour cette raison, il constitue la première et indispensable thématisation du réel, sur laquelle pourra prendre appui la réflexion philosophique. Ainsi, en adoptant le triangle sémantique nous n'adoptons pas la « philosophie » d'Ogden et Richards, qui est à l'antipode de la métaphysique, non plus que celle (?) de S. Ullmann qui n'hésite pas à se référer, pour fonder sa propre définition du signe, à la réflexologie de Pavlov, c'est-à-dire à une théorie qui consacre le triomphe du verbalisme pseudo-scientifique[9]. Nous nous inscrivons seulement dans une tradition à peu près universelle – comme nous en esquisserons la démonstration – en nous efforçant toutefois de demeurer fidèle à l'expérience sémiologique, telle que nous l'avons décrite et à la conclusion définitoire que nous en avons tirée : parler, c'est dire quelque chose de quelque chose à quelqu'un.

Cependant – et nous terminerons par là ces remarques préliminaires – les débats qui se sont élevés autour de la définition du signe, ne résultent pas seulement d'une divergence de conception; ils expriment également une difficulté inhérente à l'objet même : qu'est-ce qui fait intrinsèquement partie du signe? Et d'abord, la notion même de signe n'est-elle pas trompeuse? Vouloir définir *le* signe, comme au fond Benveniste le reproche à Saussure,

7. *Ibidem*, p. 23.

8. Mais ce n'est pas toujours le cas, comme le prouve la conception triadique du signe chez C.S. Peirce, qui paraît encore plus élaborée que celle de Saussure : cf. C.S. Peirce, *Écrits sur le signe*, Éd. du Seuil, 1978, 268 p., particulièrement le commentaire qu'en donne Gérard Deledalle (qui a rassemblé et traduits ces textes), pp. 215-230.

9. La science est souvent prête à embrasser les explications les moins intelligibles pourvu qu'elles excluent l'esprit. C'est ce qu'on appelle la liberté de pensée. Il y aurait à cet égard, beaucoup à dire sur la psychologie ou la biologie qui sous-tendent maints travaux de linguistique et de sémiologie. Les théories associationnistes, behaviouristes, pavloviennes, y jouent le plus grand rôle, alors même qu'elles ont perdu presque tout crédit chez les psychologues.

n'est-ce pas supposer qu'il existe à la façon d'une chose, d'une substance aristotélicienne? Quelle mauvaise conscience philosophique né décèle-t-on pas dans l'identification du signe comme « entité »[10]? De tous les termes qui désignent un « quelque chose », celui-là n'est-il pas le plus vague, le moins compromettant? Mais comment délimiter cette entité? Qu'est-ce qui fait l'unité de ces molécules sémiotiques, voire de ces atomes? Un phonème est un signe, oui; un morphème, oui encore. Mais un mot, une proposition, une phrase, un texte, un poème ou un livre tout entier? Pourquoi pas? Et un tableau, une symphonie, une cathédrale, une liturgie? Faut-il donc abandonner cette notion, pourtant si naturelle? Autrement dit, y a-t-il seulement des fonctions signifiantes, des actes de signification, et non pas des structures spécifiques? Si oui, alors aucune réalité n'est jamais signe en elle-même et par elle-même, mais seulement par l'usage qu'on en fait. Or cette conséquence, qui pourrait à la rigueur valoir pour les signes symboliques empruntés à la nature, se heurte à l'existence de fait des signes linguistiques, lesquels ne se rencontrent jamais tels quels dans la nature et n'existent que comme signes. C'est d'ailleurs pourquoi une réflexion sur le signe ne peut trouver d'autre point de départ que le signe linguistique (qui, à cet égard, est comme le signe du signe) et, ajouterons-nous, d'autre point d'arrivée que le signe symbolique. Nous n'hésiterons donc pas à suivre Platon qui range le « discours » (*logos*) au nombre des genres de l'être[11], ou Maître Eckhart qui déclare que « ce qui ne participe pas à l'être (*esse*) n'est ni étant (*ens*) ni nom », et même pas « mot » (*verbum*)[12]. Toutefois cette « ontologie du signe » doit être corrigée par l'insistance sur l'inséparabilité en lui de la structure et de la fonction. Non seulement le signe n'est pas un instrument indifférent à son usage, mais encore il n'est pas effectivement isolable de son emploi, pas plus que le corps humain n'est séparable du principe psychique qui l'anime et l'informe. Il ne saurait d'ailleurs en aller autrement. Le signe participe nécessairement de la nature de la chose, de son « être-là », puisqu'il ne saurait remplir sa fonction de « notification » s'il n'était « notable », s'il n'était exposé, repérable, visible, offert dans la passivité et l'inertie de sa matérialité à toutes les lectures éventuelles. Mais, en même temps – et c'est tout l'essentiel du signe, comme nous l'avons déjà soutenu – cet être-là « vaut-pour-un-autre », c'est-à-dire cesse de s'indiquer

10. Ainsi Ducrot et Todorov, *Dictionnaire des sciences du langage*, p. 132.
11. *Sophiste*, 260 a.
12. *In Exodum*, n. 167; cité par Alain de Libera, *Le problème de l'être chez Maître Eckhart – Logique et métaphysique de l'analogie* dans *Cahiers de la Revue de Théologie et de Philosophie*, 1980, 4, Genève, Lausanne, Neuchâtel, p. 23.

seulement lui-même, d'être seulement apparence ou manifestation de lui-même : l'être sensible de la chose-signe existe comme acte de signification, comme fonction signifiante. Tel est le propre du signe : la structure s'identifie à la fonction; mais la fonction, pour autant, n'abolit pas la structure.

L'analyse « triangulaire » du signe est donc possible, mais elle ne doit pas oublier la nature fonctionnelle des éléments qu'elle dégage, faute de quoi elle tombe dans d'innombrables difficultés, comme ne le prouve que trop la sémiologie contemporaine. Les abstractions de la science ne sont légitimes et fécondes qu'à cette seule condition; sinon elles ne font qu'engendrer des problèmes tout à fait artificiels. Ainsi les éléments de la triangulation sémiotique ne sont pas des « choses » qu'il suffirait d'assembler pour produire le signe. Réduits à eux-mêmes, et considérés séparément, ils ne sont d'ailleurs même plus éléments *du* signe. Il faut se garder soigneusement de cette illusion qui nous porte à croire qu'une analyse poursuivie jusqu'aux termes ultimes nous met en possession du secret du tout. Tant s'en faut. Par eux-mêmes ces termes ne sont rien et n'expliquent rien. Et cela est vrai du référent, du sens, et même du signifiant. En soi le référent, la chose « table » par exemple, jouit bien d'une existence objective, mais elle n'a évidemment aucun rapport avec le signe linguistique [13]. En soi, le sens de ce mot existe, sous la forme d'un concept, mais sans rapport intrinsèque, lui non plus, avec le signe. Quant au signifiant, et bien que son cas soit moins aisé à trancher, on peut cependant soutenir, au moins provisoirement, avec vraisemblance que, en tant que pure séquence phonique, il n'est qu'une réalité physique sans rapport direct avec le signe linguistique : ainsi du babil enfantin, des stéréotypes vocaux chez les aphasiques, ou des pseudo-mots forgés tout exprès.

La conclusion qui se dégage des considérations précédentes, c'est que les termes de la triangulation sémantique ne définissent le signe que s'ils sont envisagés dans les relations qui les unissent. Autrement dit, les côtés du triangle comptent autant, sinon plus, que les sommets, qui n'existent que comme résultats de leur intersection, ou comme points de leur articulation.

Toutefois, nous le laissions entendre à l'instant, cela est moins vrai du signifiant. Si, en effet, par sa réalité sensible, il appartient au monde des objets, il s'agit néanmoins, nous l'avons noté, d'un objet bien particulier, d'un objet entièrement culturel, à l'exception, bien sûr, de sa forme nécessairement physique (ou quasi physique), à défaut de laquelle il ne serait plus du tout repérable.

---

13. D'où la surprenante attitude de Ullmann qui en fait d'abord le troisième sommet du triangle sémantique, puis l'écarte un peu après, comme étranger au signe.

C'est donc aussi par l'étude du signifiant que nous pouvons commencer notre analyse.

Section 2 Identification du signifiant

Nous partirons donc du seul point sur lequel toutes les théories sémiologiques sont d'accord : l'existence du *signifiant*, en tant que ce terme désigne une forme sensible significative, laquelle, d'ailleurs, peut être une « voix », comme on disait au Moyen Âge, c'est-à-dire une séquence phonique, ou tout autre forme sensible. Nous partons du signifiant parce que, comme le dit S. Thomas d'Aquin : « on donne premièrement et principalement le nom de signe à ce qui se présente aux sens »[14]. L'équivalence signe-signifiant ne doit d'ailleurs pas nous étonner. Elle est courante, et pas seulement chez Saussure[15]. Ainsi le grammairien médiéval Thomas d'Erfurt parle de « ce qu'on appelle signification par laquelle (la voix) devient signe ou signifiant »[16]. La raison de cette équivalence est facile à saisir. Identifier le signe, c'est le saisir comme un objet bien délimité, une entité repérable. Or le seul élément par où le signe est identifiable comme entité, c'est évidemment par sa forme sensible, son « corps », comme on dit en imprimerie. Car, pour le reste, il s'agit plutôt de relations que d'entité, comme nous l'avons dit. Toutefois, cette forme sensible n'est identifiée comme signe qu'en tant qu'elle est signifiante, et non, bien sûr, par elle-même. C'est la signification, dit Thomas d'Erfurt qui fait de la « voix » (= le son vocal) un signifiant. L'analyse abstractive au terme de laquelle on isole l'élément purement observable du signe, sa face sensible, n'aboutit pas précisément au signifiant mais à une chose parmi d'autres. On peut toujours déclarer ensuite qu'il est inséparable du signifié, il est déjà trop tard, d'une certaine manière. On ne doit donc pas considérer le signifiant comme un élément sensible auquel s'adjoindrait ou s'associerait une relation de signification. Cette façon de voir les choses correspond sans doute à un aspect

14. *S. Th.*, III, q. 60. a.4, ad 1.

15. Ainsi dans le chapitre même où il expose la distinction du signifiant et du signifié, Saussure parle de l'arbitraire du *signe*, là où on attendrait peut-être arbitraire du *signifiant*, et écrit même (p. 101) « le signe linguistique, ou plus exactement le signifiant ».

16. *Grammatica speculativa* ch. I, éd. Bursill-Hall, p. 136 (« *signum* vel *significans* »). Rappelons que la *Grammaire spéculative* de Thomas d'Erfurt (1350) représente l'aboutissement d'une multitude de travaux antérieurs et d'une longue tradition qui trouve là son achèvement et sa perfection. Ce texte est ai fondamental qu'il fut choisi comme sujet de thèse d'« habilitation » par Heidegger. On attribuait d'ailleurs cet ouvrage à Duns Scot, d'où le titre de Heidegger : *Die Kategorien und Bedeutungslehre des Duns Scotus,* Tubingen, 1916.

de la réalité, mais au plus extérieur. Elle entraîne au problème insoluble de savoir comment cette association peut s'effectuer. « *Comment la signification s'associe-t-elle à la voix?* » se demande Gilson en commentant un texte de S. Albert le Grand : « la problématique médiévale du problème demeure et (...) les réponses n'ont pas encore été trouvées »[17]. Mais ne serait-ce pas justement parce que la problématique est mauvaise? En réalité, comme l'a montré notre phénoménologie de l'expérience sémiologique, le sens n'est pas associé au signifiant comme une chose à une autre. C'est le signifiant, la face sensible du signe, qui est *pris* dans la signifiance, retiré donc du circuit naturel, et introduit dans une sphère nouvelle. Nous avons parlé alors d'arrachement sémantique : c'est lui qui constitue le point focal de notre doctrine du signe. A tous les niveaux du processus signifiant c'est bien de cela qu'il s'agit. Le signe fait signe dans la mesure même où, visiblement ou invisiblement, *il n'est plus tout à fait de ce monde.*

Ainsi apparaît clairement la nature dialectique et la fonction « diacritique » du signe, selon l'expression de Platon dans le *Cratyle*[18]. C'est, dans le monde, quelque chose du monde qui se distingue de lui. Et cette opération diacritique s'exerce d'abord sur le signe lui-même; ou plutôt le signe est lui-même la *diacrisis,* signe de séparation et de différence. S'agit-il donc d'un retour au principe saussurien de différentialité? Nullement, car cette *diacrisis* n'a de sens que si elle est comprise comme marque de la signifiance, comme effet et preuve de l'arrachement sémantique, et non point comme différenciation latérale des unités de la chaîne linguistique. Le signe est en quelque sorte toujours second, témoin seul visible d'une préexistence invisible, *trace* laissée par ce vers quoi il conduit : car il ne peut y avoir de véritable *diacrisis* que du visible et de l'invisible, puisque, par définition, le signe est toujours *visible.*

Nous ne nierons pas, bien au contraire, que le signe ne soit identifié comme tel par l'expérience culturelle, et donc sociale, de son usage. Comme le dit P. Ricœur : « C'est à son usage dans le discours que le signe doit en dernière analyse, son sens même de signe; comment saurions-nous qu'un signe *vaut pour...*, s'il ne recevait pas, de son emploi dans le discours, sa visée qui le rapporte à cela même *pourquoi* il vaut? »[19]. Sans cette expérience de l'usage, nous n'aurions pas conscience de la signifiance. Cependant elle ne la produit pas *ex nihilo.* Cette expérience, à vrai dire, en est plutôt la cause

17. *Linguistique et philosophie,* p. 95, n. 6.

18. 388 c. « le nom est un instrument de démêlage (*diacrisis*) » analogue à la navette du tisserand qui sépare les fils les uns des autres.

19. *La métaphore vive*, p. 274.

occasionnelle, comme nous l'avons montré à propos d'H. Keller : elle en conditionne la manifestation, elle l'actualise, mais elle n'actualise qu'une signifiance déjà en puissance [20].

A quoi il faut ajouter, dans l'identification culturelle du signifiant, le rôle que joue la connaissance que nous pouvons avoir du système sémiotique, ce qui rend cette identification encore plus dépendante des institutions sociales. Sans ce savoir, bien des éléments pourtant significatifs apparaîtront comme naturels et non signifiants, et inversement des éléments naturels ou non intentionnels seront perçus comme des signes : les battements de cils et les roulements d'yeux d'une danseuse hindoue, les virevoltes d'un toréador, les cris d'un lama tibétain, paraîtront fortuits et naturels aux profanes; réciproquement, une lettre ornementée peut disparaître sous le foisonnement des entrelacs, une signature se réduire à un griffonnage et passer inaperçue comme signe.

Enfin, pour être complet, nous mentionnerons également l'importance de l'intention herméneutique dans l'identification du signe. Il ne suffit pas de voir le signe, de savoir, par son usage culturel, que c'est un signe, et d'en connaître la signification, il faut aussi tenir compte de ce que l'on veut considérer en lui comme significatif. C'est l'intention herméneutique qui actualise tel ou tel trait signifiant du signe. Par exemple, dans le cas d'une écriture, l'intention herméneutique du graphologue est tout à fait différente de celle du lecteur, au point qu'un graphologue peut étudier une écriture pendant des heures sans lire le texte qu'il regarde. Ce faisant il confère valeur signifiante à des aspects de la forme sensible du signe qu'une autre intention herméneutique n'apercevra même pas. En fait cette condition de l'identification sémiotique est inséparable des deux précédentes qu'elle résume sous leur forme la plus générale, puisqu'elle ne saurait exister indépendamment de la connaissance de la valeur significative des éléments sur lesquels elle porte son attention ni de leur usage. Elle ne se ramène d'ailleurs pas nécessairement à une occultation de l'intention signifiante volontaire au profit de la mise en lumière d'une valeur significative cachée et inconsciente (comme il en va, par exemple, en psychanalyse). Il faut considérer l'intention herméneutique comme pouvant se situer à tous les niveaux possibles par rapport à l'intention signifiante dont témoigne l'existence du signe : elle peut se situer en dessous, pour la « soupçonner », selon l'expression de

20. La culture, en effet, doit être considérée comme un véritable intellect agent à l'égard des intellects patients qu'elle informe. Nous avons déjà exposé ce point de vue dans *La charité profanée* pp. 80-87. Et nous en traitons plus longuement dans *La crise du symbolisme religieux*, L'Age d'Homme, 1990, pp. 135-149.

Ricœur, et la réduire; elle peut se situer à son propre niveau, du moins celui qu'indique l'usage commun; elle peut aussi se situer au-dessus de sa signification apparente, et c'est alors que le signe devient un symbole parce que l'intention herméneutique révèle la raison d'être du signifiant comme tel en fondant sa propre forme sensible. Mais, on l'aura compris, nous tenons là un des éléments essentiels d'une philosophie du symbole, et ce que nous en disons présentement n'est qu'une première approche – qu'il nous faudra reprendre – approche nécessitée, il est vrai, par l'interdépendance étroite de tous les aspects d'une philosophie du signe, et qui rend si difficile son exposition. L'essentiel, pour l'instant, c'est de se souvenir que toutes ces conditions de l'identification du signe – dont l'étude est inséparable de celle de sa définition – renvoient à la signifiance en dehors de laquelle il ne saurait y avoir de signifiant. C'est pourquoi nous définirons le signe : une réalité sensible significative ou signifiante, c'est-à-dire une *forme diacritique :* bien que restant visible elle est cependant arrachée à l'ordre des existants qui l'environnent et mise invisiblement en relation avec un autre ordre de réalité.

Comment le captage sémantique est-il possible? Comment une forme sensible peut-elle être mise en relation avec un invisible? Cette question sera envisagée dans un instant. Contentons-nous, pour le moment de nous demander quelle transformation ce captage fait subir à cette forme. La réponse n'est pas douteuse : il la constitue en *face* sensible du signe. Mais il ne s'agit pas ici non plus d'un retour à Saussure, car voici l'essentiel : il n'y a pas *d'autre face du signe.* Quelle est en effet l'opération propre de la signifiance? Nous l'avons dit à propos d'H. Keller, c'est la mise en relation d'une forme sensible avec un objet qu'elle est chargée de désigner. Ainsi, alors qu'auparavant d'un point de vue purement perceptif, la forme sensible paraissait entièrement donnée dans le sensible (percevoir un objet disait Merleau-Ponty, c'est *pouvoir* en faire le tour[21]), désormais, après sa capture par la signifiance, nous ne pouvons plus en faire le tour, quelque chose en elle échappe invisiblement au visible, elle est en quelque sorte « retournée » vers un au-delà du sensible, et nous n'apercevons plus que son « enveloppe », son « extérieur », sa « trace ». Elle n'est plus précisément la *face* sensible, car de l'autre côté du sensible, ce n'est plus d'une face qu'il s'agit, mais d'une relation, et d'une relation dynamique, d'un *ordre* pour la pensée d'avoir à s'orienter vers quelque objet.

---

21. Par exemple, *Phénoménologie de la perception,* Gallimard, 1945, p. 374 : « Le dé est là, il repose dans le monde; si le sujet tourne autour de lui ce ne sont pas des *signes* qui apparaissent, il ne perçoit pas des projections ou même des profils du dé, mais il voit le dé même tantôt d'ici tantôt de là... »; ou encore pp. 389-390.

Car tel est bien le propre du signe, de *faire penser à quelque chose*, de viser un objet ou un référent ou de quelque nom qu'on le désigne. La signifiance se produit lorsque nous saisissons qu'une réalité sensible, qui, comme telle, fait partie du champ total de l'univers corporel, peut exister pour autre chose vers quoi elle a pour fonction d'orienter l'esprit. Avant même de comprendre sa signification, nous comprenons que le signe adresse à notre pensée l'ordre d'avoir à s'orienter vers quelque objet distinct. Le signe est donc une entité « unifaciale » et l'on sait que la topologie permet aisément en géométrie de concevoir de semblables formes[22]. Il en résulte nécessairement que cette entité ne saurait avoir une contrepartie à laquelle il faudrait donner le nom de « signifié ». En fermant le signe sur lui-même, la définition saussurienne dote le « signifié » de la même substantialité linguistique que le signifiant : il risque d'en faire une « chose » linguistique, traitée comme telle en linguistique, un objet consistant doué même, à la limite, du pouvoir d'organiser le monde selon sa propre structure. C'est pourquoi nous préférons garder le terme traditionnel de « sens » pour désigner ce que Saussure appelle le « signifié » : qui dit « sens », dit aussi direction, et nous croyons en effet que le sens d'un signifiant consiste toujours dans une « manuduction », un acte d'orientation intentionnelle vers un objet. Tandis que « signifié », participe passé, s'applique aussi bien à l'objet en tant précisément qu'il est désigné par le signe; tel est d'ailleurs l'usage permanent du terme *significatum* chez les Médiévaux. Comme le dit très clairement Etienne Gilson : « Que l'enfant ou l'adulte dise un *chien*, un *couteau*, les noms dont il use ne signifient pas pour lui son idée de chien ou de couteau, mais les choses mêmes que ces mots désignent. C'est parce que nous connaissons les choses que nous pouvons les nommer, elles et non pas les concepts que nous en formons »[23].

L'objet signifié ou désigné, c'est ce qu'on appelle communément le référent. C'est de lui que nous allons maintenant nous occuper.

Section 3 Identification du référent objectif

La référence, c'est-à-dire le fait pour un signe de se rapporter à un objet, est donc constitutive de l'essence même du signe. La schizoïdie épistémi-

22. C'est le cas de la célèbre « bande de Môbius » : soit un ruban de papier dont les petits côtés sont collés l'un à l'autre après torsion d'un demi-tour. Un tel ruban n'a ni *recto* ni *verso*. Si on le coupe en deux sur toute sa longueur, on n'obtient toujours qu'un seul ruban.

23. *Linguistique et philosophie*. Vrin, 1969, p. 143.

que par laquelle on prétend couper le signe de son référent est proprement aberrante. C'est dans son cœur et par tout son être que le signe pointe vers son objet et plus encore, il est ce pointage lui-même. Tout signe est un index, ou sinon sa *diacrisis* n'aurait aucune raison d'être et serait proprement inintelligible. On peut objecter, avec Tullio de Mauro, que l'on confond alors sémantique et sémiotique, que Ogden et Richards n'ont rien compris à Saussure[24], que ce ne sont pas les signes (mots ou phrases) qui signifient puisqu'ils sont des instruments sans vie, mais les hommes qui les utilisent et donc qu'il est possible d'étudier l'instrument indépendamment de son utilisation[25]. Cette conséquence est fausse et repose, comme nous l'avons montré, sur une conception instrumentaliste en réalité insoutenable. S'il est vrai que ce sont les hommes qui signifient et non les mots, il faut au contraire en conclure qu'en dehors de la signifiance il n'y a pas du tout de mots, et qu'on ne peut se payer le luxe d'étudier un instrument qu'on appelle signe et qui pourtant ne signifie pas! Et même, de tous les instruments qui existent le signe est certainement le moins séparable de la fonction qu'il remplit puisqu'il est cette fonction elle-même, que son *être* est de *valoir pour*...

En posant l'objet comme l'autre « pôle » de la signifiance, le premier étant le signifiant, ce n'est point une facilité que se donne la philosophie du signe, bien au contraire; c'est plus simplement une exigence propre à toute description fidèle à la réalité. Il n'y a pas de signe en dehors de la relation fondamentale par laquelle un signifiant est ordonné à un objet. Il s'agit selon l'expression même de Frege, d'un « dessein tacitement impliqué dans la parole et la pensée »[26]. L'objet signifié ne peut d'ailleurs pas être considéré comme la contrepartie du signifiant ou son corrélat. Que cette manière de voir se rencontre communément et conduise à la conception simpliste d'une langue nomenclature n'a rien d'étonnant et il y a même des raisons à cela, en dehors de la tendance naturelle à chosifier les termes d'une relation dynamique : ces raisons, nous le verrons, sont liées à l'existence d'un code lexical ou sémiotique en général. Mais, en réalité, et comme l'indique la dérivation latine du mot, l'« objet » signifié est le terme *visé* par le signe;

---

24. *C.L.G.* n. 129, p. 439.

25. Tullio de Mauro. *Une introduction à la sémantique*, collection « Études et documents », Payot, 1969, p. 28.

26. *Sens et dénotation*, dans *Écrits logiques et philosophiques*, éd. du Seuil, 1971, p. 109. De même, chez Peirce, la *dénotation de l'objet* est la caractéristique fondamentale du signe : « un signe est une relation conjointe avec la chose dénotée et avec l'esprit » (3-360, *op. cit.*, Deledalle, p. 143).

c'est donc en lui qu'en réalité s'accomplit le *sens* ou l'orientation d'une intention mentale; il n'est évidemment pas rivé au signifiant comme le prisonnier à son boulet et l'on ne devrait jamais perdre de vue que la signifiance est un *acte* : il n'y a pas d'un côté les mots, et de l'autre les choses, mais une activité de désignation des secondes par les premiers, et c'est précisément cette activité qui introduit du « jeu » dans la réalité et rend manifeste la distinction de l'esprit et des choses.

Cette explication, toutefois, semble se heurter à une formidable objection : celle des signes qui, ayant un sens, paraissent pourtant ne désigner aucun objet, soit que cet objet ne puisse exister : un cercle carré, soit qu'il n'existe effectivement pas (d'un point de vue empirique) : un concept, un rien, le néant, une chimère, Don Quichotte, soit qu'on ne puisse le déterminer : quel est l'objet dénoté par la conjonction *et?* Cette objection n'est pas nouvelle et depuis longtemps on s'est efforcé d'y répondre [27]. Nous nous contenterons de quelques remarques élémentaires, qui montrent d'ailleurs que sa solution passe par une remise en cause des présupposés impliqués par l'objection elle-même.

Le premier cas est le plus aisé à résoudre. Il est faux de considérer la proposition « cercle carré » comme ayant un sens. Certes, les unités qui la composent ont bien chacune un sens, mais leur association n'en a pas. Nul ne peut penser cette proposition : celui qui la prononce (mentalement ou verbalement) ne la conçoit pas réellement On voit qu'il est requis de distinguer entre un sens apparent et un sens réel, c'est-à-dire entre une apparence de sens et un sens effectivement conçu. La possibilité d'une apparence de sens n'a rien de mystérieux : elle est impliquée par l'autonomie (et donc la permanence) du fonctionnement *lexical* des signes linguistiques, indépendamment de l'intention qui préside à leur emploi. Ce qui est « pensé » dans la proposition « cercle carré », ce n'est pas *le* sens de la proposition (son unité sémantique), mais seulement l'acte de son énonciation, c'est-à-dire la pure succession des termes qui la constituent. On n'a plus affaire à un signe, mais à un *quasi-signe.* Et l'on pourrait même montrer que le référent réel d'un tel énoncé est précisément constitué par la production de ce quasi-signe.

Le deuxième cas exigerait un traitement plus complexe. Nous dirons tout d'abord que, si par objet, il faut entendre exclusivement l'objet physi-

27. Cf. en particulier, le résumé de la solution que « Duns Scot » (= Thomas d'Erfurt) apporte à cette question, dans : M. Heidegger, *Traité des catégories et de la signification*, trad. française Florent Gaboriau, Gallimard, 1970, pp. 144-146; et surtout l'état de la question dans Ricœur, *La métaphore vive*, pp. 274-279.

que, empiriquement connaissable, alors rares sont en effet les signes auxquels on est en droit d'assigner un référent : un tel matérialisme est en fait insoutenable. On accordera donc la qualité d'objet dénotable, non seulement à un être corporel, mais aussi à une idée, un concept, un principe métaphysique, un acte, un événement, un sentiment, une production culturelle, etc., bref, à tout ce qui fait partie de l'existence humaine et dont nous pouvons avoir connaissance à quelque degré.

Supposé qu'on nous accorde cette extension de la catégorie de réalité, reste un problème épineux, au moins pour une partie des exemples cités : comment distinguer à leur endroit le référent et le sens? Dans le cas du signifiant « bœuf », on voit aisément que le référent, le bœuf réel, se distingue du sens du mot. Dans le cas de réalités historiques, sociales, artistiques, on admettra que les signifiants « baptême de Clovis », « exode rural », « romantisme », « cubisme » ont des référents objectifs distincts du sens de ces termes. Mais le signifiant « concept »? Son sens se définit : forme de l'acte par lequel l'entendement vise un objet. N'a-t-on pas du même coup défini par là son référent, et n'a-t-on pas réduit le référent au sens? Au demeurant, le sens d'un mot est-il rien d'autre que le concept de la chose qu'il évoque à notre esprit? Saussure lui-même, définissant le signifié (c'est-à-dire le sens) comme « image mentale » n'en vient-il pas parfois à le nommer « concept »? Dès lors, ayant réduit le référent du mot « concept » au *sens* de ce mot, ayant ensuite constaté que le concept n'est autre que le sens de tout signifiant en général, il faut en conclure que le nominalisme est le vrai et qu'en dehors des signes qui les expriment nos idées n'ont aucune réalité.

Cependant cette conclusion doit être rejetée pour la simple raison qu'elle est contradictoire. Que fait en effet le nominaliste sinon de chercher qu'elle est la vraie conception du concept? Ce qui suppose qu'il existe bien une telle vérité, donc une essence propre du concept, et que notre pensée peut la découvrir. Mais c'est précisément ce qui est exclu par le nominaliste lui-même, puisque le concept s'y réduit au mot et l'activité pensante au *fonctionnement* d'une chaîne de signifiants.

La solution de cette difficulté est fournie par la distinction scolastique entre l'*intention première* et l'*intention seconde*, laquelle, d'ailleurs, ne fait qu'exprimer la « capacité réflexive » de l'esprit humain. L'« intention » (du latin *in-tendere* = tendre vers) désigne l'acte par lequel l'esprit tend vers un objet Si nous percevons une table, notre esprit produit un acte mental au moyen duquel il conçoit ce qu'il connaît dans cette perception, acte qu'on appelle un concept. Plus précisément, le concept est la *forme* de l'acte par lequel nous pensons la table. Il est, disent les scolastiques, le *signe formel* qui nous fait connaître la table. Or, ce signe conceptuel, cette forme mentale, dans l'acte de l'intention première, n'est pas connu pour lui-même : il ne se fait pas connaître en tant que concept, il fait connaître la table. Autrement dit, en première intention, nous ne pensons pas le concept, nous pensons (par le concept) la table. Toutefois, le concept, pris comme tel, peut très bien devenir un objet pour notre pensée : il suffit que notre esprit, par une intention seconde, *réfléchisse* à l'acte mental par lequel il connaît la table, c'est-à-dire qu'il prenne pour objet son intention première. Et c'est d'ailleurs ce que nous avons fait tout au long du présent exposé. Il n'y a d'intention *première* qu'au regard d'une intention *seconde*.

Que le concept devienne un objet de pensée n'offre donc aucun mystère, sinon celui de l'esprit lui-même. La capacité réflexive de la pensée, la possibilité qu'elle a de se connaître elle-même, définit sa liberté et sa spiritualité. Notre pensée ne se réduit pas à un comportement, à un fonctionnement. Certes, elle agit suivant des règles et des formes qui peuvent être décrites, mais elle est douée d'auto-transcendance, sinon la description de son fonctionnement serait impossible. « L'esprit souffle où il veut, et tu ne sais ni d'où il vient, ni où il va ».

Comme nous l'avons montré dans le présent chapitre (art. I, sect. 2), la réflexivité de la pensée rend compte de la propriété métalinguistique de la langue naturelle (= non artificielle), et s'actualise sous l'effet de la médiaticité du langage. Pour conjurer le danger de la langue-nomenclature (« un mot-une chose »), il est donc inutile – et impossible – de rejeter le référent linguistique. Il faut, au contraire, accepter la visée référentielle et la saisir dans sa vraie nature. La langue, répétons-le, ne peut pas ne pas parler *de* quelque chose, le signe linguistique ne peut pas ne pas référer à un objet, qu'il s'agisse d'une réalité corporelle ou incorporelle, et même d'un « néant », d'un « rien », d'une « privation ».

La médiaticité du signe linguistique, expression de la réflexivité de l'esprit, en est aussi, on l'aura compris, la cause occasionnelle, ou « matérielle », ou conditionnante. L'expérience du signe, acte originel du processus culturel, est l'expérience actuante de la conscience d'objet; Helen Keller nous l'a prouvé. Loin de pouvoir être mise entre parenthèses, la visée référentielle doit être reconnue pour l'acte de naissance de l'esprit à la conscience de soi comme sujet pensant et à la conscience du monde comme réalité objective. Assurément, pas plus que l'être de l'esprit, le signe ne produit l'être de l'objet; mais il est ce grâce à quoi la conscience est actuée à conférer à un être la qualité d'objet[28], ce qu'on appelle l'objectivité, ou, plus techniquement, l'« objectité »[29]. L'intention d'objectivité est donc inséparable de la nature du signe : elle définit la forme générale de la visée référentielle. Maintenant, que cette objectivité formelle (ou objectité) soit ou non appliquée à un être réel dépend de notre « expérience » de l'être, c'est-à-dire non seulement de ce qui est effectivement, mais aussi de ce que nous tenons pour possiblement réel, en d'autres termes, de notre *ontologie de référence*[30]. Don Quichotte n'est évidemment pas un être observable empiriquement, mais il est la métaphore d'un « possible » humain, donc d'une réalité métempirique et exemplaire de notre être.

Reste le troisième cas, celui où le référent paraît non déterminable : quel objet est dénoté par la conjonction *et?* On voit ici, de manière très nette, comment le rejet du référent (par refus de la langue nomenclature) est en fait conditionné par une conception « nomenclaturale » du référent, et finalement par une conception « atomistique » ou « moléculaire » du réel. A cette vue irrecevable nous opposerons la conception du *déploiement architectonique* de la visée référentielle, corrélative d'une conception architectonique de l'ordre du monde et des êtres. Pour la conception atomistique, seuls les noms propres auraient un référent. Mais Frege rétorque justement que, si les noms propres fournissent le type de la référence, on peut aussi considérer une proposition entière comme un nom propre : « la dénotation se communique du nom propre à la proposition entière qui devient, quant à la dénotation, le nom propre d'un état de chose »[31]. De même chez Benveniste, selon un processus différent et en réalité complémentaire du précédent, comme le montre Ricœur, le mot reçoit sa référence de son emploi à l'intérieur du syntagme : « avec la phrase, dit

28. Faisant allusion à la doctrine du *nâma-rûpa* (= nom-et-forme). Shankara déclare de même : « le terme "étant" (en sanscrit : *sat*, "ce qui est") dénote ordinairement ce qui est différencié par les noms et les formes », *Vedânta-Sûtra*, I, Adhyaya. 4, Pâda, 15. Semblablement, en théologie chrétienne, le Nom suprême, le Verbe divin que profère le Père, est celui *par qui* tout fut créé, donc le Signe principiel par la médiation duquel les possibilités de création s'actualisent, objectivement ou distinctivement, avant même leur existenciation séparative. L'actuation objectivante qu'opère le signe linguistique n'est que le reflet humain de ce processus divin et intemporel.

29. L'emploi de ce néologisme pour désigner la qualité d'objet, abstraitement considérée. permet d'éviter l'imprécision du terme « objectivité » qui s'applique aussi à la qualité d'une connaissance.

30. Cf. *infra*, ch. VI art. 3.

31. Paul Ricœur, *La métaphore vive*, p. 275, résumant Frege, *op. cit.*, p. 107.

Benveniste, on est relié aux choses hors de la langue »[32]. Mais on doit aller plus loin.

Le sens de la phrase est également fonction du paragraphe dans lequel elle se trouve, lui-même déterminé par la section, le chapitre, la partie. Encore n'est-ce pas tout, et faudrait-il faire intervenir également le livre tout entier, et le *sujet* dont il traite, qui est bien le référent majeur de tous les signes qu'il emploie. Plus encore, il faut prendre en considération, dans la définition du référent, le *genre* littéraire auquel appartient l'ouvrage, et donc aussi le type de culture. En fait, il n'est pas possible de s'arrêter : *de bas en haut* du système sémiotique, on ne rencontre que de l'*architectonique*, c'est-à-dire des éléments hiérarchiquement subordonnés, tels que l'un sert de moyen à celui auquel il est subordonné, lequel, à son tour, est lui-même subordonné à un élément supérieur, et ainsi de suite. Il peut paraître plus facile d'identifier le référent de *bœuf* que de *et*, parce que le référent de *et* est fonction du syntagme dans lequel il est employé. Mais, à un autre degré, il en va de même pour *bœuf*, qui d'ailleurs n'existe pas tout seul et qui renvoie, en définitive, à l'ordre du monde tout entier. Sans doute y a-t-il des différences entre tous ces modes de références, mais cela ne concerne pas directement une philosophie du signe, et n'affecte pas la loi fondamentale de la référence. Cette structure architectonique, c'est-à-dire verticale, est d'ailleurs la seule qui puisse rendre compte de la structure syntagmatique horizontale; des mots n'ont de raison d'être liés les uns aux autres que par l'unité syntagmatique supérieure à laquelle ils sont subordonnés. Et il n'y a aucune possibilité de s'arrêter à un élément premier ou dernier; aucun signe n'est purement syntagmatique (c'est-à-dire n'ayant de sens qu'à l'intérieur d'un groupe de mots, et dépourvu de toute référence extra-linguistique); aucun signe, non plus, n'est purement référentiel, c'est-à-dire ayant son sens en dehors de tout discours; il n'y a pas de nom absolument propre.

Le déploiement architectonique de la visée référentielle prouve que la référence n'institue nullement une relation « solitaire » (biunivoque) entre le mot et la chose. Chaque visée référentielle est encadrée par une visée supérieure dont elle reçoit seule sa valeur de référence : tout signe est pris dans un discours. Corrélativement les objets dénotés ne sont pas non plus posés dans leur isolement atomistique, mais ils forment un « discours » du monde, chacun renvoyant à tous et tous renvoyant à l'Objet principiel, au Référent divin.

---

32. Benveniste, *La forme et le sens dans le langage*, dans *Problèmes de linguistique générale II*, « Tel », p. 225. Par « syntagme » on désigne les groupes de mots formant un tout; par exemple « il pleut », « un cœur d'or », « la croix », « le soleil est levé », etc.

Le signifiant vise essentiellement un objet Rien de plus certain. La difficulté commence lorsqu'on essaie d'identifier le ou les moyens à l'aide desquels s'effectue cette visée. Qu'y a-t-il donc entre le signe et le référent pour que, précisément, le référent soit ce à quoi le signe réfère? Qu'est-ce donc que la référence elle-même?

La référence est l'acte par lequel un signe est rapporté à son référent. Afin d'éviter toute confusion avec le référent, nous donnerons à cet acte le nom de signification, entendu au sens actif du terme comme l'opération qui consiste à signifier un objet par un signe [33]. Comment donc cette opération est-elle possible? Elle s'effectue par le moyen du *sens*. C'est grâce à son sens que le signifiant se rapporte à son référent objectif.

Frege a rappelé [34] que l'on ne doit pas confondre le sens d'une expression verbale et sa dénotation, c'est-à-dire l'acte par lequel se dénote son référent. Si nous considérons le jugement : « l'étoile du soir est l'étoile du matin », nous avons affaire à deux syntagmes différents (« étoile du soir » et « étoile du matin »), mais qui dénotent tous deux le même objet. D'où vient donc la différence de sens? Elle vient, dit Frege, d'une différence « du mode de donation de l'objet » *(die Art des Gegebenseins).* Le même objet (la planète Vénus) se donne à voir, en effet, comme première « étoile » du soir et dernière « étoile » du matin.

Nous dirons donc, quant à nous (en faisant abstraction des implications particulières des thèses de Frege), que le sens est médiateur entre le signe et le référent, dans la mesure même où il est attaché d'un côté au signifiant par une institution lexicale d'ordre culturel, et de l'autre au référent par le mode sous lequel il nous le présente, définition qui, on pourra le constater, vaut aussi bien pour le signe linguistique que pour tout autre signe. Nous retrouvons ainsi la conception triadique de l'acte de signification. Nous la représenterons dans le schéma triangulaire suivant (schéma n° 1) :

33. Dans le langage ordinaire *signification* est synonyme de *sens* : c'est la signification passive, ce que signifie un signe. Ainsi la langue allemande emploie indifféremment *Sinn* ou *Bedeutung*. Cette ambiguïté du mot n'est pas gênante; elle montre que la signification passive implique la signification active et réciproquement.

34. *Uber Sinn und Bedeutung*, publié dans *Kleine Schriften*, Olms, Hildesheim, 1967, p. 144 ; cf., ici-même, note complémentaire, p. 177.

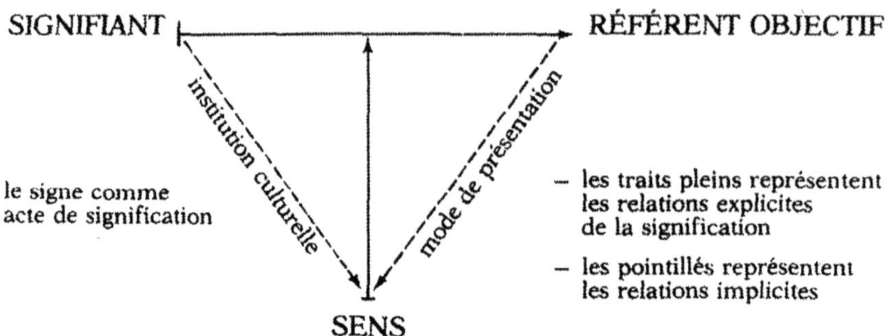

Ce schéma ne doit pas faire oublier qu'il n'est en réalité que le développement d'un acte unique dont les éléments sont indissociables. Ce ne sont pas des entités qui, en se combinant, parviendraient à constituer le signe. Elles sont pourtant distinctes puisque le signifiant est une entité matérielle ou sensible, le référent appartient au monde des objets, et le sens est d'ordre mental.

Si maintenant nous tentons d'en offrir un commentaire, nous remarquerons d'abord que c'est du point de vue de la signification que le signe a ainsi tout son développement. C'est donc aussi par une description de cet acte que nous avons quelque chance de pouvoir identifier le sens et les relations qu'il soutient avec le signifiant et le référent Que se passe-t-il donc quand nous voulons signifier ?

Toute intention signifiante se réalise par un acte qui, comme tel, est volontaire ; c'est un événement unique. Cet acte (ou cette intention) part du référent, c'est-à-dire de *ce dont* on doit parler, *mais aussi* de ce qu'on veut en dire. Il se trouve alors dans l'obligation d'user d'un signifiant, c'est-à-dire d'une forme sensible, puisque toute communication est sensible, sauf exception. Or, à cette obligation liée à la nature corporelle de la présence humaine (c'est par le corps que les hommes sont présents les uns aux autres), s'en ajoute une autre, d'un ordre différent, la contrainte du sens du signifiant Ce n'est évidemment pas le signifiant comme pure forme sensible qui peut assumer la fonction de signifier le référent, mais en tant qu'il est doué d'un sens. Ce sens, l'intention signifiante ne l'invente pas, elle le puise dans l'ensemble des formes signifiantes que lui présente le système sémiotique dont elle use culturellement. Il n'est pas libre et volontaire mais fixé et déterminé. Ce sens n'est pas non plus un événement unique, mais il est permanent et non temporel. Ce qui donc importe d'abord, pour la signification, c'est de choisir le signifiant dont le sens s'accordera au référent et à ce que l'on veut en dire, puisque c'est aussi par le sens du signifiant que l'allocutaire pourra à son tour viser le référent de la manière dont on souhaite qu'il le vise. Si bien qu'en fait la situation de l'allocutaire n'est pas différente de celle du locuteur, *relativement au sens du signifiant.* Il doit lui aussi trouver le sens qui concerne le référent Comme nous l'avons déjà noté, le signe est un ordre pour la pensée d'avoir à s'orienter vers tel objet distinct de lui. Cette *orientation,* c'est précisément son sens.

Toutefois, prenons y bien garde, la signification est *essentiellement* hésitante; elle n'est jamais assurée du sens du signifiant qu'elle utilise. Chaque acte de signification est un risque couru et un pari. C'est non seulement l'allocutaire mais d'abord le locuteur qui se demande ce que tels signes *veulent dire* et s'ils s'accorderont à son intention signifiante en orientant la pensée de l'allocutaire dans la bonne direction et de la bonne manière. Soit, rétorquera-t-on, et nous savons bien que le sens n'est jamais totalement déterminé; un seul signifiant peut avoir plusieurs sens (sans même considérer les homonymes). D'ailleurs les dictionnaires sont là pour les répertorier et les dénombrer. Il faut donc en conclure que ces sens sont toujours fonction de l'usage, et, qu'en fin de compte ils sont toujours déterminés par le système sémiotique. A quoi nous répondrons que cette objection ne tient pas compte de l'expérience réelle de la recherche du sens, c'est-à-dire de l'expression juste. Sans doute y a-t-il de très nombreux cas où c'est le langage qui parle en nous. La plupart de nos actes de paroles, dans la vie courante, se font sans réfléchir, et comme mécaniquement. On peut même tomber dans le radotage. Nous sommes livrés à des stéréotypes verbaux qui fonctionnent presque tout seuls. La raison en est banale, et peut-être est-ce précisément pour cela qu'on n'en fait guère état : c'est l'habitude. De tous les apprentissages que nous avons faits, il n'y en a pas de plus profond et de plus durable que celui-là. Et l'on sait qu'il s'accompagne d'une structuration déterminée et renforçante des zones corticales. C'est seulement de ce point de vue qu'on peut souscrire au jugement de Merleau-Ponty; « l'orateur ne pense pas avant de parler, ni même pendant qu'il parle; sa parole est sa pensée »[35]. De même, un musicien très

35. *Phénoménologie de la perception,* p. 209. Mais il n'est pas possible de déclarer ensuite (p. 213) que : « la pensée *pure* (= sans mot) se réduit à un certain vide de la conscience »; car, précisément, ce vide de la conscience serait inconcevable, s'il n'y avait pas de pensée sans langage.

habile peut-il jouer presque naturellement de son instrument et se laisser aller au déroulement quasi automatique du phrasé musical qui semble alors n'obéir qu'à ses propres règles de structure; son exécution est son improvisation [36]. Mais il en va tout autrement lorsqu'il s'agit de composer, ou lorsqu'il s'agit de parler ou d'écrire *véritablement,* c'est-à-dire, non pas seulement désigner le référent, mais en dire *quelque chose.* Alors, le système sémiotique le mieux connu nous est une langue étrangère.

Nous parlons souvent pour ne *rien* dire, pour une autre raison que de dire ce que nous disons; par plaisir, par affection, par ennui, pour nous étourdir, etc. On a même voulu opposer un langage descriptif à un langage émotionnel, et l'on distingue la dénotation de la connotation. Mais le langage dénotatif lui-même n'est jamais simplement dénotatif. La visée du référent, avons-nous dit, est essentielle au signe. Assurément. Cependant, il ne faut pas que, pour répondre à l'exclusion saussurienne, et par un excès inverse, nous fassions du référent l'essentiel de l'acte de signification. Car alors nous le réduirions tout entier à la dénotation, rendant du même coup celle-ci impossible. En réalité – et nous ne cacherons pas que nous atteignons ici à notre thèse la plus essentielle – la dénotation n'est possible qu'en fonction d'une intention signifiante, condition première et fondamentale de l'existence du signe. Jamais nous n'aurions pu désigner les choses à l'aide de signes, si d'abord nous n'avions éprouvé le besoin d'*en dire quelque chose.* L'acte essentiel du langage n'est donc point la désignation des choses, mais l'expression de leur essence, ou du moins de ce que nous en percevons. Il n'y a *jamais* de désignation pure; le signe le plus élémentaire de dénotation, un index tendu, est toujours et déjà pris dans un « vouloir-dire ». Tel est, du reste, l'enseignement de la Genèse, lorsqu'elle déclare : « Le Seigneur Dieu fit venir vers l'homme (les animaux des champs et les oiseaux) afin de *voir ce qu'il leur prononcerait* » [37]; en d'autres termes; afin de voir ce qu'il en dirait, et pas seulement quel dénotatif il leur appliquerait. Voilà ce qu'il nous faut maintenant considérer.

Nous ne nierons pas que la pensée non encore parlée ne soit, comme le dit Merleau-Ponty, toute bruissante de paroles, et qu'il ne faille

36. De même un ordinateur peut-il « composer » du Mozart ou du Bach par reproduction mécanique des stéréotypes les plus caractéristiques de leur style. Mais jamais il n'« inventera » *Don Giovanni* ou la *Passion selon S. Jean.*

37. *Genèse,* II, 19; trad. Edmond Fleg, éd. de Minuit, 1959, p. 13.

admettre l'existence d'un « concept verbal » (selon K. Goldstein) ou d'un « concept linguistique » (selon E. Cassirer)[38]. On trouve d'ailleurs cette notion déjà chez les scolastiques, puisque S. Thomas distingue, de la parole extérieure, un « *langage intérieur* ou *verbe intérieur* et qui est à la ressemblance de la voix »[39]. Et certes, le travail de la signification consiste-t-il à « essayer » ces paroles intérieures qui bruissent dans le silence. Mais comment peut-il effectuer ce triage et cet essayage, comment peut-il rejeter ou accepter telle séquence signifiante, si ce n'est à l'aide d'un principe de sélection ? Et quel est donc ce principe de sélection, sinon, précisément, le *sens* ? Et ce sens, au nom duquel sont passées en revue les séquences signifiantes possibles, il faut bien qu'il ne soit radicalement dépendant d'aucune en particulier.

Alors le sens commence à nous apparaître dans sa vérité qui n'est pas d'ordre linguistique. Ce au nom de quoi la signification opère son travail de recherche du signifiant juste, le principe de sélection auquel elle obéit et qui lui fait écarter tel ou tel signifiant au profit de tel autre, ce n'est évidemment pas le sens institutionnel du signifiant, celui que nous appellerons désormais « sens lexical », puisqu'il est en attente de sa détermination complète qu'il recevra de son usage dans le discours entier. Au reste, comment pourrait-on, au nom du sens d'un signifiant non encore formulé, écarter tel ou tel autre signifiant réputé inadéquat ? Il faut bien donc admettre que ce sens n'est plus le sens institutionnellement associé à un signifiant, mais un véritable *référent intelligible*, ou *sémantique*, transcendant à l'ordre sémiotique, et aussi à l'ordre des référents objectifs. Car le sens que nous cherchons à signifier, ce n'est pas seulement le sens d'un signe, c'est aussi, et nécessairement, le sens des choses.

Par rapport au sens comme référent intelligible, le sens lexical, celui que fournissent les dictionnaires, n'est qu'une cristallisation particulière. Plus précisément encore, chaque culture, dans l'architecture d'ensemble de ses divers systèmes sémiotiques, ne capte et ne reflète le Sens que d'un certain point de vue et sous certains de ses aspects. Un signifiant quelconque, c'est donc, à l'intérieur d'un système sémiotique particulier, la trace sensible, institutionnellement déterminée, d'un Sens qui, en soi, est libre et informulable. C'est le signifiant qui est lié à ce Sens, et non le Sens au signifiant; et cette relation, qui unit le signifiant au référent sémantique, c'est précisément le sens-du-signifiant, autrement dit son

38. *op. cit.*, p. 212.

39. *Quaestiones disputatae : De Veritate*, q. IV, art 1, Respondeo; cité par E. Gilson, *Linguistique et philosophie*, p. 139. *Question IV, Le Verbe*, trad. B. Jollès, Vrin, pp. 29-35.

sens lexical[40]. Il est nécessairement limité, puisque dépendant d'un système de formulations, son ouverture sémantique est fonction de l'ensemble dont il fait partie. C'est pourtant le référent intelligible qu'il vise et dont il est comme une émanation et une particularisation. L'idée même d'une sémantique purement différentielle, dans laquelle le sens (lexical) serait entièrement déterminé d'une manière structurale, est tout simplement inintelligible. Ni contrepartie du signifiant, ni trait sémantique différentiel, le sens (lexical) est une visée particulière du sens suprême, du référent intelligible, à partir des conditions que détermine l'ordre des signifiants. La culture comme ensemble des systèmes sémiotiques est donc comme une sorte de miroir dans lequel on essaie de capter le référent sémantique, en orientant convenablement le miroir. Mais l'image ainsi captée est évidemment fonction de la forme du miroir, de sa courbure, de sa grandeur, de la mobilité dont il est capable, et de l'habileté de son utilisateur.

D'autre part, chercher l'expression juste, ce n'est pas seulement chercher le signifiant dont le sens (lexical) s'accordera le mieux à ce que l'on veut dire, puisque cette opération n'a de raison d'être que si, précisément, on veut dire quelque chose, en d'autres termes, que si l'on veut énoncer la vérité ou nature des choses. Le référent intelligible, qui est un véritable référent puisque c'est lui que vise le sens (lexical), c'est lui qui est son « idée de derrière la tête », le Sens du sens, sous-jacent au sens (lexical), sa caution sémantique, ce référent, disons-nous, est aussi le fondement de la vérité de la chose ou référent objectif. Le référent objectif c'est tout *ce dont* on peut parler, tout ce que l'on peut signifier; mais si on doit en dire quelque chose, c'est parce que la simple existence du référent objectif, considérée en elle-même, n'est pas suffisamment révélatrice de sa vérité. En signifiant le monde l'homme

40. Cette conception se retrouve chez S. Thomas d'Aquin qui distingue « un triple verbe chez celui qui parle, savoir *: ce qui est conçu* par l'intellect, et que le verbe extérieur proféré a pour fonction de signifier; et cela est le verbe proféré sans voix dans le secret du cœur *(verbum cordis)*; ensuite le *modèle (exemplar)* de la parole extérieure, que l'on nomme le *langage intérieur* ou *verbe intérieur*, et qui est à la ressemblance de la voix, enfin le verbe proféré extérieurement qu'on appelle le verbe de la voix *(verbum vocis)* ». *Quaestiones disputatae. De Veritate*, q. IV. art. I (Gilson. p. 141 et Vrin, p. 31). Maître Eckhart a repris cette doctrine, mais avec une intention mystique, qui voit dans la triple parole un symbole de la naissance du Verbe dans l'âme humaine. Il écrit, dans l'un de ses sermons allemands : « Lorsque la parole est tout d'abord reçue dans mon intellect, elle est si nette et si subtile qu'elle est une véritable parole avant d'être représentée dans ma pensée. En troisième lieu, elle est exprimée par ma bouche et n'est donc rien qu'une manifestation de la parole intérieure ». *(Sermons*, 38, présentation et traduction J. Ancelet-Hustache, éd. du Seuil, 1978, t. II, p. 49). Le verbe du cœur n'est pas sans rapport avec le référent intelligible.

révèle et actualise son sens. C'est pourquoi ce sens est nécessairement transcendant à l'ordre des référents objectifs, puisqu'il est précisément *ce que* les conditions d'existence du référent objectif lui interdisent de manifester. Sa plénitude déborde les limitations inévitables de toute existence formelle qui peut seulement en participer à sa manière. Il n'y aurait rien à dire s'il n'y avait pas à dire l'essence des êtres, donc si, dans son acte d'être, tout existant s'identifiait à son essence.

Il nous faut alors compléter le schéma n° 1 que nous avons donné précédemment, par un schéma n° 2, non plus triadique mais tétradique, en distinguant deux sens, situés respectivement à chaque extrémité de l'axe vertical, conception qui est, en quelque sorte, l'exact opposé de la conception saussurienne, laquelle, nous l'avons vu, tendait à ramener la verticalité à l'horizontalité des relations différentielles latérales. Nous la représenterons de la manière suivante (schéma n° 2) :

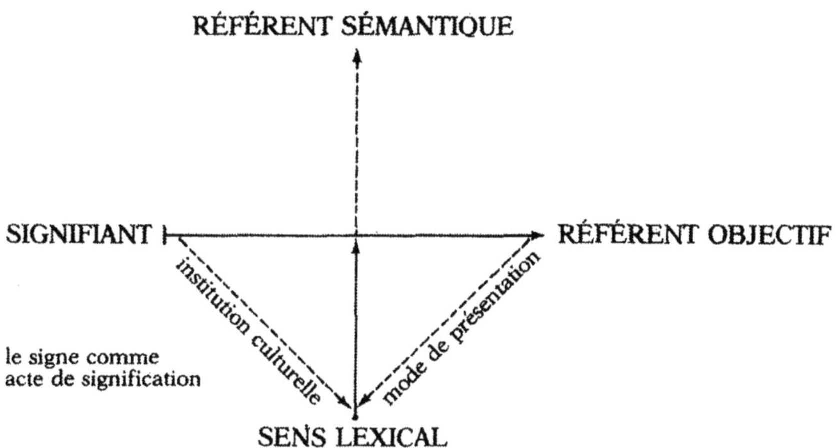

Cette conception d'un référent intelligible dont d'ailleurs toutes les conséquences ne sont pas présentement développées paraîtra sans doute bien métaphysique. Cependant, outre qu'elle correspond à la réalité de l'expérience vécue de la signification, elle permet de rendre compte des aspects fondamentaux de l'économie du signe, et de répondre enfin à la question essentielle de Gilson : comment le sens advient-il au signifiant?

Et tout d'abord, que les systèmes sémiotiques, la langue en particulier, ne soient pas une nomenclature, seule la doctrine du référent intelligible peut nous le faire comprendre. Pour la langue-nomenclature, signifier c'est apparier le sens d'un signe avec un référent dans une sorte de relation biunivoque exclusive. Ce qui justifie apparemment cette manière de voir, qui est plutôt grossière que radicalement fausse, c'est la stabilité de l'association du signifiant et du sens telle qu'elle se présente dans les langages constitués, stabilité qui paraît si forte et comme allant de soi qu'elle équivaut à une identification. Le langage semble ainsi fonctionner par lui-même, et c'est d'ailleurs ce qui se passe dans le discours mensonger où l'on utilise l'automaticité sémantique du signifiant. Mais précisément le système signifiant ne peut échapper à la nomenclature, c'est-à-dire à la relation horizontale qui l'unirait automatiquement à ses référents, que parce que, comme le montre notre schéma n° 2, ce trajet horizontal, qui va du signifiant au référent, est interrompu par une solution de continuité, parce qu'il est traversé par une relation verticale et transcendante. Le sens-du-signifiant est ouvert sur (ou abouché avec) cette transcendance, celle du référent intelligible qui est à la fois sens normatif du signifiant, sens véritable du sens (lexical), et sens réel du référent objectif dont parle le signe.

D'une manière assez voisine, Jean de Salisbury, au XIIe siècle, dans une formule que C.S. Peirce aimait à répéter, déclare que « c'est une chose que les appellatifs signifient, c'en est une autre qu'ils nomment. En effet, ce sont les singuliers qui sont nommés, mais ce sont les universaux qui sont signifiés »[41]. On pourrait considérer cette « discordance » comme une imperfection. Mais ce serait évidemment une erreur. Cette remarque nous met en présence d'un autre aspect de l'économie du signe, et qui est même, à vrai dire, son aspect essentiel. Nous l'avons déjà évoqué à maintes reprises, en particulier dans notre description de la signifiance en montrant comment se différenciaient, dans une expérience soudaine qui est celle même de la signifiance, l'ordre des existants objectifs, celui de la conscience humaine dans son intériorité, et l'ordre des signes.

Si nous partons de la discordance signalée par Jean de Salisbury, nous dirons que loin de constituer un défaut, c'est elle qui en réalité rend possible l'acte de signification. C'est parce que les signifiants, en dernière analyse, expriment les universaux, que l'acte de la signification peut désigner les réalités singulières. Si l'intention signifiante en effet n'était pas en mesure, par elle-même et en vertu de sa nature propre, de viser la transcendance du pur sémantique, qui échappe par définition à l'ordre des existants comme à celui des signifiants, il n'y aurait aucun « jeu » entre eux, pas plus qu'il n'y en a entre la face visible d'une montre et la face cachée de ses rouages. Autre-

41. *Metalogicon*, livre II, ch. XX, cité par C.S. Peirce, *Écrits sur le signe*, p. 50.

ment dit, c'est par cette transcendance même que le signifiant et le référent sont constitués chacun dans son ordre, qu'ils sont véritablement distingués, et donc qu'ils peuvent entrer en relation l'un avec l'autre. Sans la transcendance du référent sémantique il n'y aurait ni univers des signes, ni monde des êtres réels et objectifs, mais seulement des corrélations signal-réponse en circuit fermé. C'est en tant même qu'il est sens aussi bien du signifiant que du référent objectif, mais transcendant à l'un et à l'autre, que le référent sémantique fonde à la fois leur distinction radicale et la possibilité de leur mise en rapport.

Nous saisissons mieux maintenant ce qui est la condition métaphysique de l'expérience originelle de la signifiance sur laquelle nous avons tant insisté. Semblable au premier cri du nouveau-né qui déplie ses poumons, sépare le sang veineux du sang artériel, et établit les échanges gazeux avec l'oxygène extérieur, l'expérience du signe pose le monde objectif en face de la conscience et de la pensée réflexive. Mais, bien sûr, ce n'est pas le signifiant comme tel qui est capable d'un tel miracle par lequel la conscience se déploie et entre en communication avec un monde d'objets. C'est le signifiant comme *diacrisis,* et l'on ne voit pas comment il pourrait y avoir *diacrisis,* s'il n'y avait mise en relation à l'invisible, autrement dit captage de la forme sensible du signifiant par le référent sémantique. Le vouloir-dire qui fait irruption dans la conscience sous la forme de l'intention signifiante, *cela* qu'elle veut exprimer, n'appartient ni à l'ordre du sujet parlant, ni à celui de la chose ; c'est l'essence en elle-même « *out of the world* », que l'intelligence perçoit, ou plutôt par quoi elle est saisie. Et c'est précisément parce que cette essence, dont l'intelligence est saisie, est en soi « hors du monde », absente par transcendance, que l'esprit éprouve le besoin de l'exprimer, c'est-à-dire de la rendre présente de la seule manière possible, par mode de signe. Qui méditera ces vérités comprendra que nous sommes ici au cœur du mystère du signe, lequel se tient lui-même au cœur du mystère humain, à la naissance de la distinction du microcosme et du macrocosme et de la relation qui les unit (et les sépare) : le « sémiocosme », en bref la culture.

Enfin, et ce sera le dernier aspect de l'économie du signe que nous déduirons de la doctrine du référent sémantique, c'est également l'indépendance de ce référent, du Sens du sens, qui seule peut fonder l'autonomie de l'ordre des signifiants. Cette autonomie, cette consistance *sui generis* des systèmes sémiotiques, est en effet exigée par l'expérience originelle de la signifiance. Il faut bien que le signe soit autre chose que les choses ou que les hommes, pour être l'occasion de leur commune distinction. Et il ne peut être autre qu'à la condition de posséder sa propre subsistance et sa propre permanence.

Comment fonder cette auto-subsistance si l'on réduit le signifiant à sa pure trace sensible par laquelle il n'est rien d'autre qu'un être de ce monde, une forme parmi d'autres? Qu'y a-t-il, au fond, de plus étrange que l'univers de la culture, médiatrice entre la réalité du monde et celle de l'homme, mais dont la réalité propre semble défier l'analyse? Or, précisément, si la nature même de l'ordre culturel des signifiants déroute nos prises ordinaires, c'est que, d'une certaine manière, il n'est pas de ce monde. L'univers des signes est traversé de part en part par l'arrachement sémantique. Le lieu dont il nous parle, d'où il nous fait signe, surplombe et donc actualise l'horizontalité de la relation de l'homme au monde.

Quant à la permanence de l'ordre sémiotique, elle est un reflet, une image et un effet de la permanence naturelle de l'ordre des référents intelligibles. Nous ne nions pas du tout que cette permanence ne soit assurée par les institutions culturelles. Le langage, à cet égard comme à tant d'autres, est un modèle indiscutable : le sens des mots est (relativement) fixe et stable. Et c'est pourquoi, il constitue un véritable *lexique* et de même les règles d'arrangements et de constructions syntaxiques, qui constituent, elles aussi, un autre « lexique », tout aussi stable que le précédent. D'une manière générale, ce sont tous les systèmes de signes qui ne peuvent fonctionner, c'est-à-dire que nous ne pouvons utiliser, que parce qu'ils jouissent de ce lexicalisme sémantique tant des contenus et des éléments que des constructions et des syntaxes : tout emploi d'un signe quelconque se fait sur la base du sens *qui lui est attaché*. Et cela est vrai, même si la liaison du sens et du signe est instaurée pour la première fois. Il n'y a donc aucun doute que cette permanence lexicale ne soit un phénomène d'ordre social et ne se réfère à l'existence d'une culture.

Et pourtant, si l'on se pose philosophiquement la question : comment les mots peuvent-ils avoir un sens? quel est donc, en fin de compte, le lien qui permet d'associer une forme sensible et un concept? Une fois écartées les pseudo-solutions qui supposent toutes le problème résolu, il faut bien en venir à cette idée que, si le détail de la réalisation appartient à l'histoire, la *possibilité* même d'une telle réalisation implique la croyance à un univers sémantique auto-subsistant, autonome et intemporel, seul capable de fonder la stabilité et l'autonomie d'un univers de signes, parce qu'il les arrache, par en haut, aux relations horizontales qui les rattachent à l'homme et au monde.

Ainsi, et nous résumerons par là toute notre analyse, la signifiance ne peut advenir que par la grâce d'un univers spirituel de référents intelligibles, qui, par là même qu'il est transcendant aussi bien à l'ordre des existants objectifs qu'à celui de la pensée humaine, institue sémantiquement le signe comme ordre propre et *sui generis*[42], indépendant quant à son essence, de l'homme et du monde, même s'il en dépend quant à ses formes historiques, de telle sorte qu'à son tour, la découverte de la signifiance dont le signe est l'occasion, constitue l'expérience originelle dans laquelle l'univers des choses et l'univers de la conscience sont distingués, posés dans leur existence propre et reliés l'un à l'autre.

---

42. C'est aussi ce qu'affirme Platon qui, redisons-le, fait du signe un « genre de l'être » *(Sophiste*. 260 a).

(Note complémentaire de la note 34, p. 167)

On sait que les logiciens modernes refusent d'identifier *sens* et *signification*. La signification résulte du seul fonctionnement des signifiants (le *symbol-system*) ; le sens résulte du rapport possible de la signification avec la réalité (le *fact-system*). La proposition : « l'actuel roi de France est chauve » a une signification, mais pas de sens. Elle n'est ni vraie ni fausse, n'y ayant actuellement pas de roi en France qui pourrait la vérifier ou l'infirmer. Cette distinction est évidemment légitime, cependant elle ne va pas au fond des choses. Il n'y aurait pas de signification si les unités signifiantes n'avaient pas un sens possible, c'est-à-dire ne *pouvaient* être relatées à un référent (possible). En outre, deux des termes de ce *symbol-system*, *France* et *actuel*, renvoient directement au réel : réalité d'un pays qui fut un royaume, et réalité du présent du locuteur. Ainsi, la *signification* du signifiant « actuel », c'est son *sens* ! Or, c'est précisément ce terme, et lui seul, qui fait de cette proposition un exemple-type où s'impose la distinction : sens-signification ; avant 1848, ce n'eût pas été le cas. Distinction valide, certes, mais structurellement secondaire : en dernière analyse, c'est le sens qui fonde la signification.

ARTICLE III

REMARQUES HISTORIQUES

Section 1 Aristote et les Stoïciens

On pourrait se demander pourquoi ces remarques historiques sur le signe suivent la définition que nous en avons donnée, alors que pour l'essence du symbole elles venaient en premier lieu. La réponse est simple. La première partie de notre étude met en jeu un choix terminologique, celui du mot symbole qui nous est d'abord donné dans une tradition dont il faut ensuite le dégager pour en saisir l'essence. Tandis que dans la secondé partie nous traitons de la chose elle-même dans son actualité (son existence) telle qu'elle fonctionne pour nous. L'enquête historique peut ici seulement confirmer (éventuellement) qu'on ne pense pas « tout seul ». Tel est son premier intérêt. Secondairement, ces remarques nous permettront de réfuter quelques erreurs d'interprétation, fort courantes aujourd'hui, assignant à la théorie binaire du signe une antiquité qu'elle n'a pas.

Assez souvent, en effet, la définition saussurienne se présente comme l'héritière d'une longue tradition qui, venant des Stoïciens, se retrouverait chez S. Augustin, Condillac, ou Guillaume de Humboldt, pour né citer que quelques points de repères parmi les plus illustres [1]. Dans cette tradition, dit-on, le signe est défini en lui-même, sans rapport au référent, et donc situé tout entier à l'intérieur d'une perspective purement sémiotique. Malheureusement cette tradition, qui aurait pu conduire à une véritable science du signe, aurait été étouffée par la conception aristotélicienne (signe-sens-référent), laquelle, outre qu'elle ne saurait fonder une science du langage, puisqu'elle fait intervenir du non-linguistique, favorise la confusion des mots et des choses, et la conception de la langue nomenclature.

Cette accusation, nous venons de le montrer, est sans fondement. Au contraire, seule la doctrine du référent intelligible, d'inspiration platonicienne, permet de rendre compte de la spécificité du signifiant comme de celle de l'ordre sémiotique en général. Or, cette doctrine, c'est exactement celle qu'Aristote a enseignée, quoi qu'en disent trop de linguistes qui sem-

1. C'est en particulier la thèse qu'expose Bertil Malmberg dans son livre *Signes et symboles*, éditions A. et J. Picard, 1977 : « Saussure prend donc parti contre une tradition appelée aristotélicienne deux fois millénaire et pour une lignée de pensée stoïcienne qui passant par Alexandrie, S. Augustin, Humboldt et Wittgenstein, a abouti au relativisme linguistique des écoles structuralistes modernes » (p. 98).

blent ignorer les textes les plus explicites. Nous ne pouvons, faute de place, en administrer la preuve. Nous renverrons seulement à l'étude de Pierre Aubenque sur la conception aristotélicienne du langage[2], où il montre comment le philosophe, sur la base d'une notion triadique du signe, récuse explicitement la confusion des mots et des choses. Et, s'ils ne sont point confondus, nous dit Aristote, c'est que « on ne parle jamais "pour le plaisir de parler", mais pour dire quelque chose ». Or, vouloir dire quelque chose, c'est viser une essence, et donc présupposer un référent ontologique commun aux interlocuteurs, unité et fondement de la signification. Ainsi sont précisés les rapports de la pensée, du langage et de l'être. « La condition de possibilité de ce discours intérieur qu'est la pensée et de ce discours proféré qu'est le langage, c'est que les mots aient un sens défini; et ce qui rend possible que les mots aient un sens défini, c'est que les choses aient une essence »[3].

Nous ne dirons rien non plus de la théorie du signe chez les Stoïciens, bien qu'ils l'aient menée à son développement le plus considérable. Nous nous bornerons à rappeler que, pour eux aussi, et contrairement à certaines affirmations, le signe *linguistique* est également triadique[4].

Section 2 La doctrine de saint Augustin

Saint Augustin ne s'est jamais proposé, à la manière scolastique ou moderne, de construire une théorie générale du signe. Il en a cependant posé les bases lorsqu'il a dû préciser, dans le *De doctrina christiana,* les règles de l'herméneutique chrétienne, c'est-à-dire de l'interprétation des signes que nous présente l'Écriture sainte. Ce faisant, il a réalisé la première synthèse des doctrines sémiologiques de l'Antiquité, s'inspirant principalement d'Origène, mais recueillant aussi, en partie, l'enseignement des Stoïciens. La définition générale qu'il en donne est la suivante : « un signe est une chose qui, outre l'image qu'elle fait pénétrer dans les sens, conduit d'elle-même à la connaissance de quelque chose d'autre »[5]. Cette définition, deve-

2. *Le problème de l'être chez Aristote*, P.U.F., 1977, pp. 94-133.
3. *Ibidem*, p. 129.
4. Cf. Sextus Empiricus, *Adver. Math*, VIII, 11-12. Le P. Dominique Dubarle a montré, dans une étude inédite, (*Logistique et épistémologie du signe chez Aristote et les Stoïciens*, 75 p.) que, pour les Stoïciens, seul le « signe épistémique » (la fumée signe du feu) est dyadique; cf. *infra*, p. 204, n. 9.
5. *De doctrina christiana,* II, 1, n. 1, P. L, t. XXXIV, col. 35. Cette définition vient d'Origène.

nue classique en théologie chrétienne, fait cependant l'objet de plusieurs contresens de la part de certains sémiologues contemporains.

Et tout d'abord on l'oppose à Aristote sous prétexte qu'elle mettrait en évidence l'importance de la communication qu'Aristote « laissait entièrement dans l'ombre »[6]. S'il en était ainsi, on se demande comment la théologie thomiste et scolastique, de tradition incontestablement aristotélicienne, aurait pu faire sienne la définition de S. Augustin. En réalité la fonction de communication et l'importance sociale du langage sont aussi essentielles pour Aristote, S. Thomas et les scolastiques qu'elles le sont pour S. Augustin. Commentant Aristote, S. Thomas écrit : « comme l'homme est par nature un animal politique et social, il fallut que chacun pût communiquer aux autres ses pensées, ce qui se fait par la voix; il fallut donc des paroles significatives pour permettre aux hommes de vivre ensemble »[7].

Mais le plus étonnamment moderne chez S. Augustin, c'est, croit-on, la disparition de la « chose », ou référent. En effet, dit Todorov, à propos du *De doctrina christiana,* S. Augustin « nous parle bien des choses et des signes, dans ce traité, (...) mais il n'envisage pas les premières comme le référent des seconds. Le monde se divise en signes et choses, selon que l'objet de perception a une valeur transitive ou non. La chose participe du signe en tant que signifiant, non en tant que référent »[8].

Cette manière d'envisager la position augustinienne, au moins en ce qui concerne le référent, nous parait tout à fait inexacte, et ne correspond ni au texte, ni aux intentions de l'évêque d'Hippone. En fait, elle apprécie le *De doctrina christiana* en fonction des exigences et des critères de la sémiotique contemporaine, laquelle n'a guère à voir avec les préoccupations d'un S. Augustin.

Le traité débute bien par une distinction, celle des choses et des signes : « Toute science a pour objet soit des *choses,* soit des *signes,* mais c'est par les signes qu'on apprend les choses » (L. I, II, 2)[9]. Est-ce à dire qu'ainsi est opé-

---

6. Todorov, *Théories du symbole,* Seuil, p. 35.

7. *Perihermeneias,* 1, 1. 2, n° 2; trad. Gardeil, *Initiation à la philosophie de saint Thomas d'Aquin,* Cerf, t. I, p. 201. De même Aristote, *Politique,* 1, 1253a; *Éthique à Nicomaque,* IX, 9, 1170b, etc.

8. *Op. cit.*, p. 38.

9. Nous ne reproduisons pas littéralement la traduction de la « Bibliothèque augustinienne », et, dans les citations que nous donnons, nous la modifions chaque fois que cela nous a paru nécessaire, pour mieux exprimer la pensée de l'auteur. Le latin porte en l'occurrence *: vel rerum est vel signorum,* ce qui signifie la disjonction non exclusive *(vel).* On pourrait le rendre par « et/ou ».

rée une séparation quasi épistémique, qui permettra de définir le signe en dehors du référent? C'est exactement le contraire qui est vrai. Car, quel est l'objet du traité? C'est de fournir les règles d'interprétation des signes scripturaires. Et par quoi commence-t-on? Par nous exposer de quelles choses les signes scripturaires sont l'expression, c'est-à-dire à quels référents ils se rapportent. Les choses en effet, dont il s'agit, c'est : la Trinité, l'incarnation, la rédemption, la résurrection, la charité, le Christ comme seule voie spirituelle. Bref, ce sont les vérités dogmatiques. Ensuite, seulement, S. Augustin étudie les signes, leur exégèse et leur interprétation. Autrement dit, le plan est simple : se proposant de parler de l'Écriture, S. Augustin, loin d'écarter le référent du signe, commence par le poser, c'est-à-dire commence par nous dire *de quoi parle* l'Écriture, avant de nous dire *comment* elle en parle, ce qui, du point de vue chrétien, est d'ailleurs la démarche qui s'impose. Ce qui intéresse un chrétien, ce n'est pas l'Écriture en elle-même et pour elle-même, mais comme moyen de connaissance de Dieu et de sa doctrine. Le *Credo* est avant l'Écriture, parce que le Christ, dont il résume la vie et l'enseignement, est la clef du sens des Écritures. Nous savons maintenant de quoi et de qui elles parlent, par la foi. Il nous faut encore comprendre comment les données du texte sacré s'accordent effectivement avec son Objet divin [10].

On ne peut donc prétendre que le référent ne joue aucun rôle dans la définition augustinienne du signe. Son rôle est tellement évident, aux yeux de S. Augustin, tellement constitutif du signe, qu'il peut étudier séparément l'un et l'autre, sans avoir l'impression de les isoler épistémiquement. Il est vraiment peu scientifique de faire dire à S. Augustin ce qu'il n'a jamais dit, ni jamais songé à dire.

La distinction des choses et des signes n'a donc pas du tout la signification qu'on veut lui attribuer, ce point est acquis. Il nous faut maintenant entrer dans le détail de la conception augustinienne. On peut sans doute distinguer les choses et les signes, mais, en réalité, la seule chose qui soit purement chose et jamais signe, c'est la *Res divina,* la Chose divine. Autrement dit, les signes sont des choses (sinon ils ne seraient pas visibles) et les choses sont des signes, puisque toute la création peut être regardée comme un symbole de Dieu. Toutefois, si toutes les choses *peuvent* être des signes, ainsi le bois, l'eau, le rocher, etc., elles sont aussi elles-mêmes, et ne sont signes que par surcroît (par l'usage qu'en fait l'Écriture, encore que cet usage

10. On le constate, la méprise todorovienne est peu explicable. Et pourtant, elle se rencontre ailleurs, chez d'autres spécialistes. Comment donc les textes sont-ils lus?

s'appuie sur des analogies réelles). Tandis qu'il y a aussi des choses-signes qui ne sont que des signes et n'existent pas pour elles-mêmes, « c'est le cas pour les mots. Car personne n'use de mots, sinon pour signifier quelque objet. On comprend ainsi ce que j'appelle des signes; ce sont des choses que l'on emploie en vue de signifier quelque objet » *(ibidem).*

Nous pouvons résumer la thèse d'Augustin dans le tableau suivant :

Les choses qui sont	pour soi	pour un autre
Monde divin	oui	non
Monde créé	oui	oui
Monde des signes	non	oui

Ce tableau a le mérite de mettre nettement en évidence que la distinction des signes et des choses est seconde par rapport à la distinction de ce qui existe pour soi, et de ce qui renvoie à un autre et finalement à l'Autre suprême qui, étant absolu, ne renvoie qu'à lui-même. Comme le montre le P. Roguet, ce qu'il y a de plus « audacieux » chez S. Augustin, proposant cette distinction, c'est de constituer l'ensemble des signes comme un autre univers, un autre monde, qui possède sa réalité propre [11]. C'est l'intuition du « mystère du signe », qui, chez lui comme chez Platon, est un « genre de l'être ». Ce qui fait qu'une chose est un signe, c'est donc bien la propriété qu'elle a de se référer à un autre être qu'elle-même, c'est-à-dire à son référent. C'est donc bien le référent qui constitue le signe, qui permet de le reconnaître comme signe (et non éventuellement comme simple chose) [12], et tout particulièrement l'existence d'un référent absolu, Dieu, qui transforme toutes les autres choses en signes de Lui-même.

Cette interprétation du *De doctrina christiana* est d'ailleurs confirmée par le texte lui-même. Ce n'est pas seulement par hasard qu'on y trouve mention du référent mais en de nombreux et importants passages. Au chapitre X du livre II, Augustin explique ce qu'est un signe propre et un signe figuré : « On les dit *propres,* lorsqu'ils sont employés pour signifier les choses en vue desquelles ils ont été institués; c'est ainsi que nous disons "bœuf"

---

11. S. Thomas d'Aquin, *Des Sacrements (S. Th.* III, q. 60-65), Appendice II, Desclée et Cie, 1951, p. 272.

12. *De magistro,* X 34; P.L. t. XXXII, col. 1214 ; Le Maître, DDB, t. 6, p. 131.

quand nous comprenons l'animal que tous les hommes de langue latine appellent avec nous de ce nom. Ils sont *figurés* (transposés : *translata)* lorsque les choses mêmes que nous signifions par les termes propres, sont utilisées pour signifier quelque autre objet ». C'est le cas, par exemple, lorsque « bœuf » désigne l'Apôtre de l'Évangile, selon une exégèse paulinienne (1 Co., IX, 9).

Plus loin, au chapitre VI du livre III, Augustin nous explique que les juifs, « en se soumettant aux signes des réalités spirituelles, signes qu'ils prenaient pour les choses mêmes, ignorant à quoi ils se *référaient* (*referrentur*) », avaient cependant réussi à éduquer la foi et le désir de plaire à Dieu, préparant ainsi les premiers disciples à recevoir le message du Saint-Esprit. « C'est pourquoi, dit l'Auteur, au chapitre VIII, la liberté chrétienne a libéré ceux qu'elle a trouvés soumis à des signes utiles, mais pour ainsi dire proches de la vérité, et, par l'interprétation de ces signes, elle les a élevés vers les réalités dont ils sont les signes ». Et le chapitre IX, dans un développement important et fortement structuré, rappelle que, ne pas être « esclaves des signes », c'est honorer et révérer non « l'apparence qui passe mais plutôt la Réalité à laquelle toutes ces choses doivent être référées (*referenda sunt*) ». Aujourd'hui, après la venue du Christ, la multitude des signes a fait place à quelques-uns. « Il en est ainsi du sacrement du Baptême et de la célébration du Corps et du Sang du Seigneur. Tout chrétien, quand il les reçoit, une fois instruit, sait à quoi ils se réfèrent (*referantur*) ». C'est précisément en connaissant la réalité qu'ils désignent que nous cesserons d'être esclaves du signe, c'est-à-dire que nous saurons ne pas le confondre avec la réalité qu'il symbolise.

Tel est le sens de la doctrine augustinienne du signe. L'on comprend sans doute mieux, maintenant, la portée de la distinction du *signum* et de la *res*, qui deviendra la pierre angulaire de la théologie herméneutique (l'Ancien Testament étant le *signum* dont le Nouveau est la *res*), comme de la théologie sacramentaire (le sacrement comme *signe* efficace d'une *réalité* invisible). C'est donc en vain qu'on chercherait dans cette doctrine de quoi fournir un ancêtre prestigieux au structuralisme contemporain.

Section 3 Les Médiévaux

Après plusieurs siècles d'oubli, les doctrines linguistiques et grammaticales des médiévaux éveillent de nouveau l'intérêt des spécialistes. Jamais peut-être, en Occident la réflexion sur le langage ne fut en effet si générale, ni si intimement liée aux questions les plus fondamentales de la philosophie et de la théologie[13]. En ce domaine comme en tant d'autres, la « grande lumière » du Moyen Âge n'a pas fini de nous surprendre. Notre propos n'étant pas d'écrire une histoire de la linguistique (même brève), nous n'en dirons que peu de choses, nous en tenant à ce qui nous paraît le plus en accord avec la théorie du signe exposée plus haut[14]. Assurément les médiévaux n'ont pas formulé la doctrine de l'arrachement sémantique, du moins à notre connaissance. C'est aussi qu'ils n'avaient point à réfuter le structuralisme et le fonctionnalisme radical des modernes. Néanmoins leur pensée se rencontre au moins sur un point avec la nôtre : il s'agit de l'importance qu'ils accordent à la théorie de la signification. C'est ce que nous voudrions brièvement préciser.

L'histoire de la linguistique médiévale du Xe au XIVe siècle est-elle celle d'une victoire progressive de la logique (ou dialectique) sur la grammaire, comme le disent E. Gilson[15] ou M.D. Chenu[16]. Ou bien faut-il penser avec Ducrot et Todorov que, sous sa forme la plus élaborée et au moment de son plein épanouissement, cette linguistique croit « à l'autonomie absolue de la grammaire par rapport a la logique »[17]? Divergence d'opinions qui suffit à

13. Ce sont d'ailleurs tous les « arts libéraux » (grammaire, rhétorique, dialectique ; arithmétique. géométrie. astronomie, musique) et leur couronne : la philosophie, qui sont ordonnés à l'œuvre théologique et spirituelle. comme en fait foi leur représentation au Portail Royal de Chartres : ils « libèrent » l'âme humaine en lui imposant une forme intelligible qui la rend apte à la réception de la grâce; cf. également ce qu'en dit Dante, *Banquet,* II, 13. 7-28 ; *Œuvres complètes,* trad. Pézard, Pléïade, pp. 348-354.

14. Il semble bien qu'il n'existe en France aucun travail d'ensemble sur les théories grammaticales du Moyen Âge[a]. Toutefois l'étude que Heidegger a faite du *Traité des modes de signification* (1350) de Thomas d'Erfurt *(De modis significandi* attribué faussement à Duns Scot et publié avec ses œuvres) sous le titre *: Traité des catégories et de la signification chez Duns Scot* (traduite chez Gallimard par F. Gaboriau), comporte de longues citations latines du texte original souvent plus claires que le texte heideggerien! Nous avons utilisé également : l'ouvrage de base de Charles Thurot *Extraits de divers manuscrits latins pour servir à l'histoire des doctrines grammaticales du Moyen Âge* (Extrait des manuscrits de la Bibliothèque impériale) Paris, Imprimerie impériale, 1869, 592 p.; G.L. Bursill-Hall. *Speculative Grammars of the Middle Ages.* The doctrine of « Partes Orationis » of the Modistae, Mouton, La Haye-Paris. 1971. 424 p.; du même : Thomas of Erfurt *Grammatica Speculativa* An edition with translation and commentary by…, Longmann, London, 1972, XII-340 p.; M.D. Chenu, *La théologie au XIIe siècle,* Vrin, 1957, pp. 90-107; R.H. Robbins, *Brève histoire de la linguistique,* Seuil, 1976, pp. 70-97 (la meilleure synthése actuellement disponible).

a. La mise au point de notre ouvrage était terminée lorsqu'est paru de Joël Biard, *Logique et théorie du signe au XIVe siècle,* Vrin coll. « Études de Philosophie Médiévale », tome 64, 1989, 344 p. – On peut lire maintenant (2001) de A. de Libera et I. Rosier : « La pensée linguistique médiévale », in S. Auroux, *Histoire des idées linguistiquesı,* Liège, 1992, t. 2, pp. 115-186.

15. *La philosophie au Moyen Âge,* Payot, 1947, p. 405.

16. *La théologie au XIVe siècle,* p. 100. C'est aussi l'opinion de Heidegger.

17. *Dictionnaire encyclopédique des sciences du langage,* Seuil, p. 67.

souligner l'extrême difficulté de la question. En fait, si l'on s'en réfère aux travaux de Bursill-Hall, il s'agit bien de grammaire, mais d'une grammaire qui tend vers une logique du langage aussi rigoureuse et complète que possible [18]. Ici se rejoignent les deux sens du *logos* : discours et raison. C'est bien ce qu'exprime le titre de Thomas d'Erfurt : « Des modes de signifier ou grammaire spéculative » : non point grammaire descriptive d'une langue particulière, mais élaboration rationnelle des procédés généraux d'expression à l'œuvre dans tout langage humain. Or, le lieu où s'opère la jonction de la grammaire et de la logique, c'est la signification, qui est donc établie ici dans son ordre propre et autonome, antérieur à la séparation des deux sens du *logos* [19]. Si, en effet, il y a, dans le discours, articulation syntaxique de termes appartenant à des classes distinctes de mots (les « parties du discours » : noms, verbes, adjectifs, adverbes, etc.), en même temps que variation morphologique pour un même mot (par ex. la conjugaison d'un verbe), c'est que la signification du mot est *modifiée* par notre intention signifiante, par la manière dont nous l'envisageons et selon laquelle nous le signifions. L'existence même de la syntaxe et de la morphologie, donc du langage, est fonction de cette volonté de signifier une diversité d'aspects du référent. Toute intention signifiante est « modale » : elle ne désigne son référent que parce qu'elle a quelque chose à en dire, qu'en le signifiant selon un certain mode. Qui dit mode dit diversité : diversité de significations et donc diversité de signifiants. S'il n'y avait pas de modes, il n'y aurait que désignation de choses et non signification : il n'y aurait point langage. Ainsi – exemple classique – « blancheur », « blanchir », « blanc », désignent la même « chose », mais selon des modes de signifier différents : le nom *signifie* la couleur en elle-même, dans sa permanence quasiment « substantielle », le verbe *signifie* la couleur par mode d'action se faisant, l'adjectif *signifie* la couleur « comme infusée et mêlée » à l'objet [20]. C'est donc bien la diversité des modes de signifier qui explique logiquement la diversité des parties du discours et de leurs formes respectives.

Autrement dit, le procès de signification est un procès à deux degrés, et nous retrouvons ici, au fond, la distinction que Benveniste établit entre le

18. Disons que les historiens plus anciens y voient une réduction de la grammaire à la logique et les plus récents une réduction de sens inverse : entre les deux, le structuralisme a changé l'idée même de grammaire qui cesse d'être « description du bon usage » (littéraire) pour devenir « science du langage ».

19. Raison et parole.

20. Nous paraphrasons un texte de Jean de Salisbury rappelant l'enseignement de Bemard de Chartres : *Metalogicon*, III, 2, *P.L.*, t. CXCIX, col. 892-895.

sémiotique et le sémantique. Il y a d'abord l'acte par lequel des sons émis par la voix sont transformés en signes pour l'intelligence. Nous devons en effet partir de la réalité sensible du signe, l'homme, animal social, n'ayant point d'autres moyens de communiquer. Mais, par elle-même l'émission vocale (*vox*) n'est pas signe : elle n'est qu'un effet de la « gorge et des poumons »[21]. Il faut, pour la rendre significative, qu'un sens lui soit conféré, c'est-à-dire qu'elle soit mise en relation avec une réalité signifiée. Cette relation, que les médiévaux appellent *significatio*, fait de l'émission vocale (*vox*) une parole (*dictio*). C'est une relation réelle tout à fait particulière, produite par un acte *sui generis* de l'intelligence, et très différente de celle qui existe par exemple entre la fumée et le feu, laquelle ne le *signifie* pas. Elle est un effet de ce que Thomas d'Erfurt nomme admirablement la *virtus interpretativa* de l'homme, sa « capacité herméneutique »[22].

Il y a ensuite une deuxième opération de l'intelligence par laquelle le signe, l'émission vocale signifiante, déjà douée d'un sens, est articulée syntaxiquement, devient membre d'une phrase, se trouve reliée à d'autres mots avec lesquels elle compose un discours. En tant que signe, l'émission vocale signifie. Mais, en tant que partie du discours, elle « consignifie » : une seconde signification s'ajoute à la première par laquelle la *vox* est intégrée à un ensemble de signes. « Amour » et « aime » ont même signification, mais « aime » consignifie en plus la forme impérative et renvoie à une phrase effectivement prononcée. Doctrine que résume clairement le texte suivant : « l'intelligence confère à l'émission vocale une double propriété, savoir : la propriété de signifier que l'on appelle signification, par laquelle l'émission vocale devient signe ou signifiante, et donc formellement *parole*, d'une part; et, d'autre part, la propriété de consignifier, que l'on appelle mode de signifier actif, par laquelle l'émission vocale (déjà) signifiante devient con-signe ou con-signifiante, et donc formellement partie du discours »[23].

Mais la signification et la consignification n'ont pas seulement pour effet de transformer un son en un signe et le signe en élément du discours, elles règlent également la « valeur de suppléance », la *supposition*. La distinction de la *significatio* et de la *suppositio*, et la dépendance de la seconde relativement à la première, ont été particulièrement élucidées par Pierre d'Espagne[24].

21. *Traité des catégories*..., p. 124.
22. *Traité des catégories*..., p. 124.
23. *Traité des catégories*..., p. 141 (en latin); « propriété de signifier » traduit *ratio significandi*.
24. *Summulae logicales*, traité *De suppositionibus*; cf. Thurot, p. 357, et Robbins, p. 82. S. Vincent Ferrier a écrit aussi un *De suppositionibus* réputé (1375).

Le terme de *suppositio* n'est pas facile à traduire. Maritain le rend par « valeur de suppléance[25] ». La traduction par « acception » est imprécise. Littéralement *supponere* (d'où dérive *suppositio)* c'est « placer dessous ». Il s'agit de savoir quelle chose le mot « place dessous » lui, c'est-à-dire de quel référent réel il tient la place, quel être il « supplée » ou représente, dans la phrase où il est employé. Un terme en lui-même, en effet, ne « supplée » pas, il *signifie* telle essence[26]. Par exemple, le mot « homme » signifie seulement l'essence humaine. Mais, dans une phrase, et en vertu de l'intelligible qu'il signifie, le *même* mot peut « tenir la place » de sujets réels fort différents. Il est alors mis en relation avec une réalité extérieure qu'il a pour fonction de suppléer dans l'ordre du langage. Soit, par exemple[27], le même mot « homme », dans les trois propositions suivantes : homme est un mot de deux syllabes; l'homme court; l'homme est une espèce. Dans le premier cas, le mot « homme » supplée pour lui-même, en tant que mot : c'est la *supposition matérielle,* qui nous ramène à la métalangue. Dans le second, il supplée pour un homme réel quelconque : S. Pierre ou S. Jean; quand donc ce n'est pas le mot qui court, mais les individus eux-mêmes, nous avons la *supposition personnelle.* Enfin, dans le troisième cas, le mot est pris non pour des individus, mais pour ce qu'ils ont de commun : c'est la *supposition simple* (parce qu'elle concerne simplement ce que le terme signifie et non en plus l'être concret dans lequel il est réalisé)[28].

La doctrine de la *supposition* et sa distinction d'avec la *signification* rejoint, sous sa forme propre, la distinction moderne du sens et du référent[29]. Mais, ce qu'il faut souligner ici, c'est que la valeur de suppléance demeure dans la dépendance de la signification du terme, de ce que nous avons appelé son référent intelligible. S'ensuit-il, comme on le dit parfois, que la prédominance des modes de signifier nous conduise à une sorte de psychologisation de la grammaire et de la logique, et donc de la métaphysique? Nullement, car la *significatio* que l'intelligence impose au signe vocal n'est pas réelle seulement en tant qu'acte mental, sinon, en effet, nous ne saurions éviter le nominalisme. C'est ici qu'il faut distinguer entre un mode de signifier actif (l'acte même par lequel une *significatio* est imposée à la *vox*) et le mode de signifier passif (qui

25. *Eléments de philosophie,* t. II : Petite logique, Téqui, 1923, p. 76.

26. H. Dondaine, dans *Somme Théologique,* La Trinité, t. II, note 78, Desclée et Cie, p. 342.

27. Utilisé par Ockham dans son commentaire au *Livre des Sentences*; cité par P. Vignaux, *D.T.C,* art. *Nominalisme,* t XI col. 737.

28. Ces trois sortes de *suppositio* reflètent au fond, dans l'ordre même de la « suppléance », les trois éléments du signe linguistique : signifiant, référent, sens.

29. Ou encore : connotation et dénotation, intention et extension (Robbins, p. 82).

est la signification même imposée par l'intellect). Or la signification passive, le « sens », exprime une propriété de la chose, une qualité objective intelligiblement signifiée[30]; elle n'est pas un simple événement psychique. C'est qu'en réalité – et nous pouvons maintenant énoncer la doctrine des modistes dans toute sa généralité – s'il y a diversité de modes de signifier (selon la diversité des catégories grammaticales), c'est qu'il y diversité de modes d'intellection de la chose (*modi intelligendi*), laquelle intellection est elle-même fonction d'une diversité de manières d'être (*modi essendi*). Cette doctrine est donc foncièrement réaliste. C'est bien l'être lui-même qui actualise l'intelligence selon tel ou tel aspect sous lequel il se donne à comprendre. Les modes de signifier, en effet, ne sont pas des « fictions » (*figmenta*) déclare Thomas d'Erfurt; « il faut donc qu'ils trouvent leur origine radicale dans quelque propriété de la chose ». Et comme l'intelligence, pour être en acte, a besoin d'un agent extérieur, « lorsqu'elle confère au son la qualité de signe selon un certain mode de signifier actif, c'est nécessairement sous l'effet d'une certaine propriété de la chose, c'est-à-dire tel mode d'être »[31].

Ainsi, de même qu'il y a un mode actif et un mode passif de signifier (nous dirions aujourd'hui la signification comme acte et la signification comme contenu sémantique, comme sens), de même il y a un mode actif d'intellection (l'intelligence en tant qu'elle saisit le mode d'être) et un mode passif (le mode d'être en tant qu'il est saisi par l'intelligence, l'intellection comme contenu intelligible, l'essence de la chose *dans* l'intelligence)[32].

L'opération de la signifiance est donc la suivante : tel mode d'être détermine tel acte d'intellection qui contient en lui telle forme intelligible et qui communique le pouvoir de la signifier à un signe vocal dont elle devient le sens. Comme on le voit, tout ce processus est suspendu au mode d'être, c'est-à-dire à telle qualité de l'être qui se révèle à l'intelligence. Nous retrouvons ici ce que nous avons appelé le référent intelligible; comme lui, le *modus essendi* fait l'unité du processus de signifiance : le concept, c'est le mode d'être *dans* l'intelligence, et le sens, c'est ce même mode d'être *dans* la langue et devenu signification, étant entendu cependant qu'il y a plus dans l'être que dans l'intelligence et plus dans l'intelligence que dans le signe linguistique. Ainsi, au XIIe siècle, Alain de Lille déclare : « il faut savoir qu'il y a trois éléments : la chose, l'intelligence, le langage (...) Mais (...) la nature de la chose en soi est plus ample et plus étendue que l'intelligence : il y a en effet plus dans la chose que ce qu'en saisit l'intelligence, et c'est pourquoi l'intelligence

30. *De modis significandi*, I, 1 b; Heidegger, p. 143.
31. *De modis significandi*, II, 2 a; Heidegger, p. 144.
32. *Ibidem*, III, 3 a; Heidegger, p. 148.

demeure en deçà de la chose. De même l'intelligence est plus ample et plus étendue que le discours : nous percevons en effet intellectuellement plus que nous ne pouvons exprimer »[33].

Sous une forme ou sous une autre réapparaissent la triangulation sémantique fondamentale et cette opération de la signifiance à propos de laquelle l'intelligence se découvre comme révélation du monde et de ses modes d'être à elle-même se révélant, doctrine qui nous conduit directement à l'ordre métaphysique et religieux. Car il y aurait quelque fausseté à ne voir en tout cela que de la « linguistique »[34]. Sans doute, au moment terminal de sa parfaite formalisation, n'est-il question que de « *grammatica* ». Mais, si nous avions pu retracer l'histoire de cette doctrine, nous aurions dû montrer le rôle important qu'y ont joué les discussions théologiques[35]. C'est là, affrontée à la tâche suprême de « dire Dieu », que le langage révèle le plus clairement la nature « modale » de sa signifiance, et donc que le modisme atteint à son véritable sens. Témoin ce texte de S. Thomas, sur la question de savoir si « Dieu » et « déité » peuvent s'employer indifféremment[36], et où l'on voit se conjuguer les thèmes de notre exposé : « S'il est bien vrai qu'en réalité "Dieu est sa déité", il reste que le mode de signifier n'est pas le même pour ces deux termes. Le terme *Dieu* signifie l'Essence divine en son sujet; et ce mode de signifier lui donne une aptitude naturelle à suppléer pour la Personne. Ce qui est propre aux Personnes peut ainsi s'attribuer au sujet Dieu, et l'on peut dire "Dieu est engendré, ou engendre". Par contre le terme *Essence* ne possède pas, de par son mode de signifier, d'aptitude à suppléer pour la Personne : il signifie l'essence comme une forme abstraite (de son sujet) »[37], et donc on ne peut énoncer : l'Essence engendre ou est engendrée.

Ce que nous avons dit permettra sans doute de mieux comprendre de pareils textes. Et l'on appréciera plus justement la portée de ces distinctions, si l'on précise qu'elles revêtiront chez Maître Eckhart leur signification métaphysiquement la plus radicale (distinction de Dieu et de la Déité). Mais, même chez S. Thomas, leur influence est capable d'infléchir l'aristotélisme officiel de sa doctrine. Le rapport que le procès de signification établit entre le mode d'être et une forme sonore significative est si puissant qu'il

33. *Summa* n. 9; Chenu, *La théologie au XIIe s.*, p. 99.

34. C'est pourquoi la faveur actuelle dont jouissent les modistes est quelque peu trompeuse.

35. Ce qu'a fait précisément Chenu, *op. cit.*, chap. *Grammaire et théologie.*

36. Dieu est tout ce qu'il est, son essence (la déité) est identique à son existence; alors que tel homme n'est pas l'humanité.

37. *S. Th.* I, q. 39. a. 5 (traduction Dondaine).

menace la doctrine reçue de l'arbitraire du signe. Ainsi, Thomas, commentant Aristote, définit bien le signe linguistique *vox significativa ad placitum* : « une émission vocale significative selon une convention »[38]. Néanmoins, cette nature institutionnelle du signe peut se combiner avec une correspondance essentielle du signifiant et du signifié. Se demandant si le Nom de Jésus convient au Verbe incarné, S. Thomas répond : « les noms doivent répondre aux propriétés des choses. Cela paraît dans les noms des genres et des espèces (...) Mais, même le nom de chaque individu lui est donné en fonction d'une certaine propriété de l'être à qui le nom est imposé »[39]. Ainsi, le « rationalisme » aristotélicien est pris dans un contexte général de correspondances symboliques dont participe tout le Moyen Âge, que la rigueur des définitions scolastiques ne doit *jamais* faire oublier, et même avec lequel elle peut coexister sans contradiction.

Section 4 Les doctrines de l'Inde

§ 1 – L'hindouisme classique

A l'instar des doctrines médiévales, la linguistique hindoue témoigne d'un souci métaphysique permanent en même temps que de préoccupations techniques très poussées, principalement dans le domaine de l'analyse phonologique, où l'Inde atteint, avec Pânini (Ve av. J.C.) et son commentateur Patanjali (IIIe s. av. J.C.), un degré de perfection non dépassé. Au reste, parmi les *vedanga*, ou « sciences annexes du *Veda* », analogues à nos « arts libéraux », la grammaire (*vyâkarana*) est considérée comme la première. Si Jean de Salisbury l'appelle « berceau de la philosophie »[40], Pânini la considère comme « la bouche des *Veda* »[41].

En dehors du tantrisme, auquel nous consacrerons un plus long développement, on rencontre dans l'hindouisme trois sortes de méditations sur le langage : celle des purs grammairiens (Pânini), celle de grammairiens philosophes (comme Bhartrihari au Ve s.), celle de purs métaphysiciens (comme Shankara au VIIIe s.). Ces doctrines ont été bien étudiées en Occident. Nous n'en dirons presque rien.

La plupart d'entre elles abordent la question de l'« arbitraire du signe », c'est-à-dire de l'absence de rapport entre le mot (*shabda*) et son référent

---

38. *In Periher*, I, 1, 4, n. 6.

39. *S. Th.* III, q. 37, a. 3.

40. Cité par J. Jolivet dans *Histoire de la philosophie*, « Pléiade », t. I, p. 1458.

41. *Pâninîya-Shikshâ*, v. 41; cité par Jean Canteins, *Phonèmes et Archétypes*, Maisonneuve et Larose, 1972, p. 84, n. 1. Qui veut savoir ce qu'est la « Science des Lettres », qu'il lise cet ouvrage, étonnant à bien des égards.

(*artha*). Contre le bouddhisme, toutes les écoles affirment la réalité d'un tel rapport. Pour le *nyâya* (la « logique » des Hindous), ce rapport est conventionnel. Mais cette convention (*samketa*) est établie par Dieu (*Ishvarasamketa*)[42], et donc jouit d'une sorte d'éternité. Pour la *mîmânsâ* (exégèse rituelle du *Veda*) la relation du mot et de la chose est éternelle et incréée comme le *Veda* lui-même qui est proféré intemporellement. D'une manière plus précise, Patanjali explique que le lien (*sambandha*) que Dieu établit[43] entre *shabda* et *artha* est *nitya*, c'est-à-dire « permanent » et non proprement éternel : le nom est sans doute arbitraire, « mais le *système* du *shabda*, de l'*artha* et du lien fonctionnel qui les unit n'en est pas moins invariable »[44].

Toutefois, pour beaucoup de grammairiens (comme encore Nâgeshabhatta au XVIIIe s.) le Seigneur logothète ne saurait agir sans raison et la liaison qu'il institue entre *shabda* et *artha* « doit être entendue comme illuminant une connexion préexistante »[45]. C'est pourquoi, devant rendre compte de cette connexion, ces grammairiens formulèrent la doctrine du *sphota*, dont la sonorité évoque une idée d'« explosion », d'« éclatement ». Le « sens-du-mot » préexiste à son énonciation sonore *(dhvani)*. Ce qui le prouve, c'est qu'il n'est contenu dans aucun des éléments sonores du mot, mais ne se manifeste à la conscience – en « explosant d'un seul coup » – qu'une fois l'énonciation entièrement accomplie[46], comme le sommet invisible d'une montagne surgit lorsque le frappe la lumière du soleil.

En réalité, le *sphota*, ou « âme du son », est une traduction grammaticale d'une théorie métaphysique : il s'identifie au Verbe divin, au Son éternellement proféré; doctrine que nous retrouvons chez S. Thomas d'Aquin et Maître Eckhardt, comme nous l'avons vu[47]. On est conduit alors à une véritable théologie de la Parole, qui se situe, selon l'expression de Jean Canteins, « au confluent de la grammaire et de la métaphysique »[48]. C'est le cas, principalement, de Bhartrihari qui, dans son *Vâkyapadîya* (*De la phrase et du mot*) élabore la doctrine du « Mot-Dieu », du « Theos-Logos » ou *shabdabrahma* :

---

42. *Nyâya Bâshya*, II, I. 55; S. Radhakrishnan, *Indian Philosophy*, London, 1948 t. II, p. 107.

43. Dans sa fonction de « logothète », de législateur des dénominations; cf. Platon, *Cratyle*, 389a, et Genèse, II 20.

44. D.S. Rueg *Contributions à l'histoire de la philosophie linguistique indienne*, E. de Boccard, 1959, p. 56.

45. *Ibidem*, p. 9.

46. L Renou, dans *L'Inde classique*, Adrien Maisonneuve, 1985, t. II, p. 80.

47. Cf. p. 172, n. 40, et ce que nous avons dit du « sens lexical » (le « signifié » de Saussure et le *lekton* des Stoïciens).

48. *Phonèmes et Archétypes*, p. 84.

« Ce *Brahma* sans commencement ni fin, Parole principielle, Phonème impérissable »[49], c'est Lui qui est la réalité sous-jacente de toute entité signifiante. En conséquence, « le mot et l'objet visé, les deux divisions de l'unique *Atmâ* (*Brahma*) ne sont pas séparables »[50]. L'institution seigneuriale des noms ne fait qu'illuminer cette connexion éternelle. Elle est toutefois indispensable, car sans elle, c'est-à-dire sans la Tradition, nous ne saurions en avoir connaissance[51].

Nous terminerons en évoquant Shankara qui a certainement connu l'œuvre de Bhartrihari (le « Platon de l'Inde »[52]), et qui commenta aussi la distinction du *sphota* et du *dhvani* : le *dhvani* est éphémère et variable selon les prononciations, le *sphota* est impérissable[53]. Plus fondamentalement encore, nous retrouvons chez lui l'importance de ce que nous avons appelé le référent intelligible, comme clef de la connexion *et* de la distinction du mot et de la chose, de *shabda* et d'*artha*; car, dit-il, « c'est aux essences que les mots sont rattachés, et non aux individus qui, étant en nombre indéfini, ne peuvent soutenir une pareille relation »[54].

§ 2 – Le tantrisme et le shivaïsme du Cachemire[55].

Le mot « tantrisme » est utilisé pour désigner la doctrine métaphysique, spirituelle et rituelle qui est exposée dans des textes portant le nom de *tantra* (terme qui évoque le symbolisme du tissage[56]). Les orientalistes y voient souvent un mouvement religieux relativement tardif, et qui rompt avec la tradition védique et brahmanique. Mais, quant à cette rupture, telle n'est pas l'opinion des adeptes du tantrisme qui revendiquent l'origine védique et traditionnelle de leur enseignement[57]. Comme le dit Guénon : « il s'agit d'un "esprit", qui, de façon plus ou moins diffuse, pénètre toute la tradition hindoue sous sa forme actuelle, de sorte qu'il serait à peu près impossible de lui assigner, à l'intérieur de celle-ci, des limites précises et

49. 1, 1 ; cf. Madeleine Biardeau, *Vâkyapadîya Brahmakânda avec la Vritti* (commentaire) *de Harivrishaba*, E. de Boccard, 1964, p. 25.

50. *Ibidem*, II, 31.

51. *Ibidem*, I, 23. C'est ici que se nouent *logos* et *mythos*.

52. M. Biardeau, *Théorie de la connaissance et philosophie de la parole dans le brahmanisme classique*, Imprimerie Nationale. 1964, p. 441, n. 1.

53. *Vedânta-Sûtra*, I, 3, 28 ; trad. G. Thibaut, Dover Publications, N.Y., 1962, pp. 206-7.

54. *Ibidem*, I, 3, 28 ; Thibaut, p. 202.

55. L'étude essentielle à cet égard est celle d'André Padoux, *Recherches sur la symbolique et l'énergie de la parole dans certains textes tantriques*, Publications de l'Institut de Civilisation indienne, fascicule 21, Paris, E. de Boccard, 1963, 389 pages.

56. Cf. René Guénon, *Études sur l'hindouisme*, Éditions Traditionnelles, 1966, p. 91.

57. A. Padoux, *Recherches sur la symbolique...*, p. 45.

bien définies[58] ». Cette doctrine est seulement considérée comme plus particulièrement adaptée aux conditions difficiles du présent âge cyclique.

Parmi tous les *tantra,* il faut noter tout spécialement l'ensemble de ceux qu'on groupe sous la dénomination de « shivaïsme du Cachemire », parce qu'ils se réfèrent essentiellement à l'aspect *Shiva* de l'Absolu[59]. Ils sont apparus vers la fin du IXe siècle ap. J.C. dans l'Inde du Nord. Parmi ces écrits, ceux d'Abhinavagupta (fin du Xe siècle, début du XIe) représentent assurément l'un des sommets de la métaphysique universelle[60].

La « philosophie » *trika* (le shivaïsme du Cachemire est ainsi appelé à cause de la prédominance des triades à tous les niveaux de ses analyses) met au premier plan de sa métaphysique l'Énergie (*shakti*) divine, symboliquement envisagée comme épouse de *Shiva.* On parlerait en Occident du dieu et de sa parèdre. Cette *shakti* ne doit pas être envisagée comme une réalité distincte de *Shiva.* Nous sommes en effet au-delà de toutes les dualités et même de l'Être qui est leur source commune, en tant qu'affirmation ontologique première, symbolisée par le chiffre 1. En réalité l'énergie de l'Absolu, la *Maha-Mâyâ* ou *Maha-Shakti* n'est pas différente de l'Absolu Lui-même, de *Paramashiva,* ou « Suprême *Shiva* ». C'est ce qu'indique de la manière la plus nette le *Vijnâna Bhairava tantra* (contre une certaine conception moniste du *Brahma* védantin) : « Puisqu'il ne peut jamais y avoir aucune distinction entre énergie et détenteur d'énergie, entre substance et attribut, l'Énergie suprême est identique au Soi suprême (*parâshaktih parâtmanah*) »[61].

58. R. Guénon, *op. cit.* p. 90.

59. La *Trimûrti* ou « Triple manifestation » (du Seigneur, *Ishwara)* comprend trois aspects : *Vishnu,* conservateur des êtres, *Brahmâ* (au masculin) producteur des êtres, *Shiva,* destructeur et transformateur. Ces aspects divins correspondent au niveau des archanges suprêmes (quasi divin) de la tradition abrahamique.

60. Outre l'ouvrage de Padoux précédemment cité, nous avons utilisé le *Paramârthasâra,* texte sanscrit édité et traduit par Lilian Silburn, Publications de l'Institut de Civilisation indienne, fascicule 5, Paris, E. de Boccard, 1957, 105 pages, ainsi que le *Vijnâna Bhairava,* également édité et traduit par L. Silburn, même éditeur, 1961, 222 pages. Ces deux textes fournissent des exposés particulièrement clairs de la pensée d'Abhinavagupta; cf. également : *The Tantrâloka of Abhinavagupta,* edited by Dr R.C. Dwivedi and Dr Navjivan Rastogi, 1986, 8 vol.

61. *Shloka* 18 : éd. Silburn, p. 59. Cette doctrine que A.K. Coomaraswamy appelle la « bi-unite divine » (*Études Traditionnelles,* n° 212-213, 42e année, août-sept 1937, pp. 289-301) se trouve énoncée par le shankarien René Guénon dans *Les Etats multiples de l'être,* pp. 20-21. Curieusement on peut trouver une attestation de la même bi-unité divine chez S. Paul dans l'un des passages les plus « théologiques » de l'Épître aux Romains : à partir des œuvres visibles, dit S. Paul. nous pouvons saisir intellectuellement deux choses en Dieu « son éternelle Puissance et sa Divinité » (I. 20).

1) La « Parole suprême »

A partir de ce degré suprême qui, en vérité, n'est pas un degré, le shivaïsme cachemirien décrit le processus théogonique puis cosmogonique sous la forme du processus de formation puis de manifestation de la parole, en vertu de la correspondance ontologique qui existe entre le premier et le second. Cette correspondance rend compte du rôle central de la parole et de son symbolisme, dans le tantrisme. Elle explique aussi, en retour, quel est le pouvoir, cosmique et divin, d'un usage rituel de la parole sacrée, en particulier dans la prière incantatoire, le processus de réintégration de l'être dans le divin étant inversement analogue au processus de manifestation.

L'idée essentielle qu'on peut retenir de ces descriptions complexes et étendues[62], c'est que la « Parole suprême », lorsqu'elle est produite au sein de l'unité indifférenciée de l'Énergie divine, provoque l'apparition à la fois de la conscience de Soi de l'Absolu (qui fera de Lui le Seigneur des créatures), et de la conscience de la multiplicité innombrable des possibilités de création. Tout se passe comme si, par le surgissement de la Parole primordiale, *Paramashiva* (l'Absolu) « prenait conscience » de la distinction qu'il y a entre Lui-même et les archétypes incréés de toutes choses. *Shiva* est conscience (*chit*) ou connaissance. Cette conscience comprend deux aspects : un aspect de « pure lumière » (*prakâsha*) et un aspect de « prise de conscience » (*vimarsha*). *Prakâsha* est *Shiva*; *vimarsha* est sa *Shakti*. Mais cette énergie de conscience ne pourrait être distinguée de la pure lumière s'il n'y avait pas *vâk* ou *Paravâk*, la « Parole suprême », qui, par sa manifestation même, « révèle », en quelque sorte, l'« énergie » qui la rend possible, si bien qu'on ne peut isoler *vimarsha* de *vâk* ni même de *prakâsha*. « La parole, écrit Padoux, est ce par quoi il créé l'univers, grâce à quoi Il le soutient, en quoi Il le résorbe. La Conscience, en tant que vivante, est inséparable de la Parole : tout comme en ce monde, il n'y a pas (selon l'aphorisme de Bhartrihari, repris par Abhinavagipta) de conscience réfléchie, d'idée qui ne soit accompagnée de Parole »[63]. Il y a donc, selon une expression du même auteur, une

62. Qui ne doivent nullement être considérées comme impliquant un « devenir » dans le Principe divin.

63. A Padoux, *Recherches sur la symbolique de la parole*, p. 69. En langage chrétien, *Paravâk*, la Parole suprême, correspond au Verbe divin en tant qu'il contient en lui toutes les possibilités de création, envisagées dans leur état indifférencié d'immanence au Verbe.

manifestation « d'abord en archétype, en puissance, sous son aspect purement énergétique »[64].

2) Le processus logo-cosmogonique

Mais, à ce processus intradivin ou théogonique, fait suite le processus cosmogonique. Ce processus – nous suivons encore ici Padoux – peut être décrit comme une extériorisation, une condensation progressive, de l'énergie de la Parole, envisagée comme énergie phonique. La vibration sonore primordiale (la *Shakti* de *Shiva*) se condense; et, passant par une première « résonance » (*nâda*), devient « goutte » (*bindu*) d'énergie phonique, se divise, puis donne naissance aux matrices des phonèmes (*mâtrikâ*), enfin aux phonèmes (*varna*) et aux paroles. Ce procès sonore est « signifiant » (*vâchaka*). Il implique donc l'apparition du « signifié » (*vâchya*), c'est-à-dire du monde des objets (*artha*) et des significations exprimées par les signifiants[65].

On voit que les étapes du processus cosmogonique sont rigoureusement parallèles aux étapes de l'émanation phonématique. Quand ils décrivent ces étapes, depuis la parole purement intérieure et silencieuse, indiscernable de l'idée, jusqu'à la parole articulée et sonore, en passant par le langage, non sonore mais déjà formulé, du mental subtil, Abhinavagupta et ses disciples décrivent aussi bien, et indistinctement, les étapes par lesquelles est passée la création du monde. Elles sont traditionnellement au nombre de trois, si on laisse de côté *Parâvâk,* la Parole suprême, synthèse principielle des déterminations créaturelles indifférenciées, « antérieure » même à la création « dans le Principe » du Ciel et de la Terre. Cette « création » principielle correspond au premier degré de l'émanation phonématique appelé *Pashyantî,* la « Voyante ». Mais *Pashyantî* correspond aussi à l'apparition du monde intelligible (*fiat lux*). Elle englobe à la fois l'aspect « relatif » du Non-Manifesté et le plus haut degré de la manifestation (la création principielle et le monde de *Buddhi*). *Pashyantî* est dite « suprême-non

64. Padoux, *ibidem,* p. 71. De même, comme nous l'avons montré dans *La charité profanée.* pp. 296-302 et pp. 318-322, le Saint-Esprit peut être considéré, dans sa fonction de « maternité hypostatique », comme la réceptivité même de Dieu, dans l'unité de laquelle le Père « engendre » la première Image. le premier symbole de Lui-même. C'est « dans ce Commencement » que Dieu créa premièrement « le Ciel et la Terre ».

65. Padoux, *ibidem,* p. 73. Signalons qu'André Padoux a publié. aux Éditions du Soleil Noir, en 1980, un résumé de sa thèse de doctorat (253 pp.) Cet ouvrage est actuellement le seul qui fournisse un exposé complet de l'émanation phonématico-cosmogonique et de la doctrine du *mantra. (L'Énergie de la Parole, Cosmogonies de la Parole tantrique.)*

suprême ». On l'appelle « voyante » parce qu'en elle apparaît pour la première fois le désir de voir, c'est-à-dire la racine de la dualité du sujet et de l'objet, bien que l'on soit encore dans le « sujet ». A ce stade, les archétypes (ou déterminations créaturelles) sont distincts les uns des autres (de manière purement qualitative) et non plus envisagés dans l'unité indifférenciée du pur *Logos* (*Parâvâk*).

Le deuxième stade est appelé *Madhyamâ*, la (parole) « Intermédiaire ». Il correspond à l'état mental et donc au monde subtil (*sukshma*). Ici, on sort de l'Informel pour entrer dans la manifestation formelle. Et de même, du point de vue de la parole, on quitte la « saisie synthétique » pour le mode développé du langage discursif (en « phonèmes, mots et phrases »). A ce niveau, se produit la distinction de la langue et de la pensée, et aussi du signe linguistique (« ce qui exprime », dit Abhinavagupta) et du monde objectif (« ce qui est exprimé »). Cependant cette distinction n'est encore que « pensée ». Les signes linguistiques sont encore de nature mentale. C'est le stade de la parole intérieurement articulée. Elle met en jeu *antahkarana* (l'organe interne), terme qui regroupe les trois *tattva* : *buddhi*, *ahamkâra*, *manas*[66]. Ainsi le sujet commence-t-il, en lui-même, et grâce à la parole interne, à distinguer le monde extérieur du monde intérieur.

Vient enfin *Vaikhari*, la (parole) « Grossière »[67]. C'est l'aboutissement du processus cosmogonique comme du processus langagier. Ce qui sert à exprimer (le signifiant), et ce qui est à exprimer (le référent objectif) – reliés par la signification qui va du mot à la chose – sont alors réellement et physiquement distincts, ce qui implique en même temps que le monde corporel existe dans son extériorité propre, puisque c'est lui que désignent les signes linguistiques prononcés. Il y a ainsi corrélation des phonèmes, ou éléments sonores du langage, et des éléments des choses.

---

66. La mention de *buddhi* peut ici surprendre puisque l'intellect relève de la manifestation informelle, et que *madhyamâ* est d'ordre subtil. Cette question est fort complexe. Disons qu'il s'agit précisément du point de jonction de l'esprit et de l'âme, de l'universel et de l'individuel, de l'aspect de *buddhi* qui « s'engage » dans l'être individuel et « devient » *ahamkâra*. La conscience individuelle (*ahamkâra* signifie : *kâra* ce qui fait, *aham* moi, d'où la traduction : égofaction) est à la fois connaissance (en tant que conscience), et relève donc de *buddhi*, et de nature subtile ou psychique en tant qu'individuelle : reflet de *buddhi* à la surface des eaux animiques. Cf. M. Hulin, *Le Principe de l'ego dans la pensée indienne*, Boccard, 1978.

67. André Padoux traduit : l'« *Étalée* », qui, dit-il, « répond à l'un des sens possibles du sanskrit » : *L'Énergie de la parole*, p. 113. La parole sonore (ou écrite) est en effet toujours linéairement « étalée ». C'est le « principe de linéarité » de F. de Saussure : un signe suit toujours un autre signe. « Grossier » a ici le sens de « matériel ».

Enfin, il faudrait souligner que chacun de ces stades comprend lui-même trois aspects, correspondant respectivement à *Pashyantî*, à *Madhyamâ* et à *Vaibhari*. Il y a ainsi, par exemple, « un aspect grossier de la "Voyante", qui est un son pur ayant la finesse et la beauté d'une suite de notes musicales, sans aucune division »[68]. Cet enseignement d'Abhinavagupta (*Tantrâloka*, III, 236-247) signifie que *Pashyantî*, *Madhyamâ* et *Vaikhari* ne sont pas seulement trois étapes successives d'un processus logo-cosmogonique, mais aussi trois modalités permanentes de toute manifestation, répondant aux trois états de sommel profond, rêve et veille[69].

3) La réminiscence invocatoire

Nous ne dirons rien de l'émanation phonématique, qui expose en détail la signification particulière de chacun des cinquante phonèmes passant d'un état à un autre. Cette science est fondamentale pour tout ce qui concerne la connaissance et l'efficacité des *mantra*. Notons cependant, à cause de son étonnante ressemblance avec l'enseignement de la Bible, que « l'énergie émettrice transcendante qui contient en puissance toute la manifestation est symbolisée par AHAM, le grand *mantra* suprême (*paramahâmantra*) »[70].

Nous voudrions seulement, pour terminer, rappeler ce qui, à nos yeux, en constitue l'aspect le plus essentiel. La corrélation ontologique, pour ne pas dire l'identité, qui unit le processus cosmogonique et le processus phonématique, autrement dit les phases de la manifestation universelle et celle de la manifestation de la parole, doit être saisie dans toute sa vérité, et non regardée seulement comme une ingénieuse métaphore, ou pis, comme une virtuosité orientale. Elle signifie, en réalité, que tout acte de parole, et particulièrement l'invocation sacrée d'un Nom divin, qui est la parole par excellence, non seulement retrace le processus cosmogonique, mais encore participe très effectivement de ce processus. Dans le fond le plus profond

---

68. Padoux, *ibidem*, p. 116. L'aspect grossier de la « Moyenne » c'est le rythme.

69. De même pour la tripartition anthropo-cosmologique, comme nous l'avons exposé dans *La charité profanée*, tableau 1, p. 110 : cf. les notions de corps grossier, de corps subtil et de corps spirituel.

70. Padoux, *Recherches sur la symbolique et l'énergie de la parole*, 1963, Éd. de Boccard p. 230. AHAM signifie « Je », ou « Moi », ou « C'est Moi ». Padoux s'appuie ici sur un texte d'Abinavagupta, *Tantrâloka*, III, 203. Il cite, comme fondement scriptutaire, ce verset de la *Brihadâranyaka-Upanishad*, I, 4, 1, qui déclare; « *Atmâ* existait seul, à l'origine, sous forme de *Purusha*. En regardant autour de Lui, il ne vit rien d'autre que Lui-même. Il prononça d'abord : Je suis *(So'ham asmi)*, d'où le nom de « moi » (*'ham*) : trad. Sénart, légèrement modifiée, Belles Lettres, 1934, p. 10.

où s'élabore et germe la parole, fond à nous-même inconnu, c'est-à-dire à notre conscience ordinaire, dans ce fond, nous sommes toujours présents à l'origine des choses et des êtres, et donc à notre propre origine. Et c'est pourquoi il est dit; « Quiconque invoquera le Nom du Seigneur sera sauvé. » De ce point de vue, l'homme est l'être de l'invocation, puisqu'il est l'être de la parole, le seul vivant doué de langage [71]. Et ce fait même, la manifestation de la parole dans l'homme, « prouve » qu'il est l'être de l'invocation. C'est du reste ce que semble indiquer l'étymologie. Le mot *mantra* comporte la racine MAN, signifiant la pensée proprement humaine, et le suffixe *tra* qui sert à former des mots désignant des instruments [72]. D'où le sens d'« instrument de pensée » (cf. la notion de « thème de méditation »). Mais le *Trika* est plus explicite encore, puisqu'il rattache *tra* à la racine TRAI, sauver, délivrer. D'où l'aphorisme célèbre en tantrisme : « Le *mantra* est ainsi appelé car sa nature est pensée (*man*) et délivrance (*tra*). Il est en effet pensée omnisciente et délivrance de la transmigration » [73]. En prononçant le *mantra* divin, en vertu de la corrélation ontologique que nous avons évoquée, nous actualisons la « mémoire » sur-consciente que notre substance humaine porte en son cœur du processus cosmogonique par lequel elle est elle-même passée pour venir à l'existence. Ce que nous entendons dans les vibrations du *mantra,* c'est l'écho sonore, mais direct, de notre propre archétype auquel elles nous rappellent, et, Dieu aidant, nous identifient. Dans cet archétype nous sommes enfin délivrés de tous les conditionnements adventices. Par là se révèle le rapport mystérieux qui unit l'invocation, le souvenir et la délivrance. « La mémoire, écrit Abhinavagupta, c'est le rappel à l'esprit. C'est ce qui (fait appréhender ce qui) est antérieur en toute modalité de l'existence et qui est, en vérité, la nature profonde des *mantra* (...). Elle est l'atteinte de sa propre essence, et, en vérité, suprême » [74].

Mais, dans la mesure même où l'archétype qu'actualise pour nous la réminiscence invocatoire ne fait qu'un avec la Parole suprême dont il n'est en vérité jamais sorti, dans cette mesure « c'est le Seul Suprême Seigneur dont on peut dire: Il Se souvient » [75].

---

71. En dépit de ce qu'affirment les ignorants, il n'y a pas de langage animal, au sens propre du terme : cf. E. Benveniste *Problèmes de linguistique générale*, collection « Tel », Gallimard, 1966, t. I, pp. 56-62.

72. Padoux, *Recherches sur la symbolique de la parole*, p. 293.

73. *Ibidem*, p. 294.

74. *Tantrâloka* V, 137-139 : Padoux, *ibidem*, p. 325.

75. *Ishwarapratyabijnâsûtra Vimarshinî*, d'Abhinavagupta, I, 4, 1 : Padoux, p. 325.

* * *

On reconnaîtra aisément dans ces doctrines, les thèmes essentiels, mais transposés métaphysiquement, de ce que nous avons appelé la signifiance, et du rôle révélateur de la parole dans la prise de conscience de soi et du monde. Nous aurions pu évidemment nous étendre davantage et convoquer d'autres textes, empruntés à d'autres aires culturelles. Mais le fond des idées n'en eût point été changé. Nous en avons assez dit d'ailleurs pour manifester l'accord des doctrines traditionnelles sur le signe. Il nous reste, maintenant, après ces remarques historiques, à aborder enfin la descripion de la structure du signe symbolique, objet principal de toute cette étude.

CHAPITRE VI

DU SIGNE SYMBOLIQUE

ARTICLE I

DES ESPÈCES DU SIGNE

Section 1 Fondement de la distinction des espèces du signe

La description dont il s'agit ici concerne exclusivement le symbolisme sacré. Certes le mot symbole est utilisé pour désigner des entités appartenant à d'autres domaines, par exemple au domaine des mathématiques ou de la logique. Mais, pour des raisons dont nous avons déjà fait état, et sur lesquelles nous reviendrons à l'occasion, c'est dans le champ du symbolisme sacré que les entités symboliques réalisent la vérité de leur essence.

Nous ferons ensuite remarquer que, parlant du signe symbolique, nous rangeons le symbole sous la catégorie du signe, qui est ainsi le genre dont le symbole est une espèce particulière. Ce point, a notre avis, ne saurait guère être contesté. Sans doute a-t-on maintes fois opposé le signe au symbole [1]. Mais il en va ici comme de la définition aristotélicienne de l'homme en tant qu'animal raisonnable. Quelle que soit la pertinence des oppositions de l'humanité à l'animalité, il n'en demeure pas moins que, en tant qu'être vivant, l'homme est un mammifère, bien que, à un autre point de vue, il dépasse toute animalité et donc transcende cette catégorie. De même le symbole peut s'opposer au signe, Il n'en demeure pas moins qu'il exerce, en tant même que symbole, une fonction signifiante, et donc relève de la catégorie sémiotique, bien que, à certains points de vue, il dépasse cette catégorie, et soit quelque chose de plus qu'un signe, ou peut-être même un quasi-signe. Autrement dit, si l'observatoire naturel de l'homme, c'est le règne animal, semblablement, l'observatoire naturel de l'entité symbolique, c'est le champ sémiotique. Il n'y a que là où nous avons quelque chance d'obser-

1. Cf. *supra*, p. 76 et p. 78-79.

ver le fonctionnement des symboles, fût-ce pour constater qu'ils transcendent ce champ lui-même.

C'est ici le lieu de nous souvenir de ce que nous disions au début de cette Analytique, savoir, que la structure est inintelligible en dehors de la fonction. Dans l'ordre biologique, on comprend qu'il soit possible éventuellement de subsumer l'homme et le singe sous une même catégorie, en se fondant sur de simples considérations anatomiques. Les ressemblances morphologiques sont patentes. Toutefois, elles peuvent être également trompeuses, puisqu'une baleine n'est pas un poisson, ni la chauve-souris un oiseau. En tout cas, c'est absolument impossible pour ce qui est des entités sémiotiques, lesquelles présentent une telle variété de formes qu'on ne saurait même déterminer, au seul vu de leur apparence, si elles relèvent seulement de la catégorie du signe. D'autre part, comme pour le règne animal, les ressemblances morphologiques sont trompeuses et ne peuvent servir de critère de distinction des espèces : ainsi, la croix d'un panneau routier et celle d'un blason ou d'un ornement sacré peuvent être morphologiquement indiscernables, ce n'en sont pas moins deux entités sémiotiques essentiellement distinctes. Il résulte de ces remarques : 1°) que ce qui définit la catégorie du signe, ce ne sont point les entités sémiotiques qu'elle renferme, mais seulement la fonction signifiante; 2°) que ce qui définit les espèces particulières du genre sémiotique, ce sont les divers modes selon lesquels s'exerce la fonction signifiante.

Nous sommes donc conduit, pour distinguer les diverses espèces du signe, à nous demander de quelles variations est a *priori* susceptible la fonction signifiante. Et pour cela, il faut d'abord la définir dans sa plus grande généralité, dans son type le plus simple et le plus abstrait Ce type, tel que nous l'ont livré les analyses précédentes, est le suivant : la fonction signifiante consiste à orienter la pensée vers un objet (le référent ou dénoté) au moyen du sens attaché à un signifiant Autrement dit, le propre du signe est de faire penser à quelque chose d'autre que lui-même. Cette définition de la fonction signifiante est au fond celle qu'énonce S. Augustin (après Origène), et que reprend toute la tradition scolastique : « Un signe est une chose qui, outre l'image qu'elle fait pénétrer dans les sens, conduit d'elle-même à la connaissance de quelque chose d'autre »[2]. La fonction signifiante consiste donc à établir une relation entre un signifiant (ou entité sémiotique) et une chose signifiée (*signatum, res significativa,* référent ou dénoté). Laissons de côté tout le reste, et ne retenons pour l'instant que la relation

---

2. « *Signum est res praeter speciem quam ingerit sensibus, aliud aliquid ex se faciens in cogitationem venire* », *De doctrina christiana*, l. II, c. 1; *P.L.*, t. XXXIV, col. 35; cf. *supra*., p. 179.

et les deux termes qu'elle unit[3]. Ces termes peuvent être de natures très diverses, ils sont entièrement caractérisés, du point de vue formel où nous nous plaçons présentement, par la relation qui fait de l'un le signifiant et de l'autre le *signatum* auquel il se rapporte. Il ne reste donc que la relation elle-même qui puisse varier, non pas certes en tant qu'elle rapporte le signifiant au référent, mais dans la manière dont elle opère ce rapport Quelle est donc la cause de cette variation qui se traduit par la variation des modes de signification? Ce ne peut être que le fondement même de la relation de signification, c'est-à-dire la raison qui fait le signifiant se rapporter au référent. La relation qui unit le signifiant au référent est en effet une relation active : la fonction signifiante est un acte de désignation. Cet acte possède un *fondement* ou une *raison*. Ce fondement détermine le *mode* selon lequel le signifiant désigne le *signatum*. Tels sont les éléments suffisants d'une théorie de la relation de signification. Dans cette théorie, le fondement répond au « pourquoi » et le mode répond au « comment », mais il peut arriver, nous allons le constater, que les deux ne fassent qu'un.

Cela étant dit, nous considérerons qu'il y a trois fondements possibles à l'acte par lequel un signifiant désigne un référent : la puissance causale, l'institution traditionnelle, la correspondance ontologique. Afin de mieux mettre notre pensée en évidence, nous partirons de la distinction des différents types de signe que nous présentent les traités scolastiques[4].

Section 2 Le signe inductif et le signe institutionnel

Selon ces traités, il existe deux sortes de signes : les signes naturels, lorsque le signifiant se rapporte au référent en vertu d'une relation naturelle (les larmes et la tristesse, la fumée et le feu) d'une part, et les signes institutionnels (ou arbitraires, ou *ad placitum)* lorsque le signifiant se rapporte au référent en vertu « d'un choix des hommes ou de Dieu » (le signe linguistique) d'autre part. A quoi il faut ajouter le signe mixte qui « vient partie de la nature, et partie de l'institution », Cette troisième sorte nous intéresse au premier chef, puisqu'elle concerne les signes sacramentels, et, partant, les signes symboliques, qui résulteraient ainsi d'une convention, mais fondée sur la nature des choses[5]. C'est le cas, par exemple, de l'eau du baptême, et

3. Nous n'avons donc pas à tenir compte du référent intelligible, qui concerne l'intention (ce que l'on veut dire) ou encore le contenu de la fonction signifiante, et non sa simple *forme*.
4. Par ex. : *Philosophia scholastica*, par D. Barbedette, Berche et Pagis, 1934, t. I, pp. 26-27.
5. *D: T: C.*, article *Signe*, t. XIV, col. 2054.

du symbolisme naturel des éléments sensibles, à raison de quoi le Christ les a institués comme matière des sacrements[6].

Cette classification n'est pas fausse, mais elle est sommaire, et n'évite pas les confusions. Nous reviendrons tout à l'heure sur la notion de signe mixte; contentons-nous d'observer, pour le moment, qu'il est plutôt décevant de se borner à définir une catégorie de signes aussi importants que les symboles, en les caractérisant comme un mélange. Qu'ils soient à la fois institutionnels et naturels, nous ne le nions pas. Mais peut-être faudrait-il se demander ce que cela veut dire pour le signe lui-même. Au reste, et c'est la question que nous voulons d'abord traiter, en déclarant le symbole signe mixte, on s'oblige à le constituer d'un signe naturel auquel s'ajoute l'élection institutionnelle. Mais, précisément, est-ce possible si l'on définit le signe naturel tel qu'on l'a fait précédemment et tel que les exemples nous en donnent l'illustration? Comment peut-on ranger dans la même espèce de signes la fumée ou les traces de bêtes, et l'eau du baptême ou l'huile du saint-chrême? La raison (c'est-à-dire le fondement) pour laquelle la fumée signifie le feu n'est-elle pas différente de la raison pour laquelle l'eau signifie l'instrument de la purification? Cette question est importante. Elle nous conduit en effet à introduire une distinction au sein des signes que l'on qualifie de naturels.

Si l'on considère les exemples de signes naturels allégués par S. Augustin, dans le *De doctrina christiana* (I, 2) – la fumée, signe du feu, les traces d'un animal, signe de son passage, les cris d'un enfant, signe de ce qu'il désire – il nous semble que nous nous trouvons en présence de ce que les stoïciens nomment *sèméïon* et qu'ils distinguent soigneusement du *sèmaïnon* ou signe linguistique. Le P. D. Dubarle[7] traduit très justement *sèméïon* par signe épistémique parce que le propre de ce genre de signes, c'est d'accroître notre connaissance en nous permettant de passer du manifeste et de l'apparent au caché et même à l'invisible. Ce passage est d'ailleurs essentiel, puisqu'il nous fait quitter l'ordre de la connaissance naïve, au fond ignorante, pour accéder aux raisons cachés des choses : ainsi la présence du lait

6. S. Augustin distingue lui aussi ce qu'il appelle les *signa data* (signes donnés) et les *signa naturalia* (signes naturels). Il combine de même les deux dans les signes sacramentels, qui sont des signes *donnés* (par le Christ) en vertu de leur *nature* : « La volonté divine qui a définitivement établi le rapport de signe à chose signifiée, a trouvé, dans la manière d'être ou d'agir du signe, un fondement à son choix » *(De doctrina christiana,* II, 3). S. Thomas résume cette doctrine ainsi : « les choses sensibles ont une certaine aptitude à signifier des effets spirituels en vertu de leur nature propre; mais cette aptitude est déterminée à une signification spéculative en vertu d'une institution divine » (*S. Th.* III, q. 64, a.2).

7. *Logique et épistémologie du signe chez Aristote et chez les stoïciens*, p. 32.

dans les mamelles est signe qu'il y a eu enfantement, la sueur est signe qu'il y a des pores, et le mouvement, signe qu'il y a du vide. Nous avons affaire ici à ce que la médecine appelait sémiologie et qu'on nommerait plutôt aujourd'hui symptomatologie. Domaine immense, auquel Aristote n'a pas manqué de s'intéresser, soit d'un point de vue logique (le signe comme preuve ou argument), soit d'un point de vue noétique (les mouvements ou les traits du visage, par exemple, comme signes révélateurs des états de l'âme : la physiognomonie)[8]. Nous laisserons de côté les diverses distinctions qu'on peut introduire dans cette espèce de signes[9]. Nous rappellerons seulement qu'elle ne concerne pas seulement l'ordre de la connaissance profane, mais qu'elle s'étend aussi à la connaissance religieuse : il s'agit des « signes divins » de la révélation, c'est-à-dire des effets sensibles « par lesquels l'homme est amené à quelque connaissance surnaturelle de ce qu'il faut croire »[10]. On sait combien, dans l'Ancien Testament, comme dans le Nouveau, il est fait usage des miracles et prodiges comme signes attestant la puissance de Dieu et donc révélant ou authentiquant sa présence active.

Si maintenant nous cherchons, à travers tous ces cas, à saisir le fondement de la relation de signification qu'ils mettent en jeu, nous constaterons qu'il s'agit au fond de la causalité, en donnant toutefois à ce terme un sens assez large. Le signe est un effet qui atteste, par son existence observable, l'existence de sa cause, inobservable ou inobservée. A vrai dire, la notion de cause peut être entendue comme la cause efficiente propre (le feu est la cause de la fumée), ou bien comme la condition de possibilité, ce *sans quoi* l'effet n'aurait pas lieu, plutôt que ce *par quoi* (c'est le cas du miracle comme signe du divin). Quoi qu'il en soit, ce qui prédomine, c'est la cause envisagée dans son pouvoir, dans son efficacité. L'effet-signe est une sorte de trop-plein, de débordement, qui oblige une réalité causale (inobservée ou inobservable) à se trahir, à se répandre « au-dehors », et à révéler ainsi son incontestable présence. L'effet-signe fait connaître qu'il y a une cause (quelque *chose*[11]). Mais que fait-il con-

8. Cf. I *Anal.*, II, ch. 27; *Rhétor.*, I, ch. 2 et II, ch. 25.

9. 9 : Les stoïciens, par exemple, distinguent entre le signe commémoratif, ou encore « de rappel » (*hypomnèstikon*) et le signe révélateur ou « d'indication » (*endéiktikon*), selon que l'association de la chose signifiée avec son signifiant a été une fois clairement observée (liaison de la fumée et du feu) de telle sorte que la présence du signe suffit à nous rappeler la chose signifiée, ou bien que, la chose signifiée étant inobservable (pour des raisons diverses), le signe peut seulement l'indiquer, ou révéler son existence invisible. (Cf. Sextus Empiricus, *Hypotyposes*, IL 97-102, texte rassemblé dans *Les sceptiques grecs*, par J.P. Dumont, P.U.F., 1966, pp. 92-99).

10. S. Thomas, *S. Th.*, II-II, q. 178, a. 1.

11. On sait que le mot *chose* vient du latin *causa*.

naître de la cause? Rien, ou presque rien [12]. La fumée ne ressemble pas au feu, le vide ne ressemble pas au mobile, Dieu ne ressemble pas à un prodige. D'une certaine manière, on pourrait dire que le rapport entre le signifiant et le référent est aussi surprenant ou imprévu que dans le cas du signe institutionnel. C'est pourquoi la dénomination de signe naturel nous paraît vraiment trop peu précise. On peut qualifier sans doute de naturelle la relation de la fumée au feu, mais ce qualificatif s'applique beaucoup plus difficilement au rapport du mouvement au vide, et encore plus malencontreusement à celui du miracle à Dieu, car, ici, on serait plutôt porté à parler de relation surnaturelle. Et cependant, incontestablement, le mode de signification est le même en ces trois cas : le miracle signifie la puissance divine de la même façon que le feu signifie la fumée, par son caractère d'effet, c'est-à-dire de réalité contingente requérant une raison suffisante. Il faudrait même observer que le signe dit naturel n'est jamais tout à fait « naturel », sans quoi il ne serait pas signe. La fumée n'est signe du feu qu'à la condition que le feu soit invisible, ou encore qu'elle se produise en des circonstances inhabituelles. C'est pourquoi le prodige ou le miracle réalise un aspect essentiel du signe : il manifeste, plus qu'un autre, l'exigence de causalité, et, de cette causalité, il atteste plus particulièrement la dimension de puissance causale, par le caractère merveilleux et imprévisible des effets observés.

Il est donc raisonnable d'assigner à cette catégorie de signes la causalité comme fondement puisque c'est la nécessité d'une cause qui fait le signifiant se rapporter à la chose signifiée. Quant au mode selon lequel ce rapport est opéré, on ne peut guère le définir autrement que comme une induction. Induction, en effet, veut dire, en latin : conduire vers... Et c'est très exactement ce que fait le signe-effet, que, pour cette raison, nous appellerons *signe inductif.* Nous laisserons de côté, évidemment, toutes les questions relatives à la nature de l'induction, et qui concernent la logique ou la philosophie des sciences. De même nous n'entrerons pas dans les distinctions que les sémiologues établissent (ou non) entre l'indice et le signal, et toutes les autres sortes de signes inductifs [13]. Elles ne concernent pas directement notre propos. Nous observerons seulement que le signe inductif répond au schéma quaternaire du signe en général que nous avons exposé précédemment Par exemple, dans le cas de la fumée signe du feu, le signifiant est la

12. De manière analogue, pour Aristote, l'induction nous conduit bien à l'existence de la chose, mais non à sa science (qui requiert le syllogisme déductif).

13. On trouvera un exposé de ces questions dans le livre de Jeanne Martinet, *La Sémiologie,* Seghers, 1975, pp. 49-51.

fumée, le référent objectif est le feu, le sens (qui permet de passer de l'un à l'autre), c'est l'idée connue par expérience, que le feu est la cause de la fumée, le référent intelligible, c'est la notion générale de causalité envisagée dans sa réalité métaphysique, laquelle dépasse de loin le simple déterminisme auquel on l'identifie trop souvent, puisqu'elle implique l'unité d'un « thème » ou d'une « idée » cosmique, transpatiale et transtemporelle, dont le déterminisme physique « de proche en proche » n'est que la trace observable, et qui, dans sa racine principielle et métacosmique, n'est autre que la puissance créatrice de la *Natura naturans*[14].

Nous pouvons en venir maintenant au signe institutionnel[15]. Nous ne nous y attarderons pas, puisque nous en avons longuement parlé à propos du signe linguistique. Toutefois, quelques remarques s'imposent qui nous introduiront enfin au signe symbolique. Tout d'abord, comme nous l'avions laissé entendre, cette espèce de signe ignore la distinction du mode et du fondement (au moins si l'on s'en tient à une définition purement formelle). L'idée pure d'une convention, en effet, c'est l'idée d'un rapport qui est à lui-même son propre fondement : « c'est ainsi par ce que nous le décidons ». La pure convention est étrangère à la nature des termes qu'elle met en rapport. C'est pourquoi, d'ailleurs, faute de connaître cette convention, on ne peut découvrir le référent par le seul examen de la nature du signifiant. *Pourquoi* le signifiant institutionnel se rapporte-t-il au *signatum*? parce que le système sémiotique en a décidé ainsi. *Comment* s'y rapporte-t-il? selon les conventions sémantiques ainsi instituées et connues. Or, et ce sera notre deuxième remarque, ne faut-il pas voir dans ce caractère institutionnel, la raison pour laquelle le signe linguistique a pu nous servir d'exemple pour l'analyse de la fonction signifiante en général? Nous l'avons déjà souligné, en effet, dès lors que le signifiant ne se rapporte pas à la chose signifiée *par lui-même* (en vertu de sa nature), la fonction signifiante acquiert du même coup une sorte d'autonomie, d'existence propre, qui la pose en elle-même. Et c'est tout à fait conforme à la définition de la convention, telle que nous venons de la rappeler. La fonction signifiante n'est plus enfouie dans la

14. Nous sommes redevables de la distinction du déterminisme et de la causalité à l'enseignement de Raymond Ruyer. Dans son ouvrage *Du fondement de l'induction*, Alcan 1916, 2e édition, pp. 97-102. Jules Lachelier présente une thèse très voisine de celle que nous esquissons présentement On pourra enfin vérifier la relation du problème de l'induction avec celui du symbolisme de la nature dans l'étude que Louis Millet a consacrée au *Symbolisme dans la philosophie de Lachelier* (P.U.F. 1959) et à l'inspiration néo-platonicienne de sa pensée.

15. Nous préférons « institutionnel » à « conventionnel », parce que ce terme indique mieux le rapport à une institution, c'est-à-dire à la culture et à la tradition.

naturalité du signifiant, elle se présente et se manifeste dans son irréductible actualité. Au reste, si nous comparons le signe institutionnel et le signe inductif, nous voyons bien que seul le premier exerce vraiment une fonction signifiante, tandis que, dans le cas du second, la fonction signifiante n'est rien d'autre, au fond, qu'une relation causale *à l'envers*. Toutefois nous remarquerons en troisième lieu, ainsi que nous l'avons noté à maintes reprises, qu'il n'y a pas de pure convention. Dans la mesure où elle est l'œuvre de quelqu'un, d'un législateur primordial, d'un Adam logothète ou de Dieu, c'est-à-dire d'un être qui ne saurait agir sans raison suffisante (sa liberté exclut l'arbitraire), la convention sémantique participe nécessairement d'une certaine naturalité[16] Mais, évidemment, dans le cas du signe linguistique (ou des signes mathématiques et autres du même genre), ce n'est précisément pas ce fondement naturel qui importe, puisqu'il est en quelque sorte caché et recouvert, comme une impureté du signe lui-même, par la fonction signifiante, sans que cette dernière puisse toutefois en conjurer définitivement la menace.

---

16. Cette doctrine est conforme à celle de S. Thomas; cf. Roguet, *Les Sacrements*, p. 296.

ARTICLE II

LE SIGNE SYMBOLIQUE, UNITÉ TRANSFORMANTE DU SIGNE INDUCTIF ET DU SIGNE INSTITUTIONNEL

Nous sommes ainsi conduits vers une troisième espèce de signes, le signe symbolique. Faut-il, à la manière des scolastiques, le définir comme une espèce mixte résultant de la combinaison des deux espèces précédentes? Une telle caractérisation est incontestablement vraie, mais elle demeure formelle. Car, ou bien le signe symbolique résulte d'un simple mélange de signe inductif et de signe institutionnel, mais alors il ne constitue qu'un assemblage sans réalité propre (et il n'y a plus de signe symbolique comme tel), ou bien cette combinaison réalise une synthèse originale de l'inductif (ou du naturel) et de l'institutionnel [1] (ce qui est évidemment le cas), mais alors les éléments qui la constituent subissent une transformation radicale qui les rend aptes à se fondre dans une entité unique et irréductible, en dépit de ce qu'ils avaient antérieurement de contradictoire. Il faut alors montrer en quoi consiste cette transformation, et non se contenter de la définir de l'extérieur. Telle est maintenant la tâche d'une analytique du symbole. Afin de mieux mettre en évidence cette double transformation, nous présenterons deux exemples où elle se produit avec évidence : celui du *sèmëîon* dans l'évangile de S. Jean, où l'on voit le signe-inductif devenir symbole; et celui de l'icône de la Trinité de Roublev où le signe institutionnel connaît à son tour, la même transformation.

Section 1 Le sèmëîon chez S. Jean

Le signe inductif, avons-nous dit, est bien un signe naturel. Il nous avertit qu'il y a quelque chose à connaître, qu'on ne voit pas, mais dont le signe visible est l'effet révélateur. Il repose donc sur l'idée que l'effet et sa cause appartiennent tous deux à l'ordre de la nature envisagée comme puissance causale, mais il ne nous fait pas pénétrer dans la connaissance de la cause. Même lorsqu'il s'agit du prodige et du signe-miracle, ce qu'il révèle, c'est la puissance de Dieu, non son essence. Les actions appartenant nécessairement à un sujet agissant (*actiones sunt suppositorum*), la constatation d'une action implique l'existence d'un agent, même invisible, dont cette action est l'effet. Mais, si nous voulons connaître l'essence de cet agent, il faut dépasser la simple constatation, c'est-à-dire la simple appréhension du signe induc-

1. Cela signifie qu'au fond le symbole réalise une synthèse de la nature et de la culture.

tif. Des quatre questions que distingue Aristote (le *fait*, le *pourquoi, si* la chose existe, *ce qu*'elle est[2]), le signe inductif ne concerne que la première et éventuellement la troisième (car il y a des signes trompeurs)[3]. Au fond l'induction se fait par mode de signe, et le signe inductif ne conduit pas à la science véritable, laquelle exige qu'on saisisse intellectuellement le pourquoi de l'effet dans la raison ou essence de la cause.

Pourtant, c'est précisément ce qu'affirme le signe symbolique. Le signe symbolique n'exclut pas que le signifiant puisse être considéré comme l'effet d'une cause qu'il révèle par son existence même. Mais il affirme en plus que l'effet est à l'image de la cause, que la cause fait plus que signaler son *existence* par l'existence indicielle de son effet, puisqu'elle manifeste sa propre *essence* dans l'effet lui-même, en vertu, non de sa puissance causale, mais de son exemplarité, c'est-à-dire de la participation de l'effet à l'essence (ou forme) de la cause. En d'autres termes, selon la perspective du signe symbolique, l'effet n'est pas *essentiellement* distinct de la cause, il ne l'est qu'existentiellement, ce qui signifie que, de ce point de vue, il n'y a pas de signe purement et exclusivement inductif. C'est donc notre manière de considérer le signe, notre regard intellectuel, qui fait de lui un signe tantôt inductif, tantôt symbolique, c'est-à-dire un signe de connaissance véritable et pas seulement d'existence. Tout au moins cela est-il vrai quand on envisage les choses du point de vue du symbolisme. Considéré ainsi, le signe inductif n'est plus que l'extrême limite inférieure du signe symbolique. Il n'y a plus entre eux de différence irréductible, et c'est pourquoi le signe inductif peut se transformer en signe symbolique. Mais, on le voit, c'est aussi à la condition de passer, d'une certaine manière, d'une étiologie aristotélicienne à une étiologie platonicienne, d'une causalité par efficience à une causalité par participation[4].

Il nous semble que nous assistons chez S. Jean à un tel passage. Assurément, le « signe » *(sèméïon)*, qu'on rencontre si fréquemment sous la plume de l'évangéliste, ne perd presque jamais sa signification de « miracle » ou de « prodige » attestant, aux yeux de ceux qui ne peuvent entrer véritablement dans la connaissance directe du mystère christique, qu'une incontestable puissance divine est présente en cet homme. Il faut maintenir fermement cette interprétation contre une exégèse soucieuse de se faire pardonner l'inconvenance rationaliste d'une foi ainsi fondée sur la thaumaturgie, et qui

2. *Anal, Post.* II, I, 89 b, 22-25; Tricot, Vrin, p. 161.

3. On lira en particulier les analyses de Robin dans son *Aristote,* P.U.F., pp. 52-59.

4. Sans doute Aristote affirme-t-il que la forme (ou essence) est cause (exemplaire). Mais sa doctrine ne permet pas, en réalité, de rendre compte du pouvoir causal de cette forme.

transformerait aisément tous les miracles en purs « symboles », fruits de la pieuse imagination de la communauté primitive. Cela est impossible. Les textes sont tout à fait explicites à cet égard, et il faut les prendre pour ce qu'ils sont et avec l'intention qu'ils expriment si nettement de nous présenter un homme investi de pouvoirs tout à fait extraordinaires. Telle est, au demeurant, la preuve que le Christ donne aux envoyés de S. Jean-Baptiste venus l'interroger de la part de leur maître emprisonné : « Allez rapporter à Jean ce que vous avez vu et entendu : les aveugles voient, les boiteux marchent, les lépreux sont guéris, les sourds entendent, les morts ressuscitent, la bonne nouvelle est annoncée aux pauvres; et heureux celui pour qui je ne serai pas une occasion de chute! » (Lc VII, 22-23).

Il faut observer cependant, avant d'aborder le texte johannique lui-même, que, dans le Nouveau Testament, le terme de « puissance », presque toujours au pluriel (*dynameïs*), ne se trouve que trois fois dans la bouche du Christ et n'est donc guère employé que par les témoins des miracles [5]. Par ailleurs, S. Jean ne l'utilise jamais dans son évangile, qui ne connaît que *sèméïon* pour exprimer cette notion. Que signifie donc ce terme sous sa plume? [6]

Une indication peut nous être fournie par un syntagme, traditionnel dans la littérature juive, fréquent dans les *Actes des Apôtres* et les épîtres de S. Paul, et que Jean utilise une fois : il s'agit de la formule *sèméïa kaï térata* dans laquelle les prodiges sont liés aux signes. Ce syntagme traduit l'hébreu *'ôtôt we-môphetîm*. Or, comme le remarque Dodd, si le singulier *mophet* signifie bien miracle, le singulier *'ôt*, que traduit *sèméïon* n'implique pas l'idée de merveilleux et de prodige : « par lui-même, ce terme désigne ce qui garantit ou témoigne d'un accord passé entre deux hommes ou entre Dieu et l'homme » [7]. Étonnante rencontre! c'est exactement la définition que nous avons trouvée pour le *symbolon*. Nous avions d'ailleurs déjà observé cette équivalence de *sèméïon* et de *symbolon* à propos du serpent d'airain, dans la Bible grecque, le second terme explicitant le premier [8]. Et sans doute est-ce là l'une des sources de la dimension symbolique du « signe » johannique.

---

5. C'est en effet par ce terme de « miracle » que les Bibles françaises traduisent le grec *dynameïs* (Mr. VII, 22 : etc.). Mais le mot *miraculum* est absent du Nouveau Testament latin, qui rend *dynameïs* par *virtutes*.

6. Nous suivrons présentement les analyses que C.H. Dodd a consacrées au symbolisme chez S. Jean dans son *Interprétation du quatrième évangile*, Cerf, 1975, pp. 175-187.

7. *Op. cit.*, p. 185.

8. Cf. *supra*, pp. 33-35.

Mais il en est peut-être une autre. Philon d'Alexandrie n'associe pas seulement *allègoria* et *symbolon*, comme nous l'avons déjà souligné [9]. Il présente aussi de nombreuses occurrences du couple *sèméïon-symbolon*. A propos des arbres du Paradis, par exemple, qui sont « beaux à regarder » et « bons à manger », Philon explique que la première formule est « le *symbolon* de leur valeur contemplative » et la deuxième « un *sèméïon* de leur valeur utilitaire et pratique » [10]. Assurément, nous avons affaire ici à un sens plus technique et plus intellectuel que chez S. Jean. Mais il prouve au moins qu'à l'époque où son évangile est rédigé en grec, pour le public auquel il s'adresse, un *sèméïon* est bien véritablement un signe symbolique.

Cependant, ce n'est pas seulement la philologie qui nous assure que, chez S. Jean, les *sèméïa* « sont si bien l'épiphanie de la chose même, c'est-à-dire de la divinité du Christ, que la foi produite par le *sèméïon* équivaut pour lui à une "vision" de la gloire du Christ et de Dieu dans le Christ » [11]. C'est, plus profondément, la métaphysique qui structure implicitement son évangile [12].

Cette métaphysique implicite s'exprime à travers les symboles qu'utilise S. Jean et la manière dont il en parle. Sans même évoquer ici l'arrière-plan sacramentel et liturgique qui confère à la mention de l'eau, du pain, du vin, leur signification de symboles religieux, il faut noter l'insistance avec laquelle S. Jean parle de la « *vraie* lumière » (I, 9). Vrai, ici, signifie réel. Et s'il y a une vraie vigne, une vraie lumière, un pain véritable (celui qui vient du ciel), c'est qu'il y a une lumière, une vigne, un pain apparents, qui n'ont que l'ombre de la réalité. Et que peuvent-ils être, sinon les réalités sensibles, telles que nous les connaissons, ombres – mais aussi images – des réalités intelligibles ? Faut-il admettre que S. Jean a connu Platon ? Nous n'en savons rien. Mais, comme le déclare Dodd, « toute philosophie religieuse

9. Cf. *supra*, pp. 31-32.

10. *Legum Allegoriae*, 1, 58 : cité par Dodd, *Interprétation*, p. 186.

11. H. Urs von Balthasar, *La gloire et la croix*, t. I, *Apparition*, Aubier, 1965, p. 112.

12. Une telle formulation pourra soulever quelques objections, les tenants d'un certain existentialisme chrétien ne voyant dans la métaphysique qu'une trahison conceptuelle d'un message qui s'adresse d'abord à notre être : le Christ veut nous sauver, ou nous provoquer à notre liberté, non nous enseigner une philosophie, ce qui d'ailleurs parait mcompatible avec la nature éminemment concrète de l'esprit sémitique. Ses paroles sont présence impulsive, non description spéculative. Mais il faut en prendre son parti : ou la métaphysique est pure vanité, et la cause est entendue, ou bien elle énonce le vrai, et alors son message est celui de la réalité de l'être, c'est-à-dire qu'elle nous parle, à sa manière intellectuelle, de cela même dont parlent les Écritures sacrées à leur manière concrète et directe. Le refus de la métaphysique exprime, surtout chez les exégètes, l'étroitesse et même la fausseté de la conception qu'ils s'en font.

en ce temps-là supposait la conception, sous une forme ou sous une autre, d'un *kosmos noètos*, d'un monde de réalités invisibles dont le monde visible est une copie. Que l'évangéliste prenne à son compte une philosophie de cet ordre paraît clair. Sa *phôs alèthinon*, c'est la lumière archétype, *auto to phôs*, dont toute lumière visible de ce monde [13] est *mimèma* ou symbole ».

Mais, inversement, c'est cette participation à l'archétype éternel ou céleste qui fonde la réalité des êtres visibles. « Le pain, la vigne, l'eau, la lumière ne sont pas de simples exemples ou analogies. Une vigne, dans la mesure où elle est effectivement une vigne, incarne l'Idée éternelle de Vigne. Ce n'est que dans la mesure où elle y parvient qu'elle a un sens et qu'à rigoureusement parler elle existe » [14]. On ne saurait mieux exprimer la nature platonicienne de toute symbolique sacrée. Et ce qui vaut pour des réalités cosmiques vaut aussi pour des événements historiques, des faits et gestes, et même des noms de lieux. Ainsi de la piscine de Siloé où Jésus envoie se laver l'aveugle-né, et dont Jean nous dit (IX, 7) qu'il faut « l'interpréter » (*hermèneuétai*) comme signifiant l'« Envoyé » (*apestalménos*), c'est-à-dire le Christ lui-même, puisque *Chîlôah* (= Siloé) désigne, en hébreu, un « canal adducteur » qui « envoie » l'eau dans un bassin [15]. Il en résulte que les actes du *Logos* incarné, tel le miracle de Cana, la multiplication des pains, la guérison de l'aveugle-né, ceux-là mêmes que S. Jean qualifie de « signes », sont essentiellement des symboles, en vertu de ce que Dodd appelle « l'unité intrinsèque du symbole et de la réalité symbolisée » [16]. Ainsi, l'histoire elle-même n'a de consistance et de réalité que par ce qui s'incarne en elle d'intemporel et de sacré. Nulle hésitation, chez S. Jean, entre une pensée « symboliste », mais fabulatrice et irréaliste, et une pensée historicisante et littéraliste. Cette oscillation qui paraît constitutive de l'herméneutique occidentale, au moins depuis la prétendue Renaissance, en sorte qu'on ne peut affirmer la réalité historique que contre

13. C'est ainsi que Jean désigne la lumière du soleil (*to phôs tou kosmou toutou*, XI, 9).

14. Dodd, *op. cit.*, p. 183.

15. Quelle différence entre l'herméneutique patristique qui voit dans la boue pétrie de salive dont le Christ enduit les yeux de l'aveugle un symbole de la création de l'homme, ou de l'incarnation du Verbe, ou de la grâce s'unissant à la nature, et les exégètes modernes ou contemporains (Erasme, Lagrange) qui l'interprètent « psychologiquement » comme une mise à l'épreuve de la foi de cet homme, sous le prétexte raisonnable et scientifique que ce procédé ne peut que redoubler son aveuglement ! Il y a, dans cette interprétation, une telle platitude spirituelle, « petite-bourgeoise », « renanienne », une telle absence du sens des réalités divines qu'on en vient à s'étonner qu'il puisse encore exister quelque chose qui s'appelle religion chrétienne.

16. *Op. cit.*, p. 184.

le symbolisme, et le symbolisme qu'en niant l'histoire, S. Jean l'ignore purement et simplement Et plus encore, il ne la comprendrait même pas.

Nous pouvons donc conclure que le signe inductif se transforme en signe symbolique par conversion du sens de sa naturalité. La naturalité du symbole n'est plus seulement fondée sur l'ordre naturel de la causalité : la nature, ici, c'est la nature des choses ou essence. Sans doute la causalité efficiente n'est-elle pas perdue de vue, mais elle est absorbée par une relation plus profonde, qui est celle de la participation ontologique du visible à l'essence de l'invisible, grâce à laquelle et dans laquelle il en devient la manifestation et l'épiphanie.

Section 2 *L'icône de Roublev*

Nous devons maintenant rendre compte de la transformation que subit le signe institutionnel en devenant symbole. Disons seulement (car nous reviendrons sur cette question capitale) que loin de s'opposer à la naturalité de son fondement, l'élection de l'entité sémiotique au titre de symbole par l'institution culturelle s'appuie sur ce fondement naturel, l'exprime et l'authentifie. La fonction signifiante n'occulte plus une naturalité menaçante pour elle, mais, au contraire elle accomplit cette naturalité en se laissant porter par elle jusqu'à son plein épanouissement. C'est ce que nous nous proposons de vérifier brièvement [17].

Considérons la célèbre icône de Roublev, dite « icône de la Trinité ». Nous y trouvons les éléments suivants : des couleurs, des êtres naturels (un rocher, un arbre, un ciel), des œuvres d'art (un temple, une table de pierre, une coupe, des robes, des sceptres), des personnages (trois anges assis autour de la table, faisant certains gestes), des formes géométriques (cercle, octogone, rectangle, triangle, croix), des relations dynamiques entre ces éléments (mouvement circulaire partant du pied gauche du personnage de droite, entraînant le rocher et conduisant à l'ange de gauche, direction des regards des trois anges, etc.), des relations de valeurs entre les couleurs (par contraste, ou au contraire par reprise rythmée de couleurs à l'intérieur de formes différentes), des relations de proportions (par exemple le corps de chaque ange fait quatorze fois la tête, la proportion naturelle étant de sept).

---

17. Nous aurions pu étudier également de ce point de vue le *sèméion* johannique, et parvenir aux mêmes conclusions. Cependant il sera peut-être plus instructif de raisonner sur une œuvre picturale relativement tardive (XVe siècle), dans laquelle donc le système culturel chrétien s'exprime avec toute sa puissance, que sur un texte fondateur, dans lequel ne s'exprime qu'un système culturel à l'état naissant.

Tous ces éléments constituent des symboles. Notre question est alors la suivante : pourquoi et comment ces signes signifient-ils ce qu'ils signifient? La réponse ne saurait faire de doute : par institution. C'est la tradition, autrement dit le système culturel chrétien, qui détermine la signification de chacune de ces entités symboliques [18]. Des êtres humains pourvus d'ailes signifient des anges, les nimbes signifient la sainteté et la gloire, les sceptres la royauté, l'agneau que, primitivement, contenait la coupe, signifie le Christ immolé, etc. Enfin, c'est encore la tradition qui nous enseigne la signification synthétique de l'œuvre : c'est une représentation de la Trinité [19]. Cependant, cette information soulève quelques difficultés : que viennent faire justement des anges dans une figuration de la Trinité? et le chêne du milieu, le rocher, le temple, la table, la coupe? Interrogeons l'institution culturelle. Il s'agit, en fait, nous apprend-elle, de la représentation d'un épisode de l'Ancien Testament : l'apparition de IHVH à Abraham, près du chêne de Mambré, sous la forme de trois hommes (ou trois anges) à qui Abraham donne à manger [20]. Nous nous trouvons donc en présence d'une réinterprétation chrétienne d'un événement préchrétien, dans lequel le système culturel chrétien voit l'annonce, la figure, le type, le symbole, non d'un événement futur, mais d'une vérité dogmatique qui ne sera révélée que plus tard.

Cette réinterprétation n'a rien de surprenant. Bien au contraire, ce procédé est constant dans toute la tradition chrétienne. Cependant, il appelle, en l'occurrence, quelques remarques. Tout d'abord, une icône ne se propose pas, comme but spécifique, d'interpréter l'Ancien Testament, à la manière d'une œuvre exégétique. Le chemin est en quelque sorte inverse : elle se propose de présentifier une réalité spirituelle, et même, ici, une réalité divine, et elle utilise, pour cela, des éléments qu'elle emprunte à l'Écriture sainte, déjà réinterprétée, en les introduisant dans un univers sémantique tout à fait différent. La traversée de la mer Rouge prophétise le baptême, mais elle n'est pas réellement le baptême; le sacrifice d'Isaac préfigure celui du Christ, mais il ne s'identifie pas à lui. Dans ces deux cas, et dans d'innombrables autres où joue l'herméneutique typologique, nous nous

---

18. Parmi les commentaires de cette « icône des icônes », citons celui de Paul Evdokimov, dans *L'art de l'icône*, Desclée de Brouwer, 1970, pp. 205-216, et, repris en partie du précédent, celui de l'abbé Henri Stéphane *Introduction à l'ésotérisme chrétien*, Dervy, 1979, pp. 164-169. L'ouvrage majeur demeure : *Théologie de l'icône*, de L. Ouspensky (rééd. Le Cerf).

19. Le rôle de l'institution culturelle ne se borne pas à fixer les significations : elle détermine aussi l'usage culturel de l'icône et, tout d'abord, la consacre Mais nous laissons cette question de côté, pour l'instant

20. Genèse, XVIII, 1-15.

trouvons *dans* l'histoire sainte. Avec l'épisode du chêne de Mambré, au contraire, nous sortons de l'histoire. IHVH se manifestant sous la forme de trois anges, c'est déjà réellement, et non en figure, une révélation du mystère trinitaire[21]. Dès lors, et ce sera notre deuxième remarque, l'interprétation du système culturel chrétien ne consiste pas à donner un sens second à une réalité qui posséderait déjà un sens premier, mais bien à révéler ce qui, de son propre point de vue, est le sens fondamental de cette réalité, celui qu'elle a toujours eu, mais qu'on ne pouvait apercevoir, parce que le Révélateur, l'Herméneute par excellence, le Christ, n'avait pas encore paru. Le mystère trinitaire est éternel et donc présent à tous les temps. Seule sa révélation est historique. Elle est annoncée au chêne de Mambré, elle est accomplie et fondée par Jésus-Christ, source de la tradition, logothète du système culturel chrétien, *instituteur* de la signification que ce système confère à toutes ses entités sémiotiques. Mais, en même temps, cette *institution* christique, comme nous l'avons dit, introduit les entités sémiotiques dans un autre univers sémantique; elles entrent en relation verticale de correspondance ontologique avec les réalités qu'elles symbolisent. On peut bien dire qu'elles sont des figures prophétiques, mais ce ne sont plus des prophéties dans le temps, ce sont des *prophéties dans l'être.* Et c'est pourquoi nous avons dit que le but de l'icône, c'était de *présentifier* une réalité divine, c'est-à-dire de nous la rendre présente, en quelque manière, ou plutôt de nous y rendre présents, à raison de notre réceptivité contemplative. Du point de vue de leur transfiguration sémantique, les éléments symboliques perdent leur situation historique : le chêne de Mambré s'identifie à l'arbre de vie et finalement à l'axe du monde, la demeure d'Abraham s'identifie à l'Église et finalement à Marie, son prototype céleste, la table du repas devient celle du sacrifice eucharistique et finalement suggère le sacrifice éternel de l'Agneau « immolé dès avant la création du monde »[22], et ainsi du reste. On le voit, les significations de chaque élément s'étagent sur trois plans hiérarchiquement ordonnés : le plan humain et naturel, le plan christique et surnaturel de l'œuvre du salut, enfin le plan divin et métacosmique. Chacun de ces plans est en correspondance ontologique avec celui qui lui est immédiatement supérieur et dont il est une manifestation ou présentification. C'est une même nature ou essence ou réalité prototypique qui s'exprime à trois

21. Évidemment, les commentateurs juifs interprètent les trois hommes comme trois anges, ce qu'autorise en partie la suite du texte qui parle de deux anges (XIV, 1). Pour Rashi, il s'agit de Michaël, de Gabriel et de Raphaël, cf. *La Voix de la Thora,* Commentaire du Pentateuque, par Elie Munk : *La Genèse,* 1976, p. 180.
22. Apocalypse, XIII, 8.

niveaux différents (et à tous les degrés intermédiaires que nos trois plans représentent synthétiquement), unité d'essence qui traverse et unifie tous les degrés d'être ou de réalité, et qui est « prouvée », en quelque sorte, par l'unicité de l'entité sémiotique (ou signifiant), puisque, au regard du chrétien qui contemple l'icône, c'est toujours la même forme symbolique qui est visiblement offerte. Mais tout se passe comme si, dans une sorte d'approfondissement silencieux, à mesure de la contemplation, se dévoilait, derrière chaque mystère, un mystère plus élevé et plus lumineux. La connaissance que l'œil mystique prend ainsi de l'œuvre sacrée est semblable à une marche immobile qui nous enfonce davantage dans le secret de son ineffable beauté. Il en résulte, pour le même signifiant, une pluralité de référents, et cette pluralité de référents n'est pas accidentelle au symbole, mais au contraire, *elle lui est tout à fait essentielle.* Remarque importante et qui demande d'être développée, si nous voulons en saisir toute la signification.

ARTICLE III

POTENTIALITÉ SÉMANTIQUE DU SYMBOLE ET ONTOLOGIE DE RÉFÉRENCE

Section 1 Le symbole signifie par présentification

Nous nous proposons de vérifier brièvement que le signe symbolique est à la fois un signe institutionnel et un signe naturel, tout en précisant que loin de se contrarier, ou de s'additionner simplement, ces deux caractères se conjuguent et même se conditionnent réciproquement. Telle est bien, à notre avis, la logique du symbole. Mais cette logique est tellement synthétique (et par définition) qu'il est fort malaisé d'en exposer analytiquement toutes les implications. Toutefois, la pluralité essentielle des référents peut ici nous être de quelque secours.

Nous partirons de l'idée de la naturalité du signifiant symbolique, parce que c'est elle qui commande tout le reste. Dans l'exemple de l'icône de la Trinité, il est clair, et nous y avons insisté, que la signification de l'œuvre se découvre *dans* l'œuvre elle-même, et nous dirions volontiers, *sur* l'œuvre elle-même. Alors que la lecture d'un texte exclut quasiment la perception des formes concrètes des signes écrits, ici, tout au contraire, la vision intelligible est d'abord et essentiellement perception d'une forme sensible, perception aussi directe, aussi immédiate, aussi naïve, aussi attentive, aussi amoureuse que possible. Il faut laisser librement chanter les couleurs et les formes, dans leur inépuisable réalité. L'un des obstacles majeurs au « sens » de l'icône, c'est même la volonté sémantique, la volonté abstraite de saisir mentalement une signification, alors qu'on doit simplement regarder[1]. A la limite, la naturalité du symbole identifie donc, purement et simplement, le signifiant à un être de la nature, qui, comme tel, semble tomber totalement en dehors de l'ordre sémiotique. Comment alors savoir qu'il s'agit d'un signe, si nous avons devant nous simplement une rose, un arbre, un cygne, un homme? Ce cas est peut-être rare dans la symbolique chrétienne, mais il est fréquent dans la symbolique extrême-orientale, particulièrement dans la peinture chinoise et japonaise qui a poussé l'art du naturel jusqu'à

1. Il ne s'agit ici que de la phase initiale. Nous n'excluons pas la nécessité d'une « méditation de l'œil », c'est-à-dire d'un parcours herméneutique de l'œuvre, institué par l'œuvre elle-même. C'est ce qu'a montré Marcel Lamy dans une étude magistrale intitulée *L'œil médite. Note sur deux chapiteaux du Portail Nord de l'église Notre-Dame de Cunault* (1982, dactylographié).

une perfection inégalable. La *diacrisis* du signe n'a-t-elle pas alors entièrement disparu ? C'est pourquoi l'institution culturelle est nécessaire qui vient nous enseigner, et d'abord nous signaler, la fonction sémiotique de la forme sensible, et l'arracher ainsi à son mutisme sémantique.

L'institution culturelle fait donc parler les symboles. Il faut en conséquence la considérer comme une véritable herméneutique, ou plutôt comme l'un des chapitres majeurs de l'herméneutique des symboles. Nous tenterons d'ailleurs d'en traiter plus systématiquement à l'article suivant. Pour l'instant, nous intéressant essentiellement au signe symbolique, nous nous contenterons de soulever le problème le plus important que pose cette fonction de l'institution culturelle relativement à la signification du symbole. N'introduit-elle pas une contradiction mortelle dans le symbole lui-même? Si c'est elle qui lui assigne son référent, comment peut-on soutenir encore que le symbole signifie par lui-même? Et si le symbole signifie par lui-même, à quoi bon une institution culturelle (autrement dit une herméneutique) pour lui assigner son référent?

Pour répondre à cette objection, il faut prendre en considération le mode de signification propre au symbole – ce que nous avons appelé : signifier par présentification – et le distinguer du mode linguistique que son usage universel tend à imposer comme le type général de toute signification. Or, nous l'avons montré, parler, c'est parler *de* quelque chose : la relation au référent est structurante du mode linguistique de signification – ce que nous nommons sa désignativité ou médiaticité en sorte qu'elle constitue la matrice de toute conscience objectivante; l'expérience du langage est le lieu où s'origine notre découverte qu'il y a des choses devant nous *et* qu'elles ne sont pas nous. Du reste, qu'on y songe bien, la Bible, au deuxième chapitre de la Genèse, l'enseigne très explicitement : c'est en nommant les êtres et les choses qu'Adam découvre qu'il n'y a dans le monde rien de semblable à lui.

La relation au référent objectif, philosophiquement constitutive du mode linguistique de signification, est perçue vulgairement comme relation fixe et biunivoque entre les mots et les choses : conception de la langue nomenclature que Saussure rejette à bon droit. Scientifiquement, on s'efforce de réaliser cette relation dans les langues artificielles qui fonctionnent selon la norme idéale : un signifiant, un référent. Ce faisant, on oublie le référent intelligible, on oublie que parler n'est pas seulement *parler de,* c'est aussi en dire quelque chose. Et bien que la relation verticale au référent intelligible (ou sémantique) soit primordiale, elle est comme occultée par la relation horizontale au référent objectif. La fonction signifiante nous paraît s'accomplir tout entière dans la fonction désignative – et c'est d'ailleurs pourquoi le langage peut mentir – alors qu'inversement, quand le langage veut faire prédominer le référent sémantique sur le référent objectif, il nous apparaît comme poésie, « langage dans le langage ».

Il est clair que le signe symbolique rompt avec la médiaticité du signe linguistique et manifeste au contraire la plus grande prédominance possible de la référence sémantique; « possible », c'est-à-dire compatible avec la nature du signe. Parler, comme on le fait, d'une « *suspension* de la visée référentielle », c'est affirmer que toute fonction signifiante s'achève nécessairement dans la fonction désignative. Or, il est un autre mode de signifier, celui que réalise la fonction présentifiante. Ce mode est le propre du symbole, parce que sa raison d'être est de rendre « substantiellement présente », si l'on ose dire, la réalité sémantique. En lui, ce qui signifie, c'est la naturalité même du signifiant. La fonction signifiante, ici, s'exerce sur la base de la propre présence existentielle du symbole, ce qui présuppose, comme fondement d'un tel mode de signifier, une correspondance ontologique entre l'être sémantique et l'être symbolique.

Ce n'est pas ici le lieu de développer tout ce qu'un tel fondement et un tel mode impliquent *métaphysiquement*[2], savoir, qu'un symbole signifiant par sa propre naturalité exige, en dernière analyse, la symbolicité naturelle du cosmos. Mais c'est ici le lieu de comprendre que c'est précisément parce qu'il signifie par mode de présentification, donc *en lui-même et par lui-même,* que le symbole ne parle que sous l'effet de l'opération herméneutique. La nécessité de l'herméneutique, loin de contredire à l'« auto-sémanticité » du symbole, la présuppose et l'accomplit Comme nous allons le rappeler, le langage est toujours à lui-même son propre interprète : il parle *de* tout et donc *de lui-même.* Mais, sauf exception, il ne « sensifie » pas (pour reprendre un néologisme de Ruyer) par lui-même et en lui-même.

Section 2 Référence sémiotique et référence symbolique

C'est pourquoi notre analyse du symbole nous conduit à cette proposition qu'il faut enfin énoncer clairement : *un symbole n'a pas de référent sémiotique.* Telle est la conclusion que laissait pressentir le développement précédent, parce qu'elle seule s'accorde avec les résultats que nous avons établis. Le référent sémiotique, c'est le référent propre de l'entité sémiotique, celui que nous avons appelé aussi référent objectif, c'est ce que désigne le

2. Nous nous proposons d'en traiter dans le dernier volet de notre triptyque : *Métaphysique du symbole.*

signe dans son acte de signifier, et qu'il a *essentiellement* pour fonction de désigner. Or deux traits caractérisent cette référence sémiotique, deux traits que la présente comparaison avec la référence symbolique permet de souligner, mais que nous avions déjà évoqués dans notre analyse du signe, plus ou moins explicitement

Le premier trait, c'est que, non seulement le discours parle *de* quelque chose, mais encore qu'il indique par là, soit positivement, soit en le sous-entendant, l'ordre de réalité auquel appartient l'objet dont il parle. Dans aucun de ces cas, il n'y a, à proprement parler, de symbolisme. Ordinairement, l'*ontologie de référence* du discours est sous-entendue, c'est celle du monde de l'expérience commune, c'est-à-dire le monde sensible ainsi que l'univers des activités mentales et des réalités morales, politiques, sociales, etc. Cette propriété du langage est une conséquence du rôle que joue l'expérience de la signifiance dans la prise de conscience de la notion de « monde », c'est-à-dire d'un ordre de réalité objectif et permanent : poser un objet, pour la référence sémiotique, c'est supposer un monde dont cet objet fait partie. Ainsi, le plus souvent, la compréhension du discours est prédéterminée par l'idée que l'*ontologie de référence* est celle de la vie ordinaire. Lorsque, cependant, le discours signale lui-même que son ontologie de référence n'est pas celle de l'expérience commune, on n'a pas non plus, en général, affaire à du symbolisme. C'est le cas, en particulier, du langage abstrait, comme celui de la philosophie et de la théologie, ou encore du langage de la fiction, comme celui du roman. Peut-être nous objectera-t-on qu'il existe aussi des cas où le langage se déclare expressément symbolique : souvent en poésie, et plus encore dans les Écritures sacrées. Mais déclarer un langage symbolique, c'est, précisément, opérer non une suspension mais plutôt une abolition de la référence ordinaire ou directe, ce n'est pas déterminer cette référence. Lorsque, par exemple, le Christ annonce qu'il va parler en parabole, c'est-à-dire d'une manière symbolique[3], Il n'indique pas encore à quel degré de réalité il faut se référer pour en saisir le sens; et, sauf exception, il laisse ses auditeurs au risque de leur propre herméneutique. De ce point de vue, le discours expressément symbolique ne diffère pas du discours implicitement symbolique. Ce dernier cas se rencontre lorsque le sens littéral est « impossible », c'est-à-dire lorsque le discours, qui ne met en jeu pourtant que des signes à référence ordinaire, interdit cependant cette référence parce qu'il contredit à ses lois, au moins telles que notre logique empi-

3. De multiples discussions se sont élevées pour savoir s'il fallait ranger les paraboles parmi les symboles, ou non. Leurs conclusions ne nous ont jamais paru bien décisives, même si elles ont permis de souligner certaines distinctions incontestables.

rique les conçoit. Ainsi, dans la Genèse, le récit de la chute adamique est nécessairement symbolique, puisque, par exemple, on nous parle d'un arbre, ce qui relève de l'expérience commune, mais que cet arbre est celui de la connaissance du bien-et-du-mal, qualification qui ne convient à aucun arbre connu [4]. Ainsi se vérifie, par un argument *a contrario*, que le symbole n'a pas de référent sémiotique, même lorsqu'il s'agit du signe linguistique. Car alors c'est la propriété même de tout signe linguistique (avoir un référent défini) qui est utilisée « négativement » pour signifier que nous avons affaire à un symbole.

Le deuxième trait qui caractérise la référence sémiotique, c'est son effet sur la réalité sensible du signifiant : elle la fait disparaître comme telle. Nous n'avons guère besoin d'insister là-dessus, nous en avons souvent parlé. Littéralement, le signe linguistique (écrit ou parlé), une fois qu'il est compris, n'est plus perceptible, au moins dans la positivité de son existence sensible. Il est comme avalé, absorbé par la fonction signifiante. Lire, ce n'est pas percevoir, et même c'est ne pas percevoir. Au contraire, le signe symbolique subsiste comme tel et survit à toute herméneutique. La référence sémiotique absorbe le signe et l'absorbe nécessairement, dès lors que le signe n'est tel que parce qu'il est visée référentielle : il est essentiellement transitif, essentiellement tourné vers son objet complémentaire. Mais le signe symbolique, lui, est essentiellement intransitif, du fait même que, pour exercer sa fonction signifiante, il n'a pas besoin de se soumettre à la loi du référent sémiotique, mais qu'il lui suffit d'être lui-même.

Section 3 La visée essentiellement multiple du symbole

Cette comparaison nous laisse donc en présence du signifiant symbolique, devant la plénitude d'une réalité sensible qui semble à son tour avoir absorbé, occulté la fonction signifiante. En dernière analyse, et une fois développées toutes les considérations que l'on voudra, c'est elle qui reste le fond originel de tout symbole : une nature existant devant nous, telle quelle : l'eau (du baptême), l'arbre (de vie), l'or (d'un nimbe), la coupe (du salut), la danse (de Shiva), la pierre noire (de la Kaaba). On nous objectera peut-être le cas de symboles abstraits, tels les nombres chez les pythagoriciens ou dans la Kabbale, les rythmes d'une musique dans les danses sacrées, les relations géométriques entre des éléments symboliques, par exemple en architecture,

4. Nous avons étudié cette question dans une série d'articles de *La Pensée catholique* (depuis juillet-août 1984). Deux volumes à paraître chez Ad. Solem.

ou même de simples concepts, ainsi de l'acte par lequel la pensée profère un verbe intérieur, et qui est pris, dans le christianisme latin, comme le symbole de la génération du Fils. Peut-on, à leur égard, parler encore d'une réalité sensible? Eh bien! oui, d'une certaine manière, à condition d'étendre le domaine du sensible à la perception intérieure et purement intellectuelle. Car toutes les réalités abstraites que nous venons d'énumérer ne sont pas symboles en tant qu'abstraites, c'est-à-dire comme opérations de la pensée (ce que Descartes appellerait leur réalité formelle), mais en tant qu'elles sont contemplées dans leur nature effective, comme des essences ou des qualités pures (ce que Descartes appellerait leur réalité objective), dans l'*opacité de leur présence mentale* [5]. Dans le nombre pythagoricien, c'est la *qualité* de un, ou de deux, ou de trois qui est le signifiant symbolique, et non la quantité qu'il représente [6]. De même les relations que renferme un ensemble symbolique sont elles-mêmes considérées dans leur expressivité qualitative, souvent réductible d'ailleurs soit à des nombres (par exemple : relations de proportions), soit à des tracés géométriques (relations de positions). En résumé, quels que soient les symboles considérés, toujours la substance symbolique est constituée par le caractère de donnée naturelle du signifiant.

Est-ce à dire que le signe symbolique n'a pas du tout de référent? C'est une conclusion vers laquelle ont incliné bien des sémiologues. Mais, s'il en était ainsi, on ne devrait plus le considérer comme un signe, ce qu'il est pourtant, comme le prouve, à l'évidence, la totalité des cultures tradition-

5. On oppose à juste titre, mais non sans ambiguïté, l'opacité du signe symbolique à la transparence du signe linguistique. Nous avons signalé cette opposition à plusieurs reprises. Les formalistes russes ont d'ailleurs parlé eux-mêmes d'une « perceptibilité » du signe symbolique, en particulier dans le domaine poétique. Jakobson (*Questions de poétique*, Seuil, 1973, p. 14) parle de l'« opacité » des signifiants dans le poéme. Mais cette opposition (opacitê/transparence) est ambiguë, parce que, à un autre point de vue, on pourrait parler aussi bien d'une opacité du signe institutionnel, qui, *par lui-même,* ne signifie rien, tandis que le symbole, en vertu de son identité participative à ce qu'il symbolise, laisse, *en lui-même,* transparaître quelque chose des réalités signifiées. En réalité, ce n'est pas le signe linguistique qui est transparent mais la fonction signifiante, comme nous l'avons amplement établi, ce trait (la transparence – ou l'opacité) ne concerne pas le signe conventionnel; il n'est pertinent que relativement au symbole, lequel dévoile (transparence) en voilant (opacité), comme tout ce qui relève de *Mâyâ.*

6. Objection : peut-on parler de la qualité d'un nombre quelconque? Au-delà d'une certaine quantité, les nombres perdent toute « individualité ». Mais, en fait la symbolique des nombres ne prend en considération que les dix premiers nombres et y réduit les autres par différents procédés, qui ont d'ailleurs eux-mêmes une signification symbolique. La source de nos connaissances sur ce sujet, en Occident, est constituée par l'exposé de Nicomaque de Gérase, *Introduction arithmétique* dont Jeanine Bertier a donné une traduction commentée chez Vrin, en 1978. L'article le plus clair est celui de René Guénon, *Remarques sur la production des nombres* (1910) repris dans *Mélanges*, Gallimard, « Les Essais », 1976, pp. 58-68.

nelles. Deux raisons ont parfois conduit à une telle conclusion. Premièrement, on croit en général, dans les milieux intellectuels d'Occident, qu'il n'y a pas d'autre réalité que celle du monde corporel : un signe qui ne réfère point à ce monde est un signe sans référent. Deuxièmement, on accorde au langage une prédominance sur toutes les autres catégories de signes, même quand on traite du symbolisme, alors que, nous le verrons dans un instant, le langage symbolique ne pose aucun problème particulier, et que, pour notre part, quand nous disons « symbole », nous nous gardons soigneusement de penser d'abord à un texte. Or, du fait même que c'est la visée référentielle qui définit le signe linguistique, penser le symbole dans le cadre exclusif du langage, c'est le penser comme une entité sémiotique qui ne vérifie pas cette propriété. Mais dès lors qu'on ne conçoit ni l'ontologie de référence sur le modèle de celle qu'implique l'expérience commune, ni la visée référentielle sur le modèle de la visée linguistique, il devient possible, et même nécessaire, de parler d'une fonction référentielle du symbole.

La visée référentielle du symbole est donc hors de doute, mais elle n'est pas déterminée, ni implicitement, comme c'est le cas du langage le plus ordinaire, ni explicitement, comme cela peut se présenter parfois. Dans ces conditions, il ne nous reste plus qu'à concevoir cette visée référentielle comme essentiellement multiple (« essentiellement » signifiant ici : constitutif de l'essence du symbole). Et telle est bien la conclusion que nous voulions établir, conclusion que nous avait fournie l'exemple du symbolisme de l'icône de la Trinité. Mais parler d'une multiplicité de référents, c'est au fond considérer la signification du symbole comme essentiellement potentielle; autrement dit le symbole est, dans son essence, une potentialité sémantique. Sans doute le signe linguistique présente-t-il aussi une certaine potentialité, puisque, sauf le cas des langues artificielles, le sens d'un signifiant n'est pas absolument déterminé : il y a plusieurs sens possibles. Cela, d'ailleurs, ne doit pas nous étonner. Entre le signe linguistique et le signe symbolique, en rigueur métaphysique, les différences sont plutôt de degrés et accentuations que de nature; chacun d'eux réalise en quelque sorte l'un des deux pôles majeurs du signe en général : le signe linguistique réalisant plus particulièrement la fonction signifiante, et le symbole réalisant plus particulièrement le signifiant comme tel. Cependant, la potentialité du signe linguistique est tenue pour un accident, non une essence, comme pour le symbole. C'est même une imperfection, un défaut de la fonction signifiante, encore que ce défaut rende possible l'usage du langage, ainsi que nous l'avons déjà dit. Tandis que la potentialité sémantique du symbole est constitutive de sa perfection propre.

Nous pourrions aussi formuler les choses de la manière suivante : la pluralité des référents d'un signe linguistique entraîne des sens différents; alors que le sens d'un symbole est presque toujours unique, ou plutôt est *un*, à travers la pluralité des référents. Assurément, on peut toujours parler pour le symbole d'une pluralité de sens, et nous le ferons nous-mêmes : cela est dû au fait que le langage ordinaire ne distingue pas nettement le sens et le référent ce qui, d'ailleurs, convient particulièrement au signe linguistique. Comme nous l'avons montré dans l'analyse de l'acte de signification, on part du référent pour choisir le signifiant de telle sorte que le sens lexical est infléchi, modifié, investi presque complètement par la fonction référentielle. Pour prendre le cas le plus simple, le sens du signifiant « table » est déterminé, sur la base de ses possibilités lexicales, par le référent qu'il est chargé de désigner : pièce de mobilier, ou code moral, par exemple. Dans la mesure même où le signifiant linguistique est conventionnel, il est toujours second par rapport à l'objet qu'il doit dénoter.

Mais le signifiant symbolique, lui, est premier, pour plusieurs raisons, dont l'une, au moins, est évidente : c'est que l'objet à dénoter échappe à notre connaissance ordinaire, ou encore, que le référent du symbole n'est pas un objet, une chose douée d'une existence bien délimitée et repérable dans un cadre spatio-temporel. Ce n'est donc pas non plus ce référent qui peut déterminer le sens du symbole, le modifier, l'infléchir ou l'investir, mais au contraire, c'est le sens *un* du symbole qui est en quelque sorte « capable » d'une pluralité de référents qu'il indique d'une manière synthétique et potentielle, et que l'herméneutique sera chargée de *déployer*.

Si l'on réfléchit un instant, on se convaincra qu'il ne saurait en être autrement. D'une part, en effet, une simple pluralité référentielle équivaut à une pure dispersion sémantique : en ce cas, le symbole signifierait n'importe quoi, ce qui équivaut à ne rien signifier du tout. D'autre part, si c'est l'herméneutique qui détermine le sens du symbole envisagé comme pure potentialité de référence, alors le symbole perd sa primauté ontologique, il devient, en tant même que symbole, c'est-à-dire en tant que forme sensible signifiante, un *produit* de l'herméneutique (le symbole, ce serait simplement telle forme sensible que l'herméneutique transforme en signe symbolique); mais alors, il cesse aussi d'être un symbole, dont le propre est précisément de signifier par lui-même. Il faut donc maintenir que le symbole a un sens un, que ce sens est *donné* dans le signifiant symbolique lui-même, mais que ce sens n'est pas, par lui-même, visée de *tel* référent : c'est précisément pourquoi nous avons parlé d'une potentialité sémantique, qui appelle une herméneutique pour être déployée sur les différents degrés de son ontologie de référence. On voit bien que pluralité des référents et unicité du sens se commandent réciproquement. Si le symbole avait par lui-même une multiplicité déterminée de sens, cela signifierait obligatoirement qu'il pointe vers une multiplicité déterminée de référents. Il perdrait alors sa qualité de symbole pour se transformer en un code lexical[7]. La polysémie essentielle du symbole disparaîtrait, puisque, comme l'a bien vu Aristote, une polysémie accidentelle équivaut possiblement à une monosémie[8]. Mais entre la monosémie stricte (des langues artificielles) et la polysémie déterminée et nombrable (des langues naturelles), il y a place pour une potentialité sémantique. Un tel « sens » n'est plus visée d'un ou plusieurs référents, ou, plus exactement, ce n'est pas en tant qu'il est visée référentielle qu'il est sens (ce qui est le cas du signe linguistique), mais il est sens en quelque sorte *absolument*, il est une réalité sémantique intrinsèque; la pluralité des référents n'est ainsi que l'autre face de l'unité sémantique du symbole, ou encore de *son indifférence à toute ontologie de référence déterminée.* Mais ce sens un et absolu, existant en lui-même et par lui-même, n'est au fond rien d'autre que le signifiant symbolique lui-même, dans l'unité de sa nature propre, présence sémantique autonome et irréductible.

Il faut toutefois observer que cette indifférence au référent du sens symbolique n'est possible que si on la regarde comme un effet de sa transcendance. Le sens symbolique n'est de soi étranger à un ordre déterminé de référents que parce que l'intelligible pur, le sémantique pur, dépasse tout degré ontologique particulier. Et, par conséquent, il implique (pour la dépasser) la multiplicité des degrés de réalité : transcender un ordre, ou plutôt une hiérarchie d'ordres multiples, ou de degrés d'être, c'est, du même coup, nous éveiller à la conscience de cette multiplicité. Car le symbole, encore une fois, ne nous révèle pas cette multiplicité en pointant vers elle, à la manière du signe linguistique (qui est précisément la façon dont nous en parlons présentement), il ne l'indique pas transitivement, mais il l'impli-

7. Ce cas peut d'ailleurs se produire dans une symbolique, par exemple dans la symbolique alchimique et astrologique, ce qui est inévitable dans la mesure où la symbolique devient un langage technique destiné à communiquer des informations. Cependant il est toujours possible de retrouver le symbole sous le code, et même éventuellement, de rectifier la forme d'un signe symbolique dont le fondement naturel a été oublié. C'est ainsi que Titus Burckhardt, dans son livre *Alchimie. Sa signification et son image du monde* (Bâle, 1974, p. 75), propose de remplacer le signe habituel de Mars (un cercle surmonté d'une flèche) par un cercle surmonté d'une croix, qui devient alors l'exact inverse du signe de Vénus.

8. *Métaphysique*, IV, 4, 1006b.

que, il la présuppose par son existence même : il est en effet lui-même un existant naturel, et qui, pourtant, n'appartient pas, comme symbole, à l'ordre des existants connus. Il n'est même pas tout à fait un existant, mais plutôt une présence sémantique. Ou peut-être faudrait-il aller jusqu'à dire que le symbole convertit tout existant en présence sémantique, qu'il nous apprend à renoncer à la fiction philosophique d'un existant naturel autosubsistant et fermé sur lui-même, pour ne voir en toutes choses que la manifestation ou l'incarnation d'un sens. Ce que le symbole menace, c'est l'ontologie aristotélicienne de la substance individuelle, dans la mesure même où cette ontologie est autre chose qu'une approximation cosmologique provisoire, et pense fonder métaphysiquement le monde de l'expérience commune, car alors elle se révèle inapte à rendre compte de la réalité du symbole. Autrement dit, la contestation de l'unicité de l'ordre existentiel ordinaire n'aurait aucun effet réel, si elle ne se produisait au sein même de cet ordre. Le discours métaphysique peut contester la prétention de ceux qui limitent la réalité à ce que nos sens nous en livrent, sans susciter en général autre chose qu'une réfutation en sens contraire. Mais, et nous le montrons dans un autre ouvrage [9], le symbole, par son existence même, est une métaphysique implicite, le témoin muet d'« autre chose », la preuve d'une altérité ontologique essentielle. Et l'on ne réfute pas une existence.

Nous ne disons pas du tout que le symbole témoigne de tel ou tel « autre monde », nous disons, plus radicalement qu'il nous éveille à la conscience de tout « autre monde » possible. Toute transcendance est révélatrice de la finitude de l'ordre qu'elle transcende : c'est la verticale qui révèle l'horizontalité des plans qu'elle traverse. Or, découvrir qu'un monde est fini, c'est découvrir, au moins potentiellement, la multitude innombrable des autres mondes, et, plus profondément encore, l'au-delà de tout monde. Nous voyons ainsi que le symbole, comme transversale sémantique, accomplit ce que l'acte de la signifiance avait commencé : nous avons montré en effet que la découverte de la signifiance était l'expérience originelle où s'enracinait la conscience distinctive du monde, comme d'une totalité objective. Le symbole nous élève maintenant à la conscience que cette totalité est une totalité finie, sans quoi d'ailleurs elle ne serait pas totalité. Il nous apprend que penser et poser *le* monde, c'est penser et poser *un* monde, et donc nous ouvrir du même coup à son au-delà. Et c'est pourquoi le *symbole est fondamentalement salvateur.*

9. *La crise du symbolisme religieux.*

ARTICLE IV

L'HERMÉNEUTIQUE ACCORDÉE AU SYMBOLE : MÉMORIAL ET RÉMINISCENCE

Nous avons jusqu'ici dégagé les traits spécifiques du symbole : naturalité du signifiant, potentialité sémantique et pluralité des ontologies de référence, unité transcendante du sens du symbole. Ce sont ces traits qui rendent compte, du côté du signe symbolique, du caractère non contradictoire de sa définition comme signe mixte, à la fois naturel et institutionnel. Notre question était la suivante : quel doit être le signe symbolique pour que sa naturalité puisse s'accorder avec son élection institutionnelle? Il faut maintenant nous poser la question inverse : quelle doit être cette élection pour qu'elle puisse s'accorder avec sa naturalité foncière? Mais, comme nous l'avions laissé entrevoir à plusieurs reprises, cette question ressortit à une autre, plus générale, et qu'il faut maintenant aborder pour elle-même : quelle est donc l'herméneutique qui s'accorde au symbole? Et d'abord, n'y a-t-il pas plusieurs formes d'herméneutique, qui requièrent peut-être chacune un type d'accord particulier? Quand nous avons proposé de considérer l'institution culturelle comme une herméneutique, on pouvait déjà comprendre que nous donnions à ce terme un sens beaucoup plus général que celui qu'il a ordinairement et qu'on définit comme la connaissance des règles qui président à l'interprétation des Écritures saintes (l'exégèse désignant plus précisément l'application de ces règles).

Mais, si l'on observe que, d'une part, il y a herméneutique dès qu'il y a symbole, et que, d'autre part, on rencontre les symboles partout, aussi bien dans le grand « Livre de la Nature » que dans les Écritures ou dans les formes sacrées, on sera conduit à envisager une herméneutique universelle, dont la précédente ne constituera plus qu'un secteur particulier : le terme désignera alors l'ensemble des rapports que l'humanité soutient avec les symboles, quels qu'ils soient. Ainsi entendue, l'herméneutique universelle n'est autre, au fond, que la *culture* du symbole.

C'est précisément la culture, au sens le plus immédiat, qui nous servira de guide pour distinguer les trois formes de l'herméneutique universelle – lesquelles se réfèrent à des domaines qui ne s'excluent nullement, mais au contraire se recoupent et même se commandent réciproquement

La culture, au sens premier, est un travail de la terre : c'est, dit Littré, l'ensemble des opérations propres à obtenir du sol les végétaux dont les hommes et les animaux domestiques ont besoin. On peut distinguer, dans ces opérations, trois secteurs d'activité différents : tout d'abord, planter (ou semer) les végétaux dans le sol; ensuite les faire croître jusqu'au développement complet de leur taille; enfin les récolter et les rendre propres à la consommation par quoi ils seront transformés en matière animale.

Section 1 *L'herméneutique* institutive

La première opération, plantage ou semailles, consiste toujours à prendre un être végétal (plant ou graine), à le retirer de l'ensemble des êtres végétaux en général auquel on peut toujours supposer qu'il appartient, pour l'intégrer à un ensemble particulier, dans un sol déterminé, selon un arrangement propre et des relations nouvelles avec d'autres espèces végétales.

Cette opération nous paraît l'image très fidèle de celle qu'effectue l'institution culturelle, essentiellement la tradition ou la religion, relativement aux symboles. Les symboles lui préexistent, puisqu'ils sont toujours, en fin de compte, des êtres de la nature. Le propre de la tradition, c'est d'abord de choisir, dans l'ensemble théorique des symboles possibles, quelques entités symboliques (c'est pourquoi nous avons souvent parlé d'« élection », à ce sujet), puis de les insérer dans un ensemble particulier, celui de la tradition en question, de les ordonner les uns par rapport aux autres selon des constellations symboliques déterminées, et de les faire servir aux usages propres de la tradition considérée. On peut dire que cette première forme herméneutique a pour fin, non pas d'inventer le sens du symbole, mais de le fixer, de le déterminer et de le consacrer. Par fixation sémantique du symbole, il faut entendre le fait que toute religion « déclare » officiellement les symboles qu'elle emploie, en fixant leur fonction signifiante au sein de la tradition, si bien que chaque religion possède ainsi son vocabulaire symbolique propre dont les termes sont groupés selon des constellations définies. C'est cette fixation dans le sol d'une tradition particulière qui « institue » véritablement les symboles, en en faisant les moyens d'expression privilégiés de l'institution. Cette fixation, qui s'oppose au caractère « volatil » et universel du symbole, s'opère – et se repère – dans les Écritures sacrées, les arts traditionnels, les formes rituelles. Elle entraîne une limitation du sens des symboles, ou plutôt une accentuation de certains aspects sémantiques au détriment d'autres aspects qui demeurent sinon toujours latents, du moins marginaux. Par exemple, dans le christianisme, les symboles de l'eau, de la croix, du serpent, développeront surtout les significations de purification, de sacrifice et de mensonge, alors que d'autres insertions traditionnelles développeront d'autres aspects sémantiques. C'est ce qu'on peut appeler la détermination des symboles, par laquelle on souligne que leur sens se voit limité en lui-même, tandis que la fixation correspond à l'autre face de la même limitation, selon laquelle on considère cette limitation relativement à la communauté humaine qui fait usage de ces symboles, à sa manière propre. Enfin la consécration des symboles, conséquence de leur fixation, puis de leur détermination, leur confère une puissance spirituelle, c'est-à-dire la capacité de mettre l'usager du symbole en contact avec l'Esprit, ou encore, la propriété qu'a le symbole de communiquer l'Esprit. C'est là, en effet, la raison d'être de la religion. Toute religion se présente comme une manifestation de l'Esprit, ou, si l'on veut, comme le lieu où l'Esprit consent à se manifester. Elle se porte garante de cette manifestation, exige donc la foi en son témoignage, et promet que telle forme symbolique a effectivement le pouvoir de nous communiquer l'Esprit, si nous remplissons les conditions requises. Cette garantie de la puissance spirituelle des entités symboliques est authentiquée par la consécration. On ne saurait d'ailleurs en déduire que cette puissance, du fait qu'elle est conférée au symbole par une consécration, lui advient de l'extérieur, car on pourrait toujours soutenir que cette consécration ne fait que lui restituer une efficacité que le symbole avait perdue ou qui n'était plus en lui que virtuelle. Telle est la première forme de l'herméneutique. Nous lui donnerons le nom d'herméneutique institutive. Remarquons que, des trois opérations que nous lui avons attribuées, fixation, détermination, consécration, la première définit en propre l'herméneutique institutive, tandis que les deux autres annoncent déjà les deux formes suivantes de l'herméneutique que nous appellerons *spéculative* (ou intellective) et *intégrative,* tant il est vrai, comme nous l'avons dit, que ces diverses formes se recoupent et s'impliquent réciproquement.

Section 2 *L'herméneutique* spéculative

La deuxième herméneutique correspond à la deuxième phase du travail agricole, la phase de croissance. Nous l'avons caractérisée comme le développement complet du végétal, jusqu'à sa taille parfaite, jusqu'à sa maturité. De même l'herméneutique spéculative doit-elle déployer la totalité de la potentialité sémantique du symbole, tout au moins en principe, car peut-être faut-il admettre que l'épuisement sémantique du symbole appartient à l'au-delà de toute spéculation, c'est-à-dire de l'herméneutique, étant donné l'étroite connexion de l'une et de l'autre : la forme spéculative de l'herméneutique est sa forme propre, sa forme par excellence, de même que la spéculation, et principalement la métaphysique, est presque toujours, au moins dans sa pratique, une herméneutique des symboles et des Écritures sacrées.

Nous venons de voir que l'herméneutique institutive s'accorde au sémantisme propre du symbole dans la mesure où elle consiste seulement à l'enraciner dans le sol d'une tradition particulière. Pour l'herméneutique spéculative, les conditions d'accord sont différentes, et comme inverses : si l'institution du symbole particularise un signe qui, en lui-même, est quasi universel, dans l'herméneutique spéculative, au contraire, la contingence et la particularité du symbole rencontrent la nécessité et l'universalité de l'intellection. Il n'y a donc d'herméneutique spéculative accordée au symbole que celle qui d'abord reconnaît en lui un contenu accordé à la nature de l'intelligence. Tel est, pourrait-on dire, le premier postulat de cette herméneutique. En d'autres termes, cette herméneutique, avant même de déployer aucun sens à partir de l'entité symbolique, présuppose une affirmation concernant la nature de cette entité : le symbole réalise une métaphysique concrète des formes sensibles, il est une concrétion du *logos*, de même que la métaphysique est un déploiement intellectuel du *mythos*. On vérifiera, et nous tenterons nous-même de le montrer, que tout autre postulat herméneutique conduit soit à des contradictions, soit à des réductions incompatibles avec la nature du symbole [1].

Que le symbole soit de la métaphysique concrète et implicite, c'est précisément ce qu'a établi toute notre analytique du signe symbolique lorsqu'elle montre que le symbole signifie en présentifiant, c'est-à-dire en rendant son sens présent dans son existence même de réalité formelle. Le symbole est une concrétion en tant que réalité corporelle ou forme naturelle; cette concrétion est métaphysique parce que cette forme naturelle est signifiante par elle-même, parce qu'elle est douée d'un *rayonnement sémantique* qui dépasse toute *physis* déterminée. Tout ce que nous avons dit sur la potentialité et l'unité sémantique du symbole, comme présence dans notre monde de quelque chose qui n'est pas de ce monde, nous conduit directement à une métaphysique des degrés de réalité. Cette métaphysique implicite dans le symbole, devient explicite dans l'herméneutique spéculative.

Or, l'acte premier de l'intelligence, c'est d'être conscience de l'être. L'intelligence, c'est la fonction du réel, ou encore le sens du réel, comme l'œil est le sens de la vue. C'est pourquoi, de même que le rouge ou le jaune n'ont de sens que pour l'œil (et non pour la langue ou l'oreille), de même le réel, l'être, n'a de sens que pour l'intelligence [2]. Ou encore : l'intelligence est essentiellement visée ontologique, c'est elle qui « perçoit » l'être. Mais il y a

1. Dans *La crise du symbolisme religieux*, ch. XI.

2. Nous avons exposé cette thèse dans notre anthropologie philosophique, au chapitre VII de *La charité profanée*, pp. 123-126, et dans d'autres ouvrages.

des degrés dans cette perception, car l'intelligence ne saisit pas l'être comme tel, elle ne le saisit qu'enveloppé dans un intelligible. L'être oriente la visée intellective, mais la visée elle-même, ce que l'intelligence saisit dans son acte, ou plutôt ce par quoi elle est saisie, c'est un intelligible qui enveloppe l'être comme la condition ou la racine de sa réalité. On l'a vu, il y a, pour quatre sortes de questions : il y a, pour Aristote, quatre sortes de questions : « le *fait*, le *pourquoi*, *si* la chose existe, et enfin *ce qu*'elle est »[3]. La scolastique arabe et chrétienne a souligné particulièrement l'importance des deux dernières questions, qui relèvent plus directement de la métaphysique, et qui sont celles de l'existence et de l'essence, ou encore de l'être et de l'intelligibilité. Le fait que la question de l'être se pose prouve que l'intelligible n'enferme pas nécessairement l'être, qu'il peut être pensé à part de sa réalisation existentielle, et donc, que par lui-même, l'intelligible déborde un degré d'être déterminé; en effet, la question ne se poserait pas si nous *ne* pensions *que* des intelligibles dont l'existence est immédiatement connue, car alors nous n'aurions aucune expérience d'un intelligible dont l'existence ferait question. Or, les seuls existants dont nous ayons une connaissance immédiate et directe, à s'en tenir à l'expérience commune, sont les existants corporels. Dès lors la question de l'être présuppose que cette classe d'existants constitue en effet un degré d'être déterminé, ou, ce qui revient au même, que la réponse à cette question est nécessairement fonction de l'ampleur de notre conscience du réel, c'est-à-dire de l'horizon ontologique de notre intelligence.

Autrement dit, si l'intelligence pose la question de l'être, c'est bien évidemment parce qu'elle est désir et visée de l'être, sens de l'être qui cherche son objet comme son bien propre et sa béatitude, mais aussi parce qu'elle est conscience d'une pluralité possible de degrés d'être, et qu'elle ne peut donc identifier l'être au seul monde des existants corporels. En résumé, l'intelligence est, par elle-même, sens de l'*être* comme tel, mais elle ne fait en général que l'expérience de l'être *qualifié*, et plus particulièrement, de l'être qualifié *corporellement*. C'est pourquoi, comprendre, pour l'intelligence, c'est explicitement situer son objet au degré ontologique qui lui revient en fonction de son essence.

Si maintenant nous en revenons à notre problème herméneutique, nous voyons comment l'acte d'interprétation du symbole s'accorde à la nature de l'intellection et à celle du symbole, moyennant la doctrine des degrés de réalité, puisque d'une part cette doctrine est implicite et concrétée dans le sym-

3. *Anal Post*, II, 1. 89 b, 23-25 ; cf. p. 209, n. 2.

bole, tandis que d'autre part, l'œuvre propre de l'acte intellectuel est précisément de l'expliciter et de la poser pour elle-même : en interprétant le symbole, l'intelligence réalise la perfection de sa nature. Mais nous comprenons aussi que toute interprétation du symbole sera fonction de sa conception du réel et de ce qu'elle admet (ou n'admet pas), comme degrés possibles de réalité.

Nous pouvons donc maintenant énoncer la tâche propre de l'herméneutique spéculative, sans risque de mécompréhension : elle consiste à assigner au symbole son ontologie de référence, c'est-à-dire à énoncer l'ordre de réalité auquel le symbole peut se rapporter, énonciation qui est évidemment fonction de ce que l'intelligence reconnaît d'abord comme réel : c'est la préconception du réel qui détermine l'herméneutique, ce dont beaucoup d'herméneutes et de sémiologues ne semblent pas avoir le moindre soupçon.

L'intelligence, nous avons essayé de le montrer brièvement, trouve en elle-même la doctrine des degrés de réalité, ou plutôt l'exigence d'une telle doctrine. Mais quant à la détermination de ces degrés, à savoir quels ils sont et à les identifier, elle ne peut y parvenir qu'en *réfléchissant* sur le réel corporel, et en *écoutant* les enseignements de la tradition métaphysique, qui, en Occident, est globalement représentée par le platonisme. L'ouverture au réel de l'intelligence est donc à son tour fonction de sa fécondation par le platonisme, mais un platonisme « vérifié » par la réflexion sur le monde sensible, car, selon une formule que nous avons lue quelque part chez Muhyi-d-dîn Ibn'Arabî, « les sept cieux sont sur terre », si bien que la seule contemplation du monde corporel peut offrir à l'intelligence, éclairée par la tradition métaphysique, l'occasion de reconnaître les divers degrés de la réalité, au moins d'une façon synthétique.

Nous illustrerons les considérations précédentes, relatives à l'herméneutique spéculative, à l'aide de l'interprétation que René Guénon donne du symbole de l'eau, dans *L'homme et son devenir selon le Vedânta*[4]. L'occasion lui en est fournie par un passage du commentaire de Shankara aux *Brahmasûtra* (appelés aussi *Vedânta-sûtra*), passage dans lequel le Maître déclare que le Soi n'est pas plus affecté par son reflet dans l'âme individuelle que le soleil ne l'est par les mouvements de l'eau dans laquelle il se reflète[5]. Guénon rapproche ce texte du verset de la Genèse où il est dit que l'Esprit de Dieu était porté sur les eaux (I, 2), ainsi que des versets 6 et 7 où il est question de la séparation des « eaux supérieures » et des « eaux inférieures ». « Si

4. Éditions Traditionnelles, 5e édition, p. 61, n. 1.
5. II, 3, 50 ; trad. G. Thibaut, t. II, pp. 68-69.

on laisse au symbole de l'eau sa signification générale, écrit-il, l'ensemble des possibilités formelles est désigné comme les "Eaux inférieures", et celui des possibilités informelles comme les "Eaux supérieures" ». On aura noté l'expression : « sa signification générale ». Il s'agit en effet d'une seule signification, mais qui s'applique à des degrés divers. On pourrait énoncer cette signification en disant que l'eau est, en métaphysique, le symbole des possibilités de création, qu'elle désigne, en cosmologie, le principe plastique et passif, la « *materia prima* » (non matérielle), dont toutes les choses sont faites, qui remplit toutes les formes, sans garder l'empreinte d'aucune d'elles, et donc qui reste vierge par rapport à chacune d'elles. Les possibilités formelles concernent le monde corporel et psychique (ou subtil), qui est caractérisé par la présence de la forme comme condition d'existence, c'est-à-dire que les êtres de ce monde, pour exister, doivent être limités et distingués les uns des autres par la forme individuelle. Les possibilités informelles concernent le monde spirituel (ou angélique, ou intelligible), dans lequel, pour exister et se distinguer les uns des autres, les êtres n'ont pas soin d'être revêtus d'une forme individuelle limitante, mais subsistent et se différencient par leur « qualité » propre et intrinsèque, à la manière dont le rouge se distingue du bleu, et non dont tel sapin se distingue de tel autre.

Et Guénon continue : « il est à remarquer que le mot *Maïm*, qui désigne l'eau en hébreu, a la forme du duel, ce qui peut, entre autres significations, être rapporté au "double chaos" des possibilités formelles et informelles à l'état potentiel ». Après quoi nous passons à un autre degré de réalité, nous quittons le macrocosmos pour le monde divin, domaine des principes métaphysiques : « Les Eaux primordiales avant la séparation, sont la totalité des possibilités de manifestation, en tant qu'elle constitue l'aspect potentiel de l'Être Universel, ce qui est proprement *Prakriti*[6]. Il y a encore un autre sens supérieur du même symbolisme, qui s'obtient en le transposant au-delà de l'Être même : Les Eaux représentent alors la Possibilité Universelle, envisagée d'une façon absolument totale, c'est-à-dire en tant qu'elle embrasse à la fois, dans son infinité, le domaine de la manifestation et celui de la non-manifestation ». Nous avons donc : 1°) au niveau surontologique les Eaux comme symbole de l'illimitation infinie de la Réalité divine ; 2°) au niveau ontologique, comme symbole de la substance protoplasmique universelle ; 3°) au niveau intelligible, comme symbole des possibilités

6. *Prakriti*, dans le *Sâmkkya* désigne la Nature primordiale, la Matrice originelle d'où proviennent toutes choses : elle est la parèdre de *Puruscha*. Mais dans le *Védânta*, qui est le point de vue adopté par Guénon, *Prakriti* est un aspect de l'Être créateur et seigneurial *(Ishwara)*. Parler, comme Guénon, d'un aspect *potentiel* de l'Être pur fait difficulté.

informelles ; 4°) au niveau subtil, comme symbole des possibilités formelles ; 5°) au niveau corporel, comme élément désigné par ce nom. A tous ces niveaux, il s'agit toujours du même symbole, et plus encore, il s'agit toujours au fond du même sens, du même thème, de la même potentialité sémantique, car les Eaux ontologiques ne sont rien d'autre que les Eaux surontologiques mais limitées à l'Être (c'est-à-dire à la détermination ou affirmation ontologique primordiale, qui, comme telle, se distingue de la négation), et les Eaux informelles ne sont rien d'autre que les Eaux ontologiques, mais limitées par leur manifestation ou leur extériorisation dans le monde créé, et les Eaux formelles ne sont rien d'autre que les Eaux informelles, mais limitées par leur mode individuel d'existence, et les eaux corporelles ne sont rien d'autre que les Eaux subtiles, mais relativement coagulées par la condition spatiale dont elles sont affectées, si bien que l'eau corporelle, dans son essence la plus immédiate, n'est au fond rien d'autre que la Possibilité universelle, telle qu'elle peut être connue ici-bas et rendue présente, autant que le permettent nos conditions d'existence. Cette identité foncière et sous-jacente, malgré les discontinuités existentielles, est exprimée par le symbolisme lui-même, que l'on peut donc adéquatement décrire comme une transversale sémantique : l'essence de l'eau est unique et identique, bien que les degrés d'existence que « traverse » cette essence soient tellement distincts qu'aucune comparaison (ontologique) n'est possible entre eux.

Cette incomparabilité ontologique entre les degrés de la Réalité, signifie que, par exemple, au regard de l'Être infini, la création tout entière, envisagée dans son être propre, est *comme* inexistante. Mais elle signifie aussi, et inversement, que, à l'intérieur d'un degré déterminé, on ne peut apercevoir les degrés supérieurs, qui sont comme s'ils n'étaient pas. En fait, la relation entre un degré supérieur et un degré inférieur n'est pas réciproque. Tous les degrés d'être inférieurs sont contenus dans le degré qui leur est immédiatement supérieur, ce qui est éminemment vrai de la Réalité principielle, laquelle, d'ailleurs, n'est pas proprement un degré, ou ne l'est que du point de vue des degrés inférieurs, et qui contient tout en Elle-même. Mais tous les degrés inférieurs excluent, ontologiquement, les degrés supérieurs. Inclusion de haut en bas, exclusion de bas en haut. « Dieu, dit saint Thomas d'Aquin, voit le monde en Lui-même »[7]. Cette « vision » omni-englobante, c'est la Connaissance que Dieu a de toutes choses. Elle enveloppe tous les êtres dans son orbe, et réalise ainsi leur unification au Principe. Par conséquent, elle les arrache cognitivement à leur propre mode d'existence,

7. *S. Th.* I. q. 14, a 5.

puisque c'est précisément par ce mode (par la limitation de la Réalité infinie que constitue un mode d'être) qu'ils se distinguent et se séparent du Principe. Exister, *ex-sistere*, c'est « se tenir hors de » la Réalité parfaite, c'est donc tomber vers le néant. Si cette chute vers le néant allait à son terme, elle s'anéantirait elle-même, et l'existence ne pourrait « avoir lieu ». Elle n'est donc paradoxalement possible que parce que cette chute vers le néant est comme enrayée par une attraction inverse; cette attraction inverse est celle qu'opère la Connaissance divine, réalisant l'unité de toutes choses au Principe par le moyen de leurs archétypes. On voit ici la connaissance se convertir en être, dans la mesure même où l'être se convertit en connaissance. Autrement dit, la consistance ontologique des êtres créés est de nature sémantique, ou cognitive, si l'on veut. C'est la connaissance que Dieu a des réalités secondes qui empêche leur pure dispersion existentielle, leur pulvérisation anéantissante : *esse est* percipi, *a Deo.* Au reste les divers degrés de réalité ne doivent pas être considérés comme fixes et immobiles : sur l'échelle de Jacob, « les anges montent et descendent ». Ce n'est que pour les besoins de l'exposé qu'on peut se figurer ces degrés à la manière de régions immuables, ce qui est cependant vrai à certains égards. Mais il ne faut pas oublier qu'ils sont le lieu d'une *conversion permanente* d'être en connaissance et de connaissance en être, et cela à tous les degrés que l'on peut distinguer[8]. Si nous nous représentons le regard divin comme un rayon de connaissance qui prend la couleur du prisme-archétype qu'il traverse, nous dirons que chaque fois que ce rayon, ainsi qualifié, rencontre un degré d'être qui l'arrête, il donne naissance à un être (conversion de la connaissance en être) qui reçoit l'image de l'archétype transmise par le rayon et la renvoie à son origine (conversion de l'être en connaissance).

Telle quelle, cette métaphysique des degrés de réalité que nous venons d'esquisser suffit à nous découvrir un aspect essentiel du symbole : le symbole comme mémorial.

Le symbole, en effet, aux yeux de l'herméneutique spéculative, apparaît comme un mémorial, le mémorial de la connaissance tout-englobante de Dieu. Il est le souvenir même et le rappel de cette connaissance, de la présence actuelle de cette connaissance qui arrache sémantiquement toute chose à son plan de manifestation. Ce que le discours métaphysique déve-

---

8. On songera ici à l'illusion du scientisme du XIXe siècle qui considère le monde corporel (matériel) comme une donnée stable, un fondement. On explore ce monde, on le creuse, on le fouille, on le divise, avec l'idée qu'on découvrira bien un jour le *fond solide*, un terme ontologique, un arrêt définitif auquel on se heurtera définitivement. Mais, évidemment, il n'y a rien de tel. Cf. notre *Symbolisme et réalité*, Ad Solem, 1997.

loppe abstraitement et à grand peine, le symbole le réalise dans son être même. Il est, comme tel, la preuve de cette connaissance, preuve sans laquelle nous risquerions toujours de l'oublier. Il n'y a pas un mot de la description précédente qui ne puisse s'appliquer au signe symbolique, avec cette différence toutefois que le symbole se présente distinctivement comme la réalisation implicite d'une telle métaphysique, ou encore qu'il l'expose par sa propre existence de symbole. Autrement dit, c'est l'existence même des symboles communiqués et posés explicitement comme tels par la tradition culturelle, qui nous éveille à la conscience que les êtres naturels sont des symboles implicites. C'est pourquoi le symbole est véritablement, dans notre monde, le mémorial de la nature métaphysique du cosmos, le mémorial de la présence universelle du *Logos.*

Mais ce n'est pas tout. Le symbole n'est pas une simple immanence : c'est une immanence qui appelle une transcendance, parce que la présence de l'archétype dans le symbole est une présence sémantique qui révèle par là même son autonomie relativement à toute condition d'existence déterminée, et qui en appelle, par conséquent, à une réalité inconditionnée. Or, avec cette remarque, nous quittons le domaine de l'herméneutique spéculative pour entrer dans celui de *l'herméneutique intégrative.*

Section 3 *L'herméneutique* intégrative

Cette troisième forme de l'herméneutique, nous l'avons fait correspondre à la troisième opération de l'agriculture, celle qui consiste à récolter les produits du sol et à leur faire subir les quelques transformations qui les rendront aptes à la consommation directe, ou aux traitements industriels (battage du blé, par exemple, avant sa transformation en farine). Mais là s'arrête le travail agricole proprement dit. L'herméneutique intégrative comporte, elle aussi, une telle phase préparatoire, mais elle va plus loin, parce que si la consommation et l'assimilation des produits végétaux n'est plus de l'agriculture, la « consommation » rituelle des symboles et leur « assimilation » mystique et spirituelle fait partie intégrante de l'herméneutique. Nous lui avons donné le nom d'herméneutique intégrative, parce qu'il s'agit effectivement d'intégrer le symbole à soi-même, ou de s'intégrer soi-même au symbole, car ce ne sont là que les deux faces d'un même processus. Le symbole devient alors notre être propre, il édifie notre corps spirituel, en même temps que nous l'accomplissons selon sa vérité la plus profonde. C'est d'ailleurs, là aussi, le terme de l'herméneutique parce que c'est le terme du symbole. Le symbole disparaît dans cette transformation, dans la mesure même où ses vertus sont parfaitement actualisées, c'est-à-dire dans la mesure où l'être humain remonte effectivement à la source supra-archétypale de tous les symboles, au Centre d'où émanent tous les rayons sémantiques. Et c'est pourquoi l'intégration symbolique appartient encore au domaine de l'herméneutique, puisque, comprendre vraiment le symbole, ce qui constitue proprement la tâche de toute herméneutique, c'est comprendre que le symbole nous conduit et nous appelle lui-même à une telle union.

L'intelligence, avons-nous dit, est désir de la réalité, recherche d'une intellection qui soit aussi un être. Or le symbole *présente* précisément une telle synthèse puisqu'il est un sens fait présence. En devenant nous-mêmes symboles, notre existence devient un sens. C'est donc par la grâce du symbole que nous pouvons réaliser le vœu de notre intelligence, par sa grâce que peut s'accomplir l'instinct le plus secret qui meut la connaissance vers l'objectivité de l'être. Mais aussi, et réciproquement, l'herméneutique intégrative réalise le symbole en obéissant à sa visée sémantique la plus profonde. Dans la mesure même où, comme mémorial objectif, il n'est que la trace visible et le témoignage de la Connaissance unifiante de Dieu, la fonction signifiante se révèle pour ce qu'elle est, c'est-à-dire pour une *anagogie,* puisque *anagôgè* signifie exactement l'action de *conduire vers le haut.* Le symbole est une ascension. C'est le cri que lancent les essences vers les hommes, le chant des sphères intelligibles qui descend jusqu'à nous afin de nous faire monter jusqu'à elles. Comprendre un symbole, c'est ascender le long de cette échelle céleste, mémorial cosmique de la seule et unique Réalité, trace verticale que le pinceau divin a dessiné d'un trait sur la toile de l'univers.

On découvre alors que l'herméneutique du symbole-mémorial s'appelle réminiscence. Ce souvenir de l'essence qu'est le symbole, cet appel et ce chant divin qu'il lance aux oreilles de ceux qui « peuvent entendre », selon l'expression de l'Évangile, doit éveiller en nous-mêmes l'écho et le souvenir des essences qui dorment au fond de notre intelligence, car le contenu intrinsèque de l'intellect, c'est la lumière originelle du Logos qui « éclaire *tout homme* venant en ce monde ». Telle est au fond la clef du « problème herméneutique » : elle se trouve à la rencontre du mémorial et de la réminiscence. Le chant du symbole éveille dans l'âme les vibrations intelligibles correspondantes. Sans l'occasion du symbole, elles demeureraient endormies; mais sans les vibrations de l'âme, le chant du symbole demeurerait inentendu et comme muet. Ou encore, selon une image voisine, les symboles sont comme des notes jouées sur les cordes d'une guitare, l'âme de l'herméneute, c'est-à-dire de l'homme, est comme la caisse de résonance qui les fait entendre[9].

Telle est, brièvement exposée, la doctrine des trois formes d'herméneutique, accordées, chacune à sa façon, au signe symbolique. Philosophiquement, il nous semble possible de parler ici d'une actualisation réciproque : le symbole actualise l'herméneutique, l'herméneutique, en retour, actualise le symbole. Le symbole actualise l'herméneutique d'abord, et en premier lieu, non point d'une primauté de droit, et *a priori*, mais d'une primauté de fait, parce qu'il n'y a pas d'autre point de départ pour l'homme que l'état dans lequel il se trouve actuellement, et qui est l'état psycho-corporel. D'une certaine manière, tout commence par le corps, et il est bien vrai que *« nihil est in intellectu quod non fuerit in sensu »* à la condition, toutefois, qu'on y joigne la correction leibnizienne *« nisi ipse intellectus »*[10]. Le symbole actualise donc l'herméneutique par son existence même, laquelle, ne l'oublions pas, se présente toujours dans une culture et une tradition. Il déclenche l'activité herméneutique parce qu'il l'exige, parce qu'il se présente à l'intelligence comme un être naturel mystérieusement arraché à l'ordre de la nature, comme une énigme, c'est-à-dire comme une *diacrisis* et un signe. En retour, l'herméneutique actualise le symbole comme étant son accomplissement, c'est-à-dire, non seulement comme le déploiement de ce qui en lui est virtuel ou potentiel, mais comme constituant le moyen nécessaire qui permettra au symbole de remplir sa fonction, d'atteindre sa raison d'être, laquelle est, par l'ascension anagogique, le retour de l'homme au Principe, et, en fonction de l'homme, de toute la création à son Créateur. Car si le symbole est un signe, c'est qu'il fait signe à quelqu'un : le symbole, c'est la présence de l'Un dans le multiple afin que le multiple puisse se rendre présent à l'Un.

Ces réflexions sur les rapports de l'herméneutique et du symbole nous conduisent d'ailleurs à une conclusion surprenante, sous-jacente à toutes les considérations antérieures, mais qui apparaît maintenant pour elle-même : c'est que le symbole est lui-même une herméneutique. Logiquement il ne saurait en aller autrement: pour que le symbole s'actualise en une herméneutique, il faut bien qu'il soit lui-même herméneutique en puissance, herméneutique implicite, ce que déjà nous avions signalé en disant que le

9. On sait que la pièce de bois cylindrique qui unit, dans un violon, la table au fond, et qui est chargée de transmettre les vibrations, s'appelle une « âme ».

10. *Nouveaux essais sur l'entendement humain*, livre II, chap. 1, § 2. A la priorité de fait du symbole correspond donc une primauté de droit de l'intellection, qui vaut dans une certaine mesure pour l'herméneutique elle-même, dans la mesure où elle conduit à une véritable intellection.

symbole était une métaphysique concrète (puisque métaphysique = herméneutique, au moins sous un certain rapport). Autrement dit, lorsqu'on parle d'herméneutique du symbole, il faut prendre garde que ce génitif peut avoir deux sens : objectif (l'herméneutique qui a pour objet le symbole), subjectif (l'herméneutique qui est le propre du symbole). Et c'est là, en dernière analyse, le fondement de l'accord du symbole et de l'herméneutique objective. Car, de quoi s'agit-il? Non pas de cette herméneutique incorporée au signe linguistique, par laquelle, comme nous l'avons dit, le signe linguistique dénote explicitement sa propre ontologie de référence. Cette herméneutique dénotative n'est d'ailleurs qu'une autre manière de désigner la propriété métasémiotique du langage. Mais il s'agit d'une herméneutique de la réalité objective elle-même. C'est par sa propre existence formelle que le symbole est déjà une interprétation de ce qui est, une « parole » sur le monde, une façon de le comprendre et de l'exprimer. L'usage que le symbolisme fait des formes naturelles, éléments, couleurs, êtres, etc., avant tout discours interprétatif, est déjà, par lui-même, une interprétation de la nature. L'herméneutique objective et explicite n'aura précisément qu'à développer cette herméneutique première et fondatrice, qui demeurera en elle, à travers tous ses déploiements, comme la source irradiante de son intelligence. Si bien que, si, d'un certain point de vue, le symbole lui-même devient herméneutique, d'un autre point de vue, l'herméneutique elle-même demeure toujours symbolique[11].

11. Cette doctrine du symbole comme herméneute de la réalité est développée au chap. XI de *La crise du symbolisme religieux.*

CHAPITRE VII

STRUCTURE GÉNÉRALE ET ORGANISATION DE L'ORDRE SYMBOLIQUE

ARTICLE I

SCHÉMA DU SIGNE SYMBOLIQUE

Il s'agit maintenant de reprendre le schéma général du signe afin de préciser les modifications que le symbole lui apporte, conformément à son essence propre.

Nous avions proposé d'ajouter, au schéma triadique du signe (signifiant, sens, référence), un quatrième terme, le référent intelligible, dont nous ne pouvions nous passer pour rendre compte de l'acte de signification. Le signe symbolique donne au référent intelligible toute son importance; c'est lui le pôle dominateur par rapport auquel tout le reste se subordonne. Il n'est autre que l'essence ou l'archétype, c'est-à-dire la détermination primordiale de l'Être principiel, dont le symbole est lui-même la manifestation sur le plan des formes naturelles. Ce référent intelligible est donc aussi le référent objectif ultime, la réalité que le symbole désigne, en dernière analyse. Sans doute y avait-il déjà quelque chose d'analogue dans le cas du signe linguistique, mais à état implicite ou d'ébauche.

D'autre part, nous l'avons vu, le symbole ne pointe pas vers un référent objectif. Il n'est dénotatif que secondairement, sous l'action de l'herméneutique. Cette absence de dénotativité est le caractère le plus frappant du signe symbolique, et bouleverse toute l'orientation de son schéma structurel. Le signifiant symbolique ne vise plus un référent objectif, il présentifie un référent intelligible. Le sens du symbole n'est donc plus la relation médiatrice quasi autonome et indépendante, qui permet d'unir un signifiant et un référent également autonomes. Il est un *rayon vertical qui mesure la distance ou l'éloignement ontologique entre le référent intelligible et le signifiant.* Autrement dit, référent intelligible et signifiant symbolique ne font essentiellement qu'un, mais sont existentiellement distincts selon le degré d'être auquel ils appartiennent; en conséquence le sens du symbole n'est rien d'autre que la trace de leur unité essentielle à travers leur écart existentiel. Il faudra donc le figurer par une verticale qui n'est que le déploiement du point supérieur, l'archétype ou référent intelligible, jusqu'au point inférieur, le signifiant symbolique corporel, aboutissement terminal de ce déploiement. Nous disons aboutissement terminal (ce qui peut sembler pléonastique) parce que tout point du rayon sémantique peut être considéré aussi comme un aboutissement de ce déploiement en tant qu'il est déterminé par sa rencontre avec un degré quelconque de réalité, mais que, pour l'homme, ce déploiement ne va pas au-delà de l'état corporel, qui est un terme à tous les égards. Il résulte de cette figuration quelques conséquences curieuses, devant lesquelles il ne faut pas reculer. C'est que, en particulier, chacun de ces points d'aboutissement dont nous venons de parler, peut être envisagé comme un signifiant relativement à tout ce qui lui est immédiatement supérieur, et qu'ainsi la notion de symbole peut être étendue au-delà du monde sensible. D'autre part, si le signifiant s'identifie essentiellement au référent intelligible, la réciproque n'est pas moins vraie, si bien que le référent-archétype peut être considéré, à certains égards, comme un signifiant, c'est même le signifiant parfait, puisqu'il est naturalité par excellence. Mais alors un tel signifiant-archétype est l'ultime symbole de ce qui n'est paradoxalement symbolisable d'aucune manière. Et, pour être plus précis, sinon plus clair et plus explicite, nous dirons que cet ultime « symbole », c'est l'Être lui-même, relativement à la Réalité transontologique.

Enfin, en troisième lieu, nous devons noter la présence, dans le signe symbolique, d'un nouvel élément dont nous n'avions pas besoin pour le signe linguistique: l'herméneutique. En vérité, l'herméneutique n'était pas absente du signe linguistique, mais elle n'apparaissait pas comme telle, parce qu'elle était en quelque sorte cachée et impliquée dans tous les éléments fonctionnels du langage, et, en particulier, dans la fonction dénotative. On peut même dire que le langage est le système qui implique en lui-même sa propre herméneutique (à moins précisément qu'il ne s'agisse de langage symbolique), ce qui nous renvoie, comme nous l'avons rappelé plus haut, à la propriété métalinguistique, ou encore à la capacité qu'il a de désigner sa propre ontologie de référence. Tandis que si l'herméneutique doit être prise en considération dans la définition du signe symbolique, c'est justement parce qu'il exige, de soi, une explicitation herméneutique. De ce point de vue, on pourrait dire que le signe symbolique se définit comme signe à interpréter, mais à condition de préciser qu'il s'agit d'une conséquence de sa nature et non d'une cause; ce n'est pas l'herméneutique qui fait le symbole, mais le symbole qui fait l'herméneutique.

La tâche de l'herméneutique objective c'est d'assigner au symbole son référent ; notre conception est claire, et nous l'avons longuement développée. Cependant, aux deux extrémités du rayon sémantique, on peut dire que l'herméneutique et le référent s'identifient: au niveau supérieur du référent intelligible, lequel, étant essence et archétype, est synthèse à la fois de tous les autres référents et de toutes les intellection; au niveau inférieur du signifiant symbolique, parce que, appartenant par son être au premier degré d'être, il représente le premier référent possible, en même temps qu'il réalise, par sa présence existentielle, la première herméneutique de la réalité.

Dans son principe, toutefois, l'acte herméneutique, nous l'avons fait remarquer, relève de la seule intelligence, et donc d'une source extra-symbolique. Nous avons noté, précédemment, que le symbole possède une priorité *de facto* sur l'intelligence, parce que nous partons toujours du corporel. Mais l'intelligence possède à son tour une primauté, non pas chronologique, mais logique, et *de jure*, sur le symbole, tout simplement parce qu'il ne saurait en être autrement; toute intellection véritable, toute « évidence » impliquant en elle-même son propre fondement. C'est-à-dire que l'intellection véritable est toujours première en soi (ayant sa nécessité en elle-même), même lorsqu'elle est seconde en fait. Elle reçoit en quelque sorte directement sa lumière du *Logos*; « penser, disait Lagneau, c'est penser l'ordre ». A quoi, il faut ajouter que l'intellection est également informée par la tradition métaphysique à laquelle elle appartient en vertu de sa situation historique et géographique. C'est en fonction de cette double instance – la « lumière dérivée du *Logos* » selon l'expression de S. Thomas, et son information par la tradition métaphysique – que l'acte herméneutique, sous l'effet de la présence symbolique, peut se déployer en développant les divers degrés de réalité auxquels le signe symbolique peut se référer.

Enfin, un schéma analytique du symbole doit également tenir compte du rôle essentiel de la tradition culturelle, puisque c'est elle qui nous présente le signifiant symbolique. Tradition métaphysique et tradition culturelle, d'ailleurs, ne font qu'un; ou, plus exactement, la tradition culturelle présente deux aspects, un aspect « essentiel », sapientiel, intellectuel, et un aspect formel, « existentiel », concret; les deux aspects (les idées et les formes) étant d'ailleurs souvent inextricablement mêlés [1]. Cette tradition venant toujours plus ou moins du fond des âges, et constituant la continuité même de la civilisation humaine sera convenablement représentée par une droite horizontale.

Nous aboutissons donc au schéma suivant :

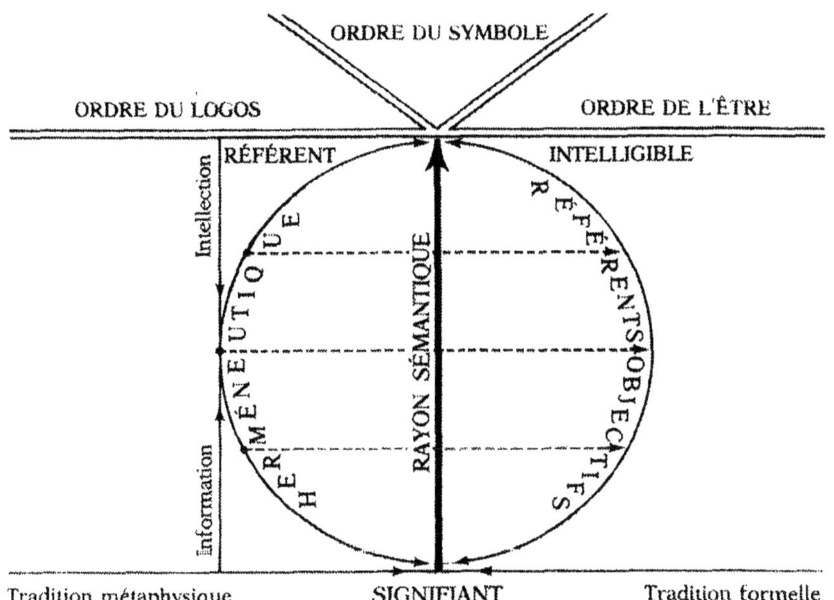

1. Les « cas de figure » sont innombrables. L'Inde nous présente celui d'une tradition métaphysique inséparable des formes culturelles, scripturaires ou plastiques. La métaphysique de Gaudapâda ou de Shankara est aussi *hindoue* que les *Veda* ou la danse de Shiva. Dans le christianisme, sauf le Prologue de Jean, la tradition métaphysique est platonicienne ou aristotélicienne, les formes culturelles sont en partie juives. Dans la Grèce elle-même, il semble bien également que la tradition intellectuelle, au moins avec Pythagore et Platon, soit d'une autre origine que la tradition religieuse et mythologique. Dans d'autres cas, chez les Peaux-Rouges, par exemple, la tradition intellectuelle n'existe guère *pour elle-même,* ce qui ne signifie nullement qu'elle soit absente, bien au contraire. L'existence d'une tradition intellectuelle formulée n'est pas un critère de supériorité, mais peut résulter au contraire de la nécessité de « sauver ce qui peut être sauvé », à une époque de profonde incompréhension, C'est au fond ce que laisse entendre Platon (*Lettre* VII, 326 a-b) : le discours théorique est le dernier recours de l'enseignement de la vérité.

ARTICLE II

CLASSIFICATION DES SYMBOLES

Section 1 *Rejet du modèle linguistique*

C'est une évidence que la question de la classification des symboles attend encore son Linné. Nous avons signalé, au chapitre I[1], la tentative de René Alleau, la plus systématique, à notre connaissance, mais qui démultiplie à ce point les diverses classes de symboles qu'elle en perd son intérêt et qu'elle se transforme en une simple énumération. La classification que nous proposons n'a aucune prétention; elle est même très imparfaite. Elle cherche seulement à introduire un peu d'ordre dans un domaine dont l'ampleur et la diversité défient l'analyse.

Nous n'excluons nullement d'ailleurs la possibilité qu'il n'existe pas de classification satisfaisante en cette matière. Néanmoins, l'utilité, sinon la nécessité d'une classification, même imparfaite, n'est guère contestable. Cette utilité nous parait double, au moins pour ce qui est d'une classification minimale telle que celle que nous présentons. D'une part une classification fournit en quelque sorte une vérification de la définition générale des entités que renferme l'ensemble des classes : à travers la multiplicité de ses formes, le signe symbolique est bien toujours le même; d'autre part une classification permet de déterminer le champ entier du symbolisme, et en particulier, de rattacher à l'ensemble des symboles en général, des classes d'éléments qu'on oublie souvent de considérer comme tels – ce qui introduit par la suite, dans la théorie du symbolisme, des distorsions graves : ainsi d'un biologiste qui élaborerait une théorie générale de la reproduction en ne se fondant que sur la reproduction des êtres sexués.

Cette erreur se produit lorsque, par exemple, on ne définit le symbole qu'à l'intérieur du langage symbolique, ce qui arrive assez fréquemment. A s'en tenir à la simple constatation des faits, cette réduction est peu soutenable. L'immense domaine des formes visuelles, des couleurs, des musiques, des chants, des danses, des gestes rituels, des costumes, des processions, des architectures sacrées, de la statuaire, des coutumes, des techniques artisanales (tissage, forge, labourage, etc.), cet immense domaine, disons-nous, ne présente pas une ampleur moindre que celle du langage symbolique et des Écritures saintes. D'autre part l'étude du seul symbolisme linguistique ne permet pas de

1. Cf. *supra*, pp. 21-23; il s'agit du livre *De la nature des symboles.*

dégager ce qui est propre au symbole : on risque, en définissant le signe symbolique, de lui attribuer des caractères qui appartiennent plutôt au langage, ou, en tous cas, qui n'appartiennent qu'au langage symbolique, c'est-à-dire aux effets que le symbolisme produit sur le langage, un peu comme si on ne définissait la chaleur que par la dilatation qu'elle produit sur les métaux. Un exemple de cette distorsion des problèmes nous paraît offert par thèses que Todorov expose dans *Symbolisme et Interprétation*[2].

L'auteur remarque bien qu'il y a quelque arbitraire à réduire le symbolisme au symbolisme linguistique[3]. Mais il pense pouvoir s'en justifier. Pour lui, il y a langage symbolique lorsqu'il y a *sens indirect.* (C'est d'ailleurs une reprise partielle, mais en mode linguistique, des thèses *philosophiques* de Ricœur). Et il y a sens indirect lorsque le sens direct ne peut pas s'appliquer, c'est-à-dire lorsqu'il n'est pas *pertinent*[4]. Il faut alors interpréter symboliquement. Il est ainsi amené à nous proposer un exemple de « fonctionnement symbolique du langage ». Il s'agit d'un commentaire rabbinique d'un verset du Pentateuque affirmant que les animaux seront récompensés : « s'il en est ainsi pour une bête, pour l'homme à combien plus forte raison Dieu ne retiendra pas sa récompense? »[5]. Il y a bien sens indirect : Dieu récompensant les animaux (sens direct) cela signifie (sens indirect) qu'il récompense *a fortiori* les hommes. On trouve d'ailleurs le même raisonnement dans la bouche du Christ, à propos des plantes et des lys des champs vêtus par Dieu plus splendidement que Salomon. Mais où y a-t-il symbolisme? Il faut beaucoup de bonne volonté pour voir dans ce commentaire rabbinique un « fonctionnement symbolique du langage ». On ne peut même pas dire que la récompense accordée par Dieu aux animaux soit le symbole de celle qu'il accordera aux hommes, sinon en un sens extrêmement affaibli. Il s'agit d'un argument, non d'un symbole[6]. Cet exemple vraiment peu démonstratif nous enseigne que ce n'est pas le sens indirect qui constitue le symbole, bien que le sens indirect soit toujours présent dans le *langage* symbolique, mais c'est le fondement du sens indirect dans la nature du sens direct qui fait de celui-ci un symbole de celui-là. Cependant il est bien vrai que le langage, quant à lui, nous présente essentiellement un procédé rhétorique, celui du sens indirect, possible ou nécessaire, selon les cas, et

2. Éd. du Seuil, 1978.

3. *Ibidem*, pp. 14-15.

4. *Ibidem*, pp. 26-27.

5. *Ibidem*, *p.* 38.

6. Ce que Todorov reconnaît mais qu'il croit pouvoir écarter : « Laissons de côté le procédé *a fortiori* ou *qal vahômèr,* essentiel dans la glose rabbinique, et retenons le résultat global, le signifiant d'une seule proposition nous induit à la connaissance de deux signifiés, l'un direct, l'autre indirect ».

non point la naturalité d'un signifiant [7]. Et c'est pourquoi le mode linguistique de présentation du symbole occulte la vérité du signe symbolique. En fait le langage symbolique ne pose aucun problème particulier, *relativement au symbole lui-même* (il en va évidemment autrement pour ce qui est du langage comme tel). C'est-à-dire que le symbole linguistique ne se distingue pas, comme symbole, de tous les autres signes symboliques, la seule différence étant que, dans le mode linguistique de présentation, il est « parlé » (on parle de lui), alors que dans les autres modes de présentation, il est montré : qu'un bœuf soit montré dans une peinture, ou nommé par une parole, sa réalité symbolique ne subit aucun changement [8]. Tout au plus pourrait-on estimer que, le langage étant le plus dénotatif de tous les systèmes sémiotiques, il nous renvoie plus directement au bœuf naturel et à son symbolisme, que la peinture qui, possédant sa propre réalité sensible, se signifie d'abord elle-même et ne renvoie au bœuf naturel qu'indirectement. Ainsi, le bœuf nommé met en jeu explicitement le symbolisme naturel des formes cosmiques, et, conséquemment, pose la question du caractère historique ou non de ce qui est dit, tandis que le bœuf peint, possédant par lui-même une certaine réalité sensible, peut suffire à por-

7. Nous ne pouvons songer à discuter point par point les thèses de T. Todorov, comme elles le mériteraient Deux remarques, toutefois, l'une, générale, l'autre particulière : 1) Une bonne partie des exemples analysés, n'ont, à notre avis, rien à voir avec le symbolisme; 2) lorsqu'ils concernent bien le symbolisme, l'auteur commet parfois des erreurs peu explicables de compréhension des textes. Ainsi, à propos du commentaire que S. Augustin donne de l'onction de Béthanie, au cours de la quelle Marie (sœur de Marthe) arrose les pieds du Christ d'un parfum précieux (Jn, XII, 1-8), Todorov affirme (p. 99) que pour S. Augustin cette « action n'a pas eu lieu », et doit donc être interprétée symboliquement. Mais jamais Augustin n'a dit une chose semblable, qui, du reste, est inconcevable pour un chrétien. Dans le texte allégué et cité par Todorov *(De doctrina christiana,* III, XII, 18), Augustin dit : « un homme de sens rassis ne croira d'aucune manière que les pieds du Seigneur ont été arrosés d'un parfum précieux par une femme à *la façon* dont on arrose d'habitude les pieds des hommes voluptueux et corrompus. Car la bonne odeur, c'est la bonne renommée que chacun obtient par les œuvres d'une vie sainte en marchant sur les traces du Christ, et en répandant, pour ainsi dire, sur ses pieds, les plus précieux des parfums. Ainsi, un acte qui, chez d'autres personnes, est la plupart du temps une turpitude, devient, chez la personne de Dieu ou d'un prophète, le signe d'une grande chose ». La négation (« ne croire d'aucune manière ») porte sur *à la façon de* et non sur le fait de l'onction. Au reste, dans son commentaire sur S. Jean (*In Joannis Evangelium*, tractatus I, chap. 6, *P.L.*, XXXV, col. 1760), Augustin, aprés avoir cité le texte de l'évangile, écrit : « Nous avons entendu le *fait*, cherchons le mystère » (*Factum audivimus, myrterium requiramus*).

8. Il convient de préciser cependant qu'il existe un cas, fort important, où le mode linguistique de présentation est le seul possible. C'est celui des récits symboliques (les mythes) qui nous racontent une *histoire*, c'est-à-dire un enchaînement d'actions, car, en dehors du langage, il n'existe aucun moyen de la présentifier. Un mythe peut éventuellement se mimer ou se danser; mais on ne peut le connaître que *dans* le récit. Cela tendrait à prouver que le langage est aussi essentiellement ordonné à l'agir qu'il l'est à la connaissance des êtres.

ter le poids du symbolisme, en dehors d'une référence à son modèle vivant Le symbole pictural appartient plus directement à l'univers des formes symboliques, tandis que le symbole nommé appartient plus directement au symbolisme des formes de l'univers. C'est pourquoi le bœuf peint pourra éventuellement présenter des formes stylisées qui signifieront explicitement sa nature de signe symbolique, ce qui ne saurait guère être le cas du bœuf nommé, à moins que sa nomination ne s'accompagne d'une description. Mais, de toutes manières, il faudra toujours en revenir au bœuf lui-même et à son symbolisme propre, ainsi que le montrent à l'évidence les « bestiaires » qu'on a pu composer, particulièrement celui de Louis Charbonneau-Lassay, qui associe aux figurations de la statuaire, de la peinture, des médailles, des bijoux, des étoffes, et de tous les objets symboliques, les nominations des Saintes Écritures [9]. Comme dit S. Thomas, résumant toute la tradition chrétienne, « ce sont les choses signifiées par les mots qui peuvent être signes d'autres choses », et non les mots eux-mêmes [10].

Il est vrai que le langage lui-même peut être interprété symboliquement. Mais, là non plus, le symbolisme propre du langage comme tel ne pose aucun problème particulier. On vérifiera qu'il s'agit toujours de la signification symbolique que peuvent revêtir les formes sensibles de la parole sur la base de leur « naturalité » : par exemple, on tiendra compte de l'ordre des mots dans la phrase, du chiffre de leur répétition [11], du symbolisme des voyelles ou des consonnes, de leur valeur numérique, de la permutation des syllabes, de leur décomposition symbolique, et, pour ce qui est du langage écrit, de la forme des lettres. On sait que la Kabbale a particulièrement développé ces considérations. Mais elles ne sont pas absentes du Moyen Âge latin, comme le prouve l'exemple de Joachim de Flore [12].

9. Le livre de Louis Charbonneau-Lassay, *Le Bestiaire du Christ*, a été réédité aux éditions Arché, à Milan, en 1975 (1re édition, Desclée de Brouwer, 1940). On a dit que Charbonneau-Lassay avait également envisagé de composer un floraire et un lapidaire. Telle quelle, sa monumentale étude (997 pages) sans doute un peu trop historique reste cependant sans équivalent.

10. *S. Th.*, I. q. 1, a. 10.

11. Nous signalerons à ce sujet une étude très sérieuse de François Quiévreux, « La structure symbolique de l'évangile de saint Jean », parue dans la *Revue d'Histoire et de Sciences religieuses* (t. XXXIII, 1953, pp. 123-165) qui établit l'existence d'une symbolique numérique dans la disposition et la répétition du même terme à l'intérieur d'une même phrase ou d'un même passage.

12. On consultera en particulier les extraordinaires figures, d'une grande richesse symbolique, où Joachim de Flore a condensé toute sa pensée théologique et mystique : *Il libro delle figure dell'abbate Giochimo da Flore*, Torino, Societa Editrice Internationale, 1953, 2 tomes. Concernant le symbolisme des lettres et des phonèmes, les études les plus approfondies sont celles de Jean Canteins, *Phonèmes et archétypes* (Maisonneuve et Larose) et *La voie des lettres*, Albin Michel.

Les remarques précédentes nous conduisent à une constatation importante relativement au problème de la classification des symboles : il ne faut pas confondre le symbole avec son mode de présentation, ce qui revient à dire qu'il faut le distinguer du domaine particulier qui en fait usage et qui en est ainsi le porteur. S'il est vrai, comme nous l'avons montré pour le langage symbolique, que le mode de présentation ne change pas la nature du symbole, il faut donc chercher la raison du classement des symboles en eux-mêmes, et non selon le domaine qui les met en œuvre. Sinon, on définira autant de classes de symboles qu'il y a de modes possibles de présentation, ou encore de domaines possibles qui en font usage. C'est, nous semble-t-il, le défaut de la classification proposée par René Alleau dans son livre *De la nature des symboles.* Malgré la grande compétence de l'auteur en sciences traditionnelles (et en sciences modernes), il faut bien convenir que distinguer dix-sept classes de symboles (ou plutôt de synthèmes) [13] conduit surtout à distinguer dix-sept domaines d'usage du symbole. Par exemple, il distingue les synthèmes numismatiques, topologiques, chronologiques, didactiques, etc., mais il s'agit toujours des mêmes sortes de signes, avec cette seule différence qu'ils se trouvent tantôt sur une médaille, tantôt sur une carte ou un plan, tantôt sur une montre, tantôt sur un traité d'astrologie ou d'alchimie. Inversement, on pourrait s'apercevoir, si on analysait cette classification de près, qu'elle n'est pas homogène, et que l'auteur juxtapose ses dix-sept classes sans égard pour certaines disparités sémiotiques qui, cette fois, dépendent des signes eux-mêmes, et non plus des domaines considérés : par exemple les synthèmes philosophiques (ou signes de reconnaissance pour les membres d'une fraternité philosophique) et les synthèmes séméiologiques qui concernent, par exemple, les symptômes d'une maladie, et qui relèvent en réalité de la catégorie des signes épistémiques, que nous avons appelés également signes inductifs.

Au demeurant, les domaines qui font usage du symbole sont nombreux, et même d'une multiplicité indéfinie, car l'homme religieux peut toujours inventer un nouveau mode d'expression. Dans une civilisation traditionnelle, il n'y a pas un seul secteur de l'activité humaine qui ne fasse usage du symbole. Il faut y compter non seulement tous les arts (au sens moderne du terme : chant, musique, peinture, sculpture, architecture, danse, poésie,

13. Rappelons que, pour Alleau, les symboles unissent l'humain au divin, tandis que les synthèmes unissent les hommes entre eux. En réalité les symboles sont aussi et nécessairement des signes d'union et de reconnaissance : la croix, par exemple.

théâtre), mais aussi tous les artisanats (tissage, habillement, ciselage, forgeage, poterie, émaillage, reliure, etc.), et même toutes les techniques de l'agriculture, de l'outillage, du pavage et du carrelage, de la charpenterie, de la cordonnerie, du mobilier, de la cuisine, et jusqu'à l'art de servir le thé. A quoi il faut ajouter les rites sociaux, non seulement les rites de passage (naissance, croissance, mariage, mort) et les rites d'échanges commerciaux, mais aussi les rites de présentation sociale des membres du groupe les uns aux autres, à la fois dans leurs relations actives : fêtes, règles de politesse, manières de table, salutations, etc., et dans leur reconnaissance individuelle : costumes professionnels et corporatifs, habits de caste, blasons des chevaliers, drapeaux et oriflammes, décorations, etc. Mais il existe aussi des rites qui règlent les rapports des différents groupes sociaux entre eux et qui font également un large usage du symbolisme, particulièrement dans les rites de guerre. Avec les arts martiaux, la science chevaleresque, l'art du tir à l'arc, nous entrons dans l'immense domaine des rites religieux, depuis la prière et les récits symboliques des grands mythes originels, les Écritures sacrées et les épopées, jusqu'aux détails minutieux des processions, des circumambulations et des liturgies – sacrifice de la messe, *pujâ*[14] ou rite calumétique – qui, sur toute la surface de la terre, règlent les activités des hommes en « attente de Dieu », ordonnent leurs gestes et leurs paroles. Nous n'avons pourtant pas encore épuisé le champ du symbolisme, car il faut lui adjoindre aussi le domaine des sciences traditionnelles, qui en font un usage constant : métaphysique (que l'on songe simplement au symbolisme de la caverne de Platon), théologie, cosmologie, astrologie, alchimie, arithmologie, géométrie; et aussi le domaine des pratiques médicales et divinatoires, sans compter la magie et la théurgie, et enfin, au degré le plus bas, les diverses formes de sorcellerie.

Section 3 La nature du signifiant comme principe de classification

Tels sont les grands domaines qui constituent le champ du symbolisme : art, artisanat, société, religion, sciences, techniques, chacun de ces domaines devant d'ailleurs se subdiviser en domaines plus particuliers, et pouvant se combiner avec beaucoup d'autres. Ces domaines mettent en jeu une masse énorme de symboles, qui, du reste, ne sont pas toujours identifiables en unités distinctes : ils se présentent bien souvent sous la forme de constellations. On peut sans doute organiser

14. Le terme sanscrit *pujâ* signifie « culte », « acte d'adoration ».

cette masse de diverses manières, et les symbologistes ont proposé maintes classifications, selon le principe adopté. Certaines de ces classifications sont fort élaborées [15], aucune n'est satisfaisante et n'a recueilli l'unanimité des spécialistes. Elles se réfèrent tantôt à un principe psychologique (Durand, Freud, Jung), tantôt à un principe sociologique (Dumézil et la tripartition dès fonctions sociales), tantôt à un principe cosmologique (Bachelard et la quadripartition des éléments), tantôt à une combinaison de ces différents principes [16]. Comme on le voit, ces classifications, qui ont toutes leur bien-fondé, impliquent une certaine théorie du symbole. C'est leur mérite, mais aussi leur faiblesse, Il nous semble au contraire qu'il est possible d'établir une classification *positive*, c'est-à-dire qui ne s'appuie que sur les données observables que nous fournit le champ du symbolisme. Or, quel que soit le domaine considéré, quel que soit l'usage que l'on fait du symbole, quel que soit le motif qui a conduit à son emploi, quels que soient les hommes qui s'en servent, quels que soient le lieu et le temps, toutes les entités symboliques et toutes les constellations de symboles comportent une « face visible » (quelle que soit la nature de cette visibilité), celle du signifiant. C'est donc en fonction de la nature du signifiant qu'on peut distinguer les différentes classes de symboles, et cela ne saurait nous étonner, puisque, comme nous l'avons montré, un symbole c'est d'abord la présentification d'une essence dans la nature d'un signifiant. Tout symbole est une entité appartenant à un certain degré d'existence, signifiant, par correspondance ontologique, tous les degrés supérieurs. D'autre part, nous ne devons pas oublier que le symbole s'adresse à l'homme : c'est là sa raison d'être, à l'homme tel qu'il est effectivement. Par conséquent, ce sont les diverses modalités de l'être ou de la réalité dont la conscience humaine a connaissance ou dont elle fait l'expérience, qui pourront servir de signifiant, c'est-à-dire de point de départ pour l'ascension anagogique qu'implique le symbole. Tout ce qui est réel pour la conscience humaine actuelle peut être pris comme signifiant symbolique ; et, par conscience actuelle, nous entendons celle que possède tout homme dans son état actuel d'existence. Notre conclusion, d'ailleurs, n'est pas seulement en accord avec les analyses précédentes, elle s'impose aussi avec une certaine évidence : dès lors que le symbolisme consiste à prendre une réalité

---

15. Nous songeons plus spécialement à celle que Gilbert Durand nous expose dans *Les structures anthropologiques de l'imaginaire*, Bordas, 1969, pp. 45-51.

16. On trouvera un exposé des différents systèmes dans l'introduction que Jean Chevalier a donné au *Dictionnaire des symboles* (Seghers, 1973), t. I, pp. XXXV-XLI.

d'un certain ordre pour en signifier une autre d'un ordre supérieur, il est clair qu'il il y aura autant de classes d'éléments symboliques qu'il y a de modalités du réel pour l'être qui institue la relation symbolique, c'est-à-dire l'homme. Autrement dit, le *matériau* dont est constitué le signifiant symbolique est nécessairement emprunté aux diverses modalités du réel dont l'homme a conscience, et par conséquent les classes de symboles varieront en fonction de la nature de ce matériau. Tel est, nous semble-t-il, le principe de la première classification dès symboles, de la plus élémentaire; elle n'exclut pas d'autres classifications qui peuvent s'y superposer, ou, éventuellement la recouper diversement. Nous l'avons noté, aucune classification n'est parfaite et n'épuise le champ du symbolisme ni ne l'ordonne d'une manière définitive.

Or, pour la conscience de l'homme ordinaire, il existe trois modalités du réel : le réel perçu, le réel conçu (ou pensé), le réel senti ou, plutôt, le réel vécu. Le réel, c'est ce que nous percevons avec nos sens, ou qui est inséparable de cette perception, c'est ce que nous pensons avec notre esprit, c'est ce que nous vivons avec notre sensibilité, intérieurement ou extérieurement. Évidemment, l'homme étant un être un, ces trois modalités du réel s'interpénètrent : le perçu est aussi pensé et vécu, et de même pour les autres modalités. Cependant, il est légitime de les distinguer en fonction de la modalité prédominante du réel qui polarise la conscience, et autour de laquelle tout le reste s'organise. Dans la perception, la conscience du réel est donnée par la perception elle-même, ou, en tout cas, à l'occasion de la perception, ce qui est conçu et vécu étant alors présent par implication : le réel perçu, c'est de l'objectif extérieur. Le réel pensé, c'est de l'objectif intérieur, ou plutôt, c'est de l'objectif qui est posé en dehors d'un cadre spatio-temporel *déterminé*. Le réel vécu (senti ou agi), c'est du subjectif, de l'existentiel, de l'humain, si l'on veut (car le perçu est aussi bien animal, et le pensé ou conçu, non l'acte même du mental évidemment, est non-déterminé ou encore universel), mais c'est du subjectif interne (les sentiments, l'affectivité en général), ou du subjectif externe (les gestes et l'activité en général) : à cet égard, le vécu réalise une sorte de synthèse du perçu et du conçu, ou plutôt, il est comme une modalité intermédiaire. Il est vrai qu'on oublie souvent cette modalité du réel, et pourtant le vécu est bien une réalité, même si son caractère subjectif semble en contradiction avec le caractère objectif et stable que nous attribuons à ce qui est réel. Mais en fait, *pratiquement*, c'est bien de cette modalité du réel que nous tenons instinctivement le plus grand compte, comme d'ailleurs l'a montré abondamment la psychologie moderne.

Maintenant nous devons observer que la conscience du réel est toujours double. Le réel, qu'il soit perçu, pensé ou vécu, se manifeste à nous sous deux formes : soit comme être, ou substance, ou unité, soit comme relation. Ainsi du réel perçu : nous connaissons par nos sens des êtres comme l'arbre, le cheval, l'eau, le ciel, la pierre, etc., mais aussi, quoique indirectement, les relations que ces êtres, ou substances peuvent soutenir entre eux, particulièrement les relations de coexistence et de succession ou de mouvements nombrés (ou rythmés), c'est-à-dire l'espace et le temps, qui sont des conditions d'existence du réel perçu. Il est vrai que ces relations ne sont pas perçues en elles-mêmes : on ne voit pas l'espace ou le temps, qui, comme tels, sont plutôt des concepts. Mais on perçoit cependant l'étendue et la durée, au moins d'une certaine manière, comme un *continuum* donné avec les choses elles-mêmes et lié, soit à leur présence réciproque, soit à leur mouvement, développement ou processus.

De même le réel pensé se présente soit sous la forme de termes abstraits, d'unités objectives : ainsi les concepts d'homme, d'animal, de matière, de triangle, etc., soit sous la forme de relations proprement dites : relations d'ordre, de position, de grandeur, de quantité, d'opposition, etc.

Enfin le réel vécu offre, lui aussi, une dualité d'aspects analogue : le vécu interne consiste essentiellement dans les thèmes affectifs, identifiables dans leur singularité : l'amour, la haine, la joie, la tristesse, la colère, la miséricorde, etc., tandis que le vécu externe consiste dans toutes les formes de l'activité, laquelle est inséparable du corps et peut se ramener abstraitement à un schéma de relations : le type en est le geste qui est une relation, ou un complexe de relations, accomplie par le corps. Le réel affectif et le réel agi sont d'ailleurs, d'une certaine manière, opposés l'un à l'autre : un sentiment est réel, constitue une nature, lorsqu'il est subi. Au contraire, le geste ou l'acte est réel dans la mesure où l'homme le réalise, le fait être. L'acte est une réalité dont l'homme est le créateur, alors que le type habituel du réel, c'est ce qui est indépendant, qui s'impose à nous. Cependant, ce qui constitue la réalité d'un acte, c'est aussi la norme, le modèle, la structure que l'acte incarne dans le temps et l'espace. Au demeurant, affectivité et activité ont cela d'e commun qu'elles sont effectivement toutes deux vécues, et même qu'elles constituent notre vie.

Nous sommes donc conduit à distinguer six sortes de matériaux qui pourront entrer dans la constitution du signifiant symbolique, groupés en trois catégories distinctes, ce qui donnera six sortes de signifiants symboliques élémentaires, groupés en trois classes fondamentales. La dénomination de ces trois classes pose d'ailleurs des problèmes insolubles, et celle à laquelle nous nous sommes arrêté n'est qu'un pis-aller.

Selon la modalité du réel perçu, on pourra définir la classe des constituants symboliques concrets, ou naturels, ou macrocosmiques : ce sont tous les symboles dont le signifiant est constitué, soit par un être de la nature, un être corporel, c'est-à-dire qui existe comme tel dans la nature (floraire, bestiaire, lapidaire, éléments cosmiques, astres, etc.), soit par une réalité relationnelle, l'étendue ou la durée (l'horizon, le bas, le haut, le jour, la nuit, les saisons, etc.).

Selon la modalité du réel pensé, on pourra définir la classe des constituants symboliques abstraits, ou culturels (traditionnels), ou a-cosmiques. Ces dénominations ne sont pas satisfaisantes, parce que d'une part ces signifiants symboliques ont toujours, en fin de compte, un modèle naturel, et que, d'autre part, leur caractère abstrait ne les empêche pas d'être sensibles, d'une certaine manière, soit au sens propre du terme, soit au sens d'une idée contemplée dans son contenu qualitatif, sa réalité objective. Si nous considérons par exemple une figure géométrique (croix, triangle, étoile, etc.), il est clair que ce signifiant symbolique n'existe pas tel quel, (c'est-à-dire comme figure géométrique) dans la nature, car la forme y est toujours conjointe à une « matière ». C'est pourquoi il mérite le qualificatif de traditionnel, puisqu'il est présenté seulement par la tradition culturelle. Quant au qualificatif d'abstrait, il ne le mérite qu'au sens où ce terme signifie « tiré de », « considéré à part », puisqu'une telle forme trouve bien un modèle dans des structures corporelles, par exemple dans des cristaux de neige, mais est précisément considérée pour elle-même, à part des êtres naturels où elle est réalisée. On voit qu'*abstrait,* ici, ne s'oppose pas à *sensible.* L'exemple serait encore meilleur si nous parlions d'une couleur. Comme telle, la couleur n'existe pas dans la nature, où il n'y a que des objets colorés. Elle entre pourtant à titre de constituant dans une multitude de symboles; c'est donc un signifiant élémentaire abstrait, mais qui garde son caractère de qualité sensible. Il en va de même pour le son musical : c'est une réalité sensible ou perceptible, mais qui n'existe pas telle quelle dans la nature : c'est un produit de la culture, c'est pourquoi il mérite d'être appelé abstrait[17]. Ainsi, encore qu'il soit toujours possible de leur trouver un modèle naturel, c'est bien en tant qu'éléments culturels que ces constituants entrent dans la composition des signifiants symboliques. La difficulté consiste, ici, à distinguer les entités et les relations, parce que la plupart des éléments de cet ordre, à cause de leur appartenance à un *système* culturel, se présentent nécessairement sous un double aspect : entitatif et relationnel. Tel est le cas des nombres, des lettres, des idéogrammes, des signes alchimiques ou astrologiques, des sons musicaux et vocaux, voire des couleurs, mais enfin et surtout des *formes de langage* (vocabulaire et syntaxe) – que l'on songe au « style oral » du P. Jousse – et des récits mythiques (mythèmes et structures) – que l'on songe aux analyses de Lévi-Strauss – qui constituent la classe majeure des symboles traditionnels. Cependant, l'élément *relation* peut être aussi envisagé pour lui-même, lorsqu'il s'agit des rapports quasi mathématiques qu'on peut trouver dans la peinture sacrée, l'ornementation, la statuaire, l'architecture. Cet élément prend alors généralement le nom de proportion, et l'on ne peut nier son caractère symbolique fondamental quand on étudie, fût-ce brièvement, la métrologie des monuments religieux[18]. En musique, en chant, en danse, la proportion des temps se nomme rythme et son rôle y est aussi fondamental que celui des proportions en architecture. Au reste, c'est dans cette classe de symbolisants que la

17. Ces remarques trouvent leur confirmation dans l'usage apparemment antinomique que la langue ordinaire fait des termes « abstrait » et « concret », à propos de l'art. On parle de musique concrète et de peinture abstraite, et l'on a raison. Si la musique concrète, qui utilise des bruits « naturels », est ainsi qualifiée, c'est que la musique ordinaire, qui utilise des sons « artificiels », est considérée comme abstraite, au sens que nous avons précisé. De même, si une peinture qui utilise les formes et les couleurs pour elles-mêmes, en sorte qu'elles constituent l'objet même de l'œuvre d'art, est qualifiée d'abstraite, c'est parce que ces éléments y sont considérés à part et en eux-mêmes, alors que la peinture ordinaire (et par conséquent concrète) les envisage toujours comme enveloppe des choses. En réalité d'ailleurs, la musique la plus abstraite comporte des moments concrets (et inversement, puisque l'arrangement des bruits est abstrait). Et de même la peinture la plus concrète joue avec les couleurs et les formes pour elles-mêmes. Au reste, il est intéressant de constater que la peinture est directement concrète et la musique directement abstraite, ce qui se réfère à la a fonction extériorisante de la vue, et intériorisante de l'ouïe. Nous croyons spontanément que le regard va vers les choses, tandis que les sons entrent dans l'oreille. Physiquement c'est inexact; les rayons lumineux entrent aussi dans l'œil. Mais l'œil est mobile, tandis que l'oreille est solidaire de la tête. Par ailleurs nous pouvons fermer les yeux : l'œil est maître de son pouvoir de regarder. Nous ne pouvons fermer nos oreilles.

18. On connaît les travaux de Matila C. Ghyka sur cette question *(Esthétique des Proportions dans la Nature et dans L'Art,* N.R.F., 1927; *Le nombre d'or*, N.R.F., 1931). Nous aimerions aussi rendre hommage à un chercheur modeste et peu connu, le colonel Ferraci, qui, jus q u'à son dernier souffle, poursuivit des travaux de métrologie du plus haut intérêt. Ses publications sont malheureusement peu nombreuses et dispersées dans des revues confidentielles.

relation apparaît sous sa forme propre, dans son essence. Pourtant, comme on pourra le constater, elle ne s'y réduit nullement à un être de raison, mais y jouit de cette naturalité foncière que requiert, nous l'avons vu, tout constituant symbolique.

Selon la modalité du réel vécu, enfin, on pourra distinguer la classe des constituants symboliques psycho-corporels, ou humains, ou microcosmiques, dénominations aussi peu satisfaisantes que les précédentes, et que nous employons faute de mieux On y trouve également la dualité entité-relation, mais seulement sous la forme des états psychiques, d'une part, et sous celle de la gestualité d'autre part. L'existence d'un constituant symbolique de nature psychique surprendra peut-être; toutefois il en existe des attestations indubitables. Nous citerons, pour nous en tenir à des données bien connues, l'amour humain qui, dans le Cantique des Cantiques, ou encore chez S. Paul (Eph. V, 22-33), est pris comme symbole de l'union du Principe divin avec l'âme humaine ou avec la communauté religieuse, les larmes, symbole alchimique de la liquéfaction du cœur, l'état d'enfance pris comme symbole de l'innocence spirituelle et de la foi, etc. En bref, il n'est pas un sentiment humain, pas une attitude humaine qui ne puisse devenir constituant du signifiant. Sans doute ces états psychiques, ces sentiments et attitudes ne sont pas des entités au sens propre du terme. Mais ils n'entrent dans la composition des symboles qu'à raison de leur unité thématique spécifique, de leur « essence », ou naturalité foncière. Nonobstant l'ambivalence générale des sentiments humains que les cultures ont toujours connue, les divers états et qualités psychiques ou psycho-corporels de l'homme individuel présentent généralement une homogénéité suffisante pour pouvoir jouer le rôle d'éléments fondamentaux du symbolisme. Beaucoup de classifications oublient cette sorte d'éléments; et cependant que l'on songe à la richesse sémantique du couple masculin-féminin comme signifiant symbolique, et l'on mesurera son importance [19].

Il nous reste enfin à dire un mot de la gestualité. Elle est proprement humaine, puisque le corps humain en est le seul instrument. Il peut sembler paradoxal de la compter parmi les matériaux élémentaires des signifiants symboliques, puisqu'il s'agit d'un acte corporel, d'un mouvement,

19. Nous nous référons en particulier au symbole extrême-oriental du *yin-yang*, dont la signification est quasi universelle. L'erreur de la psychanalyse freudienne n'est pas d'avoir attiré l'attention sur la polarité sexuelle; c'est d'avoir considéré cette sexualité comme le signifié premier et fondamental, la clef et le contenu de tous les messages symboliques (parce qu'inconscients) de la psyché humaine, *ce que* veut dire tout langage symbolique. En réalité la sexualité est elle-même un langage, elle appartient à l'ordre des signifiants, et *ce qu'*elle veut dire n'est pas d'ordre *essentiellement* sexuel, ou plutôt l'essence de la sexualité ne se réduit pas à l'accidentalité de ses manifestations physiologiques.

et que la notion de matériau évoque plutôt des idées de stabilité et d'immobilité. La chose est pourtant incontestable, comme le prouve la danse et la plupart des rites, du signe de croix ou de la bénédiction aux métanies grecques et aux *mudrâ* ou aux *âsana* des Hindous. Elle est si fondamentale qu'on a pu y voir le matériau essentiel de tous les symboles, celui auquel on pouvait ramener tout le reste. C'est en particulier l'opinion de R. Guénon, qui écrit : « le symbole, entendu comme figuration "graphique" ainsi qu'il l'est le plus ordinairement, n'est en quelque sorte que la fixation d'un geste rituel »[20]. Il fait allusion, ici, à l'importante question des *tracés rituels,* qui régit la réalisation de tous les symboles traditionnels, non seulement celle des *yantra* (ou diagrammes ésotériques), mais aussi celle de l'architecture sacrée : dans le cas du temple hindou, par exemple, le plan de l'édifice est tracé sur le sol selon un rite précis et compliqué, qui se réfère d'ailleurs au « sacrifice de *Purusha* », et qui fixe dans l'espace consacré les rythmes des corps célestes[21]. On trouverait des règles semblables dans la construction des églises médiévales et, en tout cas, dans le rite de la *dédicace*[22]. Au reste, Lanza del Vasto a pu soutenir l'existence d'un sens du tracer, « ou sens du mouvement et de la direction, qui ne se réduit à aucun des autres, ni à leur combinaison »[23].

20. *Aperçus sur l'initiation*, p. 116.

21. Nous ne pouvons présentement nous étendre sur ce point Nous renvoyons à l'étude de T. Burckhardt, « La genèse du temple hindou », dans *Principes et méthodes de l'an sacré*, éd. Derain, Lyon, 1958, pp. 17-59. Cette étude s'appuie en particulier sur les travaux de Stella Kramrisch (*The Hindu Temple*, Calcutta, University of Calcutta, 1946). Parmi la multitude d'ouvrages qu'on peut lire sur l'art sacré, celui de Burckhardt nous paraît peut-être le plus essentiel.

22. On pourra vérifier, en comparant les indications données par T. Burckhardt et celles données par Jean Hani (*Le symbolisme du temple chrétien*, éd. de la Colombe, 1962. pp. 28-35) pour l'église médiévale, que les procédés de fixation du plan de l'édifice et de son orientation sont rigoureusement identiques de part et d'autre; cf. également, le *Dictionnaire d'archéologie et de liturgie* au mot *Dédicace.*

23. *La Trinité spirituelle*, Denoël, 1971, pp. 41-42. Dans *Aperçus sur l'initiation*, p. 116, R. Guénon affirme qu'il n'y a que deux catégories de symboles : sonores ou visuels (les *mantra* et les *yantra*), les symboles gestuels rentrant dans la catégorie des visuels (sauf la parole). Nous ne pouvons accepter cette réduction. Assurément un geste est visible, par exemple un signe de croix. Mais cette visibilité n'est pas sa propriété spécifique, son matériau constituant : elle est une conséquence secondaire de sa corporéité, qui peut être prise, ou non, en considération. Un symbole gestuel aussi important que le *samâ* (concert spirituel et danse des derviches tourneurs) est souvent accompli les yeux baissés ou complètement fermés (cf. Eva de Vitray-Meyerovitch, *Rûmi et le soufisme,* Seuil, 1977, pp. 124-125). D'autre part, il faut bien tenir compte des symboles abstraits : un nombre n'est ni visuel; ni auditif; c'est pourtant un symbole, une « figure of thought » selon l'expression de A.K. Coomaraswamy.

Il faut également ranger dans la catégorie de la gestualité l'immense domaine de l'activité humaine, laquelle fournit le contenu principal des récits mythiques ou *gestes sacrées.* Il ne s'agit plus ici des formes de langage qui font partie des constituants culturels, mais de signifiants directement humains, liés à notre nature psycho-corporelle. Un acte est évidemment une relation, ou un enchaînement de relations dynamiques; on pourrait toutefois l'analyser en unités élémentaires, les « praxèmes », correspondant aux mythèmes lévi-straussiens, mais vus du côté de *ce dont parle* le mythe, et non plus du côté du discours lui-même. Ces praxèmes, et leur enchaînement dans une histoire, ne figurent dans le mythe qu'au titre de leur valeur symbolique. Leur rapport à la parole est d'ailleurs essentiel, puisque, comme nous l'avons dit, d'une part la parole est un geste minimal, d'autre part elle constitue le mode d'expression le plus approprié à la présentification d'un acte.

Section 5 Les deux principes limitatifs du champ symbolique

Telle est, brièvement exposée, notre classification dès signifiants symboliques. On lui objectera sans doute son caractère d'extrême généralité : si toute réalité peut devenir symbole, le champ du symbole recouvre le champ du réel, et classer des symboles revient à classer les différentes catégories du réel. Nous l'accorderons. Cependant, il existe deux principes qui restreignent ce champ, ou qui le déterminent, principes que nous avons déjà posés au départ en montrant que le symbole est un signe mixte, et que nous rappellerons pour terminer. Le premier est le principe de naturalité, le second celui d'institutionnalité ou de sacralité, le second opérant sur la base du premier. Ce qui *a priori* rend un signifiant apte à sa signification, c'est d'abord sa naturalité : voilà le *critère essentiel et décisif;* c'est ensuite le *fait* qu'il est choisi, par l'institution sacrée ou traditionnelle, pour un tel usage, aucune institution ne mettant en jeu l'intégralité des signifiants possibles. Autrement dit, le principe de naturalité définit la totalité du champ des signifiants symboliques, opérant ainsi une première sélection dans l'ensemble des réalités dont nous faisons l'expérience, à un titre quelconque. Le principe de sacralité opère une seconde sélection, selon la nature et les exigences de la forme religieuse considérée. C'est ainsi que la danse sacrée est à peu près absente de la perspective chrétienne [24], tan-

24. David dansait pourtant devant l'arche. Sainte Thérèse d'Avila, dit-on, faisait danser les moniales, au rythme du tambourin. Mais il est significatif qu'un ouvrage collectif comme *Les danses sacrées,* éd. du Seuil, 1963, coll. « Source orientales », ne contienne aucune étude sur le christianisme.

dis que l'architecture l'est de certaines traditions nomades, par exemple celle des Peaux-Rouges.

Ces deux principes encadrent tout le champ symbolique. Mais, si le second, qui relève du fait institutionnel, n'offre aucune difficulté d'application (est signifiant symbolique tout ce dont une tradition fait un usage symbolique), il n'en va pas de même du premier. Pour que la naturalité puisse déterminer le champ du symbole, il faudrait pouvoir définir ce qui est naturel et ce qui ne l'est pas. Et la pensée moderne est prompte à se gausser du recours naïf à une indéfinissable nature. La solution à la difficulté ainsi soulevée est fournie par la notion de « relativement absolu »[25]. Sous prétexte qu'on ne peut trouver quelque chose qui soit absolument naturel (dans l'ordre de l'expérience humaine), on en conclut à l'abandon de la notion de nature (c'est-à-dire, au fond, de non-humain). Or, comme le dit F. Schuon : « Il ne peut y avoir un "absolument relatif", mais il y à un "relativement absolu" en vertu duquel les déterminations essentielles gardent sur le plan du relatif toute leur rigueur, du moins sous le rapport du contenu qualitatif »[26]. Autrement dit, s'il est vrai que toute forme est relative, il n'en résulte pas pour autant que la différence entre deux formes soit purement relative, sinon d'ailleurs elle n'existerait pas. En vertu même de son infinité, l'Absolu ne peut pas ne pas se refléter, positivement ou négativement, dans les formes relatives. Ainsi la différence entre une forme naturelle et une forme artificielle est relativement absolue. Absolue, parce que la forme naturelle est celle en qui se reflète plus directement la nature ou essence de la chose ou de l'espèce à laquelle elle appartient. Relativement parce qu'il s'agit d'un reflet et donc d'une approximation qui comporte des degrés. Comme pour le problème du sorite, il vient un moment où la forme, en se compliquant, ne révèle plus rien de l'essence et ne manifeste plus que l'ingéniosité humaine. Un drap de lin est plus proche de l'essence de la toile qu'une étoffe en matière plastique. Qui ne le voit pas ne comprendra jamais rien au symbole sacré. C'est également pourquoi le nombre 6 ou 8 est symbolique, alors qu'un grand nombre ne l'est pas, à moins qu'on ne le ramène à des formes numériques moins quantitatives et plus naturelles. La différence de l'un à l'autre est relativement absolue. Pareillement, tous les gestes ne sont pas symboliques. Seuls le sont ceux qui répondent à une norme, à un schème directeur prototypique, et, finalement, à un modèle divin. Ainsi

---

25. Cette notion a été formulée et exposée à maintes reprises par Frithjof Schuon. On la trouve pour la première fois dans *Les stations de la sagesse*, éd. Buchet-Chastel, coll. « La Barque du Soleil », 1958, pp. 31-34 et 40-44.

26. *Op. cit.*, p. 33.

du *yoga*, l'une des plus importante gestualité sacrée qui soit : « Il est dit que Shiva, au commencement, créa les espèces (de *yoga)* en prenant toutes les postures ». Et il y en a huit millions quatre cent mille [27]. On vérifie d'ailleurs ici la nature relationnelle de la gestualité symbolique. Le *hatha-yoga*, en effet, met en œuvre le corps subtil, qui est décrit comme un diagramme de centres nodaux unis par des canaux invisibles. Les différentes postures font varier les figures que composent ces points nodaux, en ordonnant ces points, les uns par rapport aux autres, selon des relations chaque fois nouvelles. Ainsi, le critère de la naturalité du signifiant suffit-il pour opérer une première sélection des constituants possibles, et pour réfuter l'objection que nous avons soulevée.

Nous en avons donc terminé avec l'exposé de notre théorie de la classification des symboles. Il s'agit, notons-le encore une fois, d'une classification des *constituants* du signifiant symbolique, et non des symboles eux-mêmes. Un symbole, en effet, se présente toujours, ou presque toujours, comme constitué de plusieurs signifiants, appartenant à des catégories différentes, d'autant que l'unicité (ou l'individualité) du symbole est variable. Quand on parle d'*un* symbole, on désigne en général un complexe symbolique, dont l'unité est d'ordre essentiellement traditionnel : c'est l'institution sacrale qui le constitue comme *un* symbole, et non l'unicité des signifiants qui le composent. Nous l'avons montré clairement sur l'exemple de l'icône de Roublev. C'est là, pensons-nous, que réside la cause majeure des variations dans la classification des symboles : suivant le constituant considéré comme dominant, le même symbole sera classifié différemment, parce que, en réalité, toutes les classes de symboles sont « communicantes ». Sans rejeter de telles classifications, nous croyons cependant qu'on aurait intérêt à poursuivre l'analyse jusqu'aux constituants élémentaires, ainsi que nous avons tenté de le faire.

Au demeurant, on aura sans doute remarqué que cette classification des constituants symboliques en trois catégories fondamentales, correspond à la triple articulation de la métaphysique du symbole telle que nous l'avions dégagée au terme de notre eidétique : les symboles de la forme concrète réfèrent directement à une ontologie du symbole; ceux de la forme abstraite ou mentale réfèrent à une noétique; ceux de la forme humaine (psychique et corporelle) réfèrent à une rituélique. Par là, l'analytique du symbole rejoint l'éidétique et la confirme [28].

---

27. Alain Daniélou, *Yoga. Méthode de réintégration*, éd. de l'Arche, 1951, p. 41.
28. Cf. *supra*, p. 89, n. 4.

CONCLUSION GÉNÉRALE

LE SYMBOLE EST UN OPÉRATEUR SÉMANTIQUE

Si nous tentons maintenant de définir l'appareil symbolique tel que nous venons de le dessiner dans les pages précédentes, afin d'exprimer l'idée générale qui se dégage d'une si longue analyse, nous dirons qu'il est essentiellement un opérateur sémantique.

Nous entendons par là qu'un symbole fonctionne comme un appareil qui produit du sens, ou, plus exactement, comme un appareil capable de transformer l'ontologie en sémantique, parce qu'il a d'abord transformé le sémantique en ontologie, ou, si l'on veut, parce que, semblable à la chlorophylle des plantes, il a su fixer la lumière de l'intelligible dans sa propre matière, et la restituer sous la forme d'une signifiance illimitée.

Sans doute cet opérateur sémantique ne fonctionne-t-il que devant une intelligence. Mais c'est lui qui « produit » le sens et non l'herméneute. C'est lui qui éveille la conscience humaine à la réalité de l'invisible Transcendance, lui révélant, en même temps, et son intériorité spirituelle, et l'extériorité innombrable du monde créé, arrachant définitivement notre existence à sa contingence et à son absurdité pour la faire entrer dans l'univers infini de l'Esprit. Véritable « convertisseur » cosmique, l'alchimie de sa présence transforme en or de gloire la poussière des choses. Fécondant l'intelligence attentive à épouser l'ordre de sa nature, il développe inépuisablement sous sa lumière les merveilles de son énergie sémantique et lui enseigne le chant de la Beauté suprême.

Tel est le mystère du signe symbolique, structure dynamique, forme active et transformante, étincelle tombée du Ciel et qui consume la substance du monde afin de la ramener à son Principe. Comme des points rougeoyants brûlant çà et là, les symboles préparent l'incendie cosmique qui illuminera la création tout entière à la soudaine clarté du *Logos.*

INDEX DES NOMS

TABLE DES MATIÈRES

IIe PARTIE
ANALYTIQUE DU SYMBOLE SELON SA STRUCTURE

Collection Théôria

dirigée par Pierre-Marie Sigaud
avec la collaboration de Bruno Bérard

OUVRAGES PARUS :

Jean Borella, *Problèmes de gnose*, 2007
Wolfgang Smith, *Sagesse de la cosmologie ancienne – Les cosmologies traditionnelles face à la science contemporaine*, 2008
Françoise Bonardel, *Bouddhisme et philosophie – En quête d'une sagesse commune*, 2008
Jean Borella, *La crise du symbolisme religieux*, 2008
Jean Biès, *Vie spirituelle et modernité*, 2008
David Lucas, *Crise des valeurs éducatives et postmodernité*, 2009
Kostas Mavrakis, *De quoi Badiou est-il le nom ? Pour en finir avec le (XXe) siècle*, 2009
Reza Shah-Kazemi, *Shankara, Ibn 'Arabî et Maître Eckhart – La voie de la Transcendance*, 2010
Marco Pallis, *La Voie et la Montagne – Quête spirituelle et bouddhisme tibétain*, 2010
Jean Hani, *La royauté sacrée –* Du *pharaon au roi très chrétien*, 2010
Frithjof Schuon, *Avoir un centre*, 2010
Patrick Ringgenberg, *Diversité et unité des religions chez René Guénon et Frithjof Schuon*, 2010
Kenryo Kanamatsu, *Le Naturel – Un classique du bouddhisme Shin*, 2011
Frithjof Schuon, *Les stations de la sagesse*, 2011
Jean Borella, *Amour et Vérité – La voie chrétienne de la charité*, 2011
Patrick Ringgenberg, *Les théories de l'art dans la pensée traditionnelle – Guénon, Coomaraswamy, Schuon, Burckhardt*, 2011
Jean Hani, *La Divine Liturgie*, 2011
Swami Śri Karapatra, *La lampe de la Connaissance non-duelle*, suivi de *La crème de la Libération*, attribué à **Swami** Tandavarya, suivis d'un inédit, *La Connaissance du soi et le chercheur occidental* de **Frithjof** Schuon, 2011
Paul Ballanfat, *Messianisme et sainteté – Les poèmes du mystique ottoman Niyâzî Mısrî, (1618-1694)*, 2012
Frithjof Schuon, *Forme et substance dans les religions*, 2012

Jean Borella, *Penser l'analogie*, 2012

Jean Borella, *Le sens du surnaturel*, 2012

Paul Ballanfat, *Unité et spiritualité – Le courant Melamî-Hamzevî dans l'Empire ottoman*, 2013

Michel d'Urance **& Guillaume** de Tanoüarn, *Dieu ou l'éthique – Dialogue sur l'essentiel*, 2013

Le Śrimad Bhāgavatam – La Sagesse de Dieu, résumé et traduit du sanskrit par Swāmi Prabhavānanda, traduit de l'anglais par Ghislain Chetan, 2013

Frithjof Schuon, *De l'unité transcendante des religions*, 2014

Gilbert Durand, *La foi du cordonnier*, 2014

Robert Bolton, *Les âges de l'humanité – Essai sur l'histoire du monde et la fin des temps*, traduit de l'anglais par Jean-Claude Perret, 2014

Mahmut Erol Kiliç, *Le soufi et la poésie – Poétique de la poésie soufie ottomane*, traduit du turc par Paul Ballanfat, 2015

John Paraskevopoulos, *L'appel de l'Infini – La voie du bouddhisme Shin*, traduit de l'anglais par Ghislain Chetan, préface de Patrick Laude, 2015

Jean Borella, *Aux sources bibliques de la métaphysique*, 2015

Frithjof Schuon, *Christianisme / Islam – Visions d'œcuménisme ésotérique*, 2015

Frithjof Schuon, *De tout cœur et en l'Esprit, Choix de lettres d'un Maître spirituel*, 2015

Religion aux éditions L'Harmattan

Dernières parutions

PENSER LA LAÏCITÉ DANS LES PAYS ARABES
De la Renaissance arabe à nos jours
Benzenine Belkacem
L'élaboration de l'idée de laïcité est une démarche pour dépasser l'Histoire et s'ouvrir à l'époque présente. Telle est la conception des penseurs arabes libéraux du principe de la séparation entre le politique et le religieux. En posant la question de la laïcité à partir d'une réflexion philosophique et non religieuse, les penseurs arabes ont voulu sortir de la clôture qu'impose la pensée classique.
(Coll. Penser le temps présent, 35.00 euros, 340 p.)
ISBN : 978-2-343-00990-2, ISBN EBOOK : 978-2-336-36640-1

DE VERITAE
Essai sur les langages de la foi
De Borchgrave Rodolphe
Quelle est la signification de «vérité» ? Comment ce concept est-il entré dans le langage chrétien sur Dieu et les choses divines ? Cet usage est-il encore légitime aujourd'hui ? Une première partie est consacrée à la généalogie de la «vérité» et de son usage dans le langage chrétien, aux causes et au développement de la crise ainsi qu'aux réactions souvent malhabiles de l'institution. Une seconde partie analyse les caractéristiques linguistiques et s'interroge sur la possibilité d'y conserver une référence à la «vérité».
(Coll. Religions et Spiritualité, 18.00 euros, 180 p.)
ISBN : 978-2-343-04903-8, ISBN EBOOK : 978-2-336-36507-7

POUR VIVRE SON COUPLE DANS LA FOI
Beitia Philippe
Cet ouvrage propose de guider les couples chrétiens qui veulent vivre leur mariage dans la foi en abordant le thème du mariage comme sacrement, de la sexualité, du pardon, du dialogue. Pour cela, il est proposé une lecture des grandes lignes de l'enseignement du Père Caffarel, fondateur du mouvement de spiritualité conjugale que sont les Équipes Notre-Dame, complétée de témoignages d'équipiers.
(Coll. Religions et Spiritualité, 11.50 euros, 96 p.)
ISBN : 978-2-343-05398-1, ISBN EBOOK : 978-2-336-36738-5

JÉSUS ET LA MALADIE DANS L'ÉVANGILE DE JEAN
Ahiwa Jacques Assanvo - Préface de Michèle Morgen
L'évangile de Jean a une manière particulière de mettre en relief les maladies auxquelles Jésus se trouve confronté. Loin d'en faire une approche doloriste, le rédacteur essaie de montrer comment ces maladies peuvent être l'occasion pour l'oeuvre de Dieu de se manifester. Cette étude tente, à partir du rapport de Jésus à la maladie, de suivre les chemins tracés dans le récit par le narrateur, pour mener le lecteur à la découverte du message théologique qu'il veut lui communiquer.
(Coll. Religions et Spiritualité, 38.50 euros, 392 p.)
ISBN : 978-2-343-03804-9, ISBN EBOOK : 978-2-336-36602-9

RÉFLEXIONS SUR L'ÉGLISE CATHOLIQUE EN AFRIQUE
Djereke Jean-Claude - Préface de Kä Mana
«La force de la voix qui crie dans ce livre, c'est de considérer la nation ivoirienne, la société africaine et l'Église de Dieu, qui est en Afrique, du point de vue de la vérité de l'Évangile afin de parler

comme devrait parler de nos jours tout vrai prophète : directement, fortement, rageusement, sans concession, mais toujours dans le but de montrer ce qui compte vraiment dans la vie». Kä mana
(Coll. Afrique liberté, 20.00 euros, 202 p.)
ISBN : 978-2-343-04580-1, ISBN EBOOK : 978-2-336-36619-7

FONCTIONS ET DÉFIS DU PASTEUR DANS L'AFRIQUE CONTEMPORAINE
Zacka Jimi P.
Le ministère pastoral connaît de profondes crises aujourd'hui en Afrique. L'auteur tente d'identifier les défis, d'élucider les fonctions pastorales et de clarifier les multiples tâches assignées au pasteur à travers l'analyse des textes bibliques. Le but de cet ouvrage est de proposer un parcours biblique qui permette d'entrevoir quelle figure du pasteur le Nouveau Testament met en scène sur la manière d'exercer le ministère pastoral.
(Coll. Études africaines, série Religion, 17.50 euros, 180 p.)
ISBN : 978-2-343-04663-1, ISBN EBOOK : 978-2-336-36813-9

DÉCONSTRUCTION D'UNE IMAGE DE JÉSUS : L'HISTORICITÉ ET LA NATURE
Réflexion à l'horizon d'une confrontation Orient-Occident sur fond de postmodernité
Han Hyung-Mo
Au départ de cet ouvrage est diagnostiquée une crise d'identité du christianisme coréen. Pour prendre la mesure de cette crise, une étude plus large des sociétés et des cultures s'avère nécessaire. L'auteur poursuit avec une prise de distance à l'égard des propositions chrétiennes classiques en confrontant les théologies de Christian Duquoc et Pierre Gisel. L'auteur ouvre alors sur une confrontation entre Occident et Orient autour de la question de la nature et du rapport de l'homme au monde, avec l'évocation de deux penseurs néoconfucianistes, Thomé H. Fang et Weiming Tu.
(Coll. Religions et Spiritualité, 32.00 euros, 424 p.)
ISBN : 978-2-343-05150-5, ISBN EBOOK : 978-2-336-36827-6

BIBLE (LA), VATICAN II ET L'AFRIQUE
De l'exégèse à une théologie du développement
Machia Machia Alain - Préface de Paulin Poucouta
Plusieurs tentatives de définition de la notion de développement l'ont souvent restreinte à la croissance économique. L'idée d'un développement intégral de l'Afrique est indissociable de l'effort de valorisation et de promotion de ce qui définit l'homme dans sa triple relation à Dieu, au monde et aux autres. La Bible inspire des paradigmes éthiques, écologiques et socioéconomiques non négligeables pour tout épanouissement transgénérationnel de l'homme.
(Coll. Harmattan Cameroun, 13.50 euros, 124 p.)
ISBN : 978-2-343-05313-4, ISBN EBOOK : 978-2-336-36607-4

HENRI REYMOND (1737-1820)
Évêque constitutionnel de l'Isère (1793-1802) – Évêque concordataire de Dijon (1802-1820)
Rey Albert - Avec la collaboration de Jacques Rogé et Gilles-Marie Moreau
Préface de Mgr Guy de Kerimel ; postface de Mgr Roland Minnerath
Henri Reymond a traversé la période agitée de l'Ancien Régime à la Restauration en passant par l'Empire. Dauphinois né à Vienne, ardent défenseur du bas-clergé, il présente en 1789 un programme de réforme de l'Église. Élu évêque de l'Isère en 1792, il s'efforce de faire revivre une Église à bout de souffle. En 1801, à la suite du Concordat, il démissionne. Nommé évêque de Dijon en 1802, il s'attelle à la reconstruction du diocèse avec un grand souci des pauvres. Il meurt à Dijon en 1820.
(Coll. Religions et Spiritualité, 24.50 euros, 246 p.)
ISBN : 978-2-343-05088-1, ISBN EBOOK : 978-2-336-36428-5

INCOMPARABLES
Les mots d'amour des saints
Lelord Gilbert
Ce livre est un troisième ouvrage consacré aux saints et à l'amour et destiné aux jeunes. Sans prétendre décrire la sainteté, il n'est pas inutile de citer les saints en exemple. L'auteur présente la

vie et la parole de douze saints : François d'Assise, Angèle de Foligno, Catherine de Sienne, Jeanne d'Arc, Thérèse d'Avila, Jean de la Croix, François de Sales, Vincent de Paul, Jean-Marie Vianney, Charles de Foucauld, Thérèse de Lisieux et Maximilien Kolbe.
(17.00 euros, 184 p.)
ISBN : 978-2-343-04129-2, ISBN EBOOK : 978-2-336-36282-3

CONCEPT (LE) D'INCULTURATION
Problématique d'un néologisme théologique
Bayili Blaise
Depuis les origines à nos jours, l'implantation de l'Église parmi les peuples s'est toujours traduite par une évangélisation des cultures, qui présuppose l'inculturation de l'Évangile. Mais si la réalité de l'inculturation de l'Évangile est une donnée concrète, le terme «d'inculturation» est, lui, un néologisme strictement théologique : d'où vient ce terme ? A-t-il un rapport avec d'autres concepts relatifs à la culture ? Qui s'inculture ? Est-ce l'Église, l'Évangile, la culture en présence ?
(Coll. Afrique théologique & spirituelle, 19.00 euros, 200 p.)
ISBN : 978-2-343-05137-6, ISBN EBOOK : 978-2-336-36454-4

SAINT (LE) CORAN
La lumière divine
Contexte et commentaire par Hadja Oumou Bérété
Cet ouvrage présente le contexte de la prophétie monothéiste et les commentaires des sourates du Saint Coran. Les données du présent document sont fournies à titre indicatif, afin d'amener le lecteur à se référer constamment au Saint Coran pour identifier, s'approprier et appliquer, en toute connaissance de cause, les modalités d'acquisition des bienfaits divins, ici-bas et dans la vie future.
(Coll. Harmattan Guinée, 18.00 euros, 182 p.)
ISBN : 978-2-343-03389-1, ISBN EBOOK : 978-2-336-36438-4

JEÛNE (LE) DU RAMÂDAN
Fofana Mory
Le mois de Ramâdan est un moment historique. En effet, c'est pendant ce mois que le Coran a été révélé, au cours d'une nuit appelée Nuit du destin au prophète Mouhammad. L'auteur parle de l'importance de ce mois et montre que le Ramâdan unit les musulmans. Le jeûne pendant le mois de Ramâdan est un pilier de l'islam.
(Coll. Harmattan Guinée, 16.50 euros, 160 p.)
ISBN : 978-2-343-03390-7, ISBN EBOOK : 978-2-336-36396-7

DÉVELOPPEMENT INTÉGRAL ET PASTORALE POUR LA LIBÉRATION DE L'HOMME AFRICAIN
Anzian Pierre
La question du développement est-elle uniquement d'ordre économique ? Si non, quel est alors le principe herméneutique sur lequel l'Afrique doit s'appuyer pour lancer son développement ? L'auteur de cet ouvrage, philosophe et théologien, propose une pratique pastorale en vue de la libération de l'homme noir. Pour lui, le développement de l'homme trouve son fondement dans la personne de Jésus Christ.
(Coll. Croire et savoir en Afrique, 21.00 euros, 200 p.)
ISBN : 978-2-296-99898-8, ISBN EBOOK : 978-2-336-36347-9

SAGESSE ET PROPHÉTIE DANS L'HISTOIRE D'ISRAËL
Le sapientio-prophétisme
Wappou Daniel
Sagesse et prophétie dans l'histoire d'Israël est le résultat des recherches dans le domaine des rapports existant entre les sages et les prophètes. Il y est question de relever le rôle fondamental que la classe des sages a joué pour la pérennisation de la tradition prophétique après les prophètes.
(Coll. Harmattan Cameroun, 14.50 euros, 138 p.)
ISBN : 978-2-343-04818-5, ISBN EBOOK : 978-2-336-36412-4

CONTE ET VALEURS PROPHÉTIQUES
Une lecture africaine par le conte du second livre de Samuel (12 : 1-7a)
Wappou Daniel
Plusieurs textes des prophètes et des Évangiles sont à la fois de caractère littéraire sapiential (de sagesse) et prophétique. Cette forme littéraire hybride nous incite au questionnement suivant : Quel est le rôle que la forme sapientiale peut jouer dans la transmission d'une parole prophétique ? Quel type de lecture peut nous inspirer une telle forme de texte ? Pour répondre à ces questions, l'auteur se sert du contexte africain, où le conte est un moyen didactique traditionnel.
(Coll. Harmattan Cameroun, 12.00 euros, 102 p.)
ISBN : 978-2-343-04151-3, ISBN EBOOK : 978-2-336-36400-1

LETTRE À TOUS CEUX QUI CHERCHENT DIEU
Digard Martine
Préface de Marguerite Léna sfx
Où est-il ton Dieu ? Où est-il lorsque l'on est en butte à la violence des hommes, aux catastrophes naturelles, aux accidents de la vie et de la mort ? Où est-il ? Sans prétendre tout résoudre, cet ouvrage affronte toutes ces questions et déplace la question : non seulement où est-il ? Mais qui est-il ?
(Coll. Religions et Spiritualité, 12.50 euros, 112 p.)
ISBN : 978-2-343-04906-9, ISBN EBOOK : 978-2-336-36248-9

ÉVANGILE (L') OUBLIÉ (Nouvelle édition)
Lapierre Francis
L'exhumation avérée du Matthieu araméen - daté de 40/45 - perdu dans nos évangiles canoniques bouscule les idées reçues. Paul, qui écrit ses lettres entre 50 et 65, est donc contemporain des Évangiles et le Livre des Actes des Apôtres doit tout à l'évangile araméen et rien à celui de Luc. Jean, le plus tardivement terminé a pourtant un socle araméen... Ces résultats confirmés par la Linguistique Appliquée, pour surprenants qu'ils puissent paraître ont été lus et approuvés par le Vatican !
(Coll. Religions et Spiritualité, 12.50 euros, 96 p.)
ISBN : 978-2-343-04021-9, ISBN EBOOK : 978-2-336-36057-7

LAÏCITÉS COMPARÉES ENTRE LES ÉTATS-UNIS ET L'EUROPE
France, États-Unis : incompréhensions laïques
Le mouvement anticharia en Amérique
La fin du conservatisme américain ?
Politique américaine 23
Les États-Unis bénéficient d'un modèle de laïcité (*secularism*) bien vivant que les Américains considèrent comme largement supérieur au modèle français. Si nos élus ne jurent pas sur la Bible, nos écoles privées en revanche profitent de l'argent public, situation parfaitement impensable aux États-Unis... Un article traite de la réforme de l'assurance-maladie et un autre porte un regard historique sur la nature du conservatisme américain.
(17.50 euros, 168 p.)
ISBN : 978-2-343-04359-3, ISBN EBOOK : 978-2-336-36024-9

PLONGÉE DANS L'ENSEIGNEMENT SOCIAL DE L'ÉGLISE
Étude approfondie des principaux textes du magistère de l'Église catholique en matière sociale, économique et politique
Gay-Crosier Lemaire Véronique - Préface du frère Tanguy-Marie Pouliquen
L'auteur a cherché à satisfaire ceux qui désirent avoir une idée globale et précise de l'enseignement social de l'Église, en connaître le contexte et les retombées historiques et découvrir, bibliographie à l'appui, la quintessence de ces principaux documents, de Léon XIII à Benoît XVI, le pape François n'ayant pas encore publié de document social en tant que tel. Les chapitres se lient indépendamment les uns des autres.
(Coll. Religions et Spiritualité, 31.00 euros, 304 p.)
ISBN : 978-2-343-04001-1, ISBN EBOOK : 978-2-336-36247-2

L'Harmattan Italia
Via Degli Artisti 15; 10124 Torino

L'Harmattan Hongrie
Könyvesbolt ; Kossuth L. u. 14-16
1053 Budapest

L'Harmattan Kinshasa
185, avenue Nyangwe
Commune de Lingwala
Kinshasa, R.D. Congo
(00243) 998697603 ou (00243) 999229662

L'Harmattan Congo
67, av. E. P. Lumumba
Bât. – Congo Pharmacie (Bib. Nat.)
BP2874 Brazzaville
harmattan.congo@yahoo.fr

L'Harmattan Guinée
Almamya Rue KA 028, en face
du restaurant Le Cèdre
OKB agency BP 3470 Conakry
(00224) 657 20 85 08 / 664 28 91 96
harmattanguinee@yahoo.fr

L'Harmattan Mali
Rue 73, Porte 536, Niamakoro,
Cité Unicef, Bamako
Tél. 00 (223) 20205724 / +(223) 76378082
poudiougopaul@yahoo.fr
pp.harmattan@gmail.com

L'Harmattan Cameroun
BP 11486
Face à la SNI, immeuble Don Bosco
Yaoundé
(00237) 99 76 61 66
harmattancam@yahoo.fr

L'Harmattan Côte d'Ivoire
Résidence Karl / cité des arts
Abidjan-Cocody 03 BP 1588 Abidjan 03
(00225) 05 77 87 31
etien_nda@yahoo.fr

L'Harmattan Burkina
Penou Achille Some
Ouagadougou
(+226) 70 26 88 27

L'Harmattan Sénégal
10 VDN en face Mermoz, après le pont de Fann
BP 45034 Dakar Fann
33 825 98 58 / 33 860 9858
senharmattan@gmail.com / senlibraire@gmail.com
www.harmattansenegal.com

L'Harmattan Bénin
ISOR-BENIN
01 BP 359 COTONOU-RP
Quartier Gbèdjromèdé,
Rue Agbélenco, Lot 1247 I
Tél : 00 229 21 32 53 79
christian_dablaka123@yahoo.fr

Achevé d'imprimer par Corlet Numérique - 14110 Condé-sur-Noireau
N° d'Imprimeur : 123445 - Dépôt légal : novembre 2015 - *Imprimé en France*